教育部职业院校文秘类专业教学指导委员会规划教材

人力资源管理理论与实务

（第2版）

主　编　时志明　刘红霞
副主编　李　鸿　王舜华
　　　　王国存　马慧琼
参　编　张桂清

重庆大学出版社

内容提要

本教材充分体现理论为先导、实践为基础、就业为指导的编撰原则。理念篇概述了中国古代人力资源管理思想；实务篇突出人力资源管理各程序的关联性和实操性；法规篇则尽力表现对劳动者的权益保护。本教材适用于文秘类专业包括人力资源管理专业和其他公共管理类专业，为人力资源管理的教学与应用提供多层面的视界；同时也可作为人力资源管理界进行管理者、员工培训的教材。

图书在版编目(CIP)数据

人力资源管理理论与实务/时志明，刘红霞主编.
—2版.—重庆：重庆大学出版社，2015.7(2021.3重印)
教育部职业院校文秘类专业教学指导委员会规划教材
ISBN 978-7-5624-5417-5

Ⅰ.①人… Ⅱ.①时…②刘… Ⅲ.①人力资源管理—高等职业教育—教材 Ⅳ.①F241

中国版本图书馆CIP数据核字(2015)第173135号

教育部职业院校文秘类专业教学指导委员会规划教材
人力资源管理理论与实务
(第2版)
主　编　时志明　刘红霞
副主编　李　鸿　王舜华　干国存　马慧琼
策划编辑：贾　曼　雷少波　唐启秀
责任编辑：贾　曼　　版式设计：贾　曼
责任校对：邹　忌　　责任印制：张　策
*
重庆大学出版社出版发行
出版人：饶帮华
社址：重庆市沙坪坝区大学城西路21号
邮编：401331
电话：(023) 88617190　88617185(中小学)
传真：(023) 88617186　88617166
网址：http://www.cqup.com.cn
邮箱：fxk@cqup.com.cn (营销中心)
全国新华书店经销
重庆升光电力印务有限公司印刷
*
开本：787mm×1092mm　1/16　印张：17.75　字数：368千
2015年7月第2版　　2021年3月第14次印刷
ISBN 978-7-5624-5417-5　定价：42.00元

总序

2005 年 12 月，教育部发文成立了"教育部高职高专文秘类专业教学指导委员会"。2012 年 12 月该委员会届满，教育部又发文成立了"教育部职业院校文秘类专业教学指导委员会"（以下简称"职业院校文秘教指委"）。我先后担任这两个委员会的主任委员，组织、参与并见证了文秘专业教材建设的发展历程。从"高职高专文秘教指委"到"职业院校文秘教指委"，都非常重视文秘专业的教材建设。"高职高专文秘教指委"时期，我们在委员会内部先是成立了专业建设组、师资培训组、实训基地建设组，后来由于工作需要，将其扩容为专业建设分委员会、师资培训分委员会、实训基地建设分委员会。在历次委员会会议、文秘专业骨干教师培训、文秘专家库学术活动、教育部课题"文秘专业规范研制"、文秘专业精品课程建设、文秘专业课题立项、文秘技能大赛等活动中，始终贯穿文秘专业教材建设这条主线。在认真调查、反复论证的基础上，我们决定组织编写教育部高职高专文秘类专业教学指导委员会"十二五"规划教材 34 种，由笔者任总主编。经过网上公开招标，由国家一级出版社重庆大学出版社出版。

2009 年 8 月 24—27 日，由本委员会主办、重庆大学出版社承办的系列教材主编会议在重庆大学召开。与会者就高职高专文秘专业课程设置、教学目标以及教材编写的指导思想、编写原则、编写体例、编写队伍组成等问题进行了认真而热烈的讨论，并达成以下共识：

1）根据我国高职高专文秘类专业各方向的培养目标、专业设置、课程建设的发展规律与发展趋势以及国家秘书职业资格证书的考证要求、用人单位对文秘专业人才的需求，构建编写大纲、选择编写内容、设置编写栏目。

2）教材编写以文秘类专业学生应具备的基本素质、基础知识、基本职业能力、核心职业能力为依据。

3）教材针对高职本科职业院校文秘类专业以及一线秘书的社会需求，注重不同层次职业教育的衔接。

4）教材内容以“够用为度，适用为则，实用为标”为原则，给课堂教学留有发挥空间，突出主要知识点，实训举一反三，紧扣文秘岗位实际，用例典型，表达流畅。

5）教材由两个板块组成：秘书职业技术、职业技能训练课程版块教材 18 种；秘书职业基础、文化素质课程版块教材 16 种。

6）保证教材内容的稳定性和适度前沿性。

7）教材采用立体开发的方式出版，除了纸质教材外，还配套教学资源包。

会后，本套系列教材主编积极组织，遴选副主编和参编者，形成实力较强的编写队伍，并以每本教材为单位，分别组织研讨和开展教材编写工作。

经过近一年多的组织编写工作，丛书绝大多数品种于 2010 年 9 月出版。出版近 4 年来，全套教材在全国一百余所院校使用，在文秘专业教育以及高职文化素质教育领域产生广泛影响。2012 年 12 月，“教育部高职高专文秘类专业教学指导委员会”更名为“教育部职业院校文秘类专业教学指导委员会”，服务对象由原来的高职高专文秘专业扩展到全国中高职院校和本科职业院校文秘专业。委员会一以贯之高度重视与重庆大学出版社合作出版的这套文秘系列教材，双方商定，在适当的时机，对 34 种初版教材中影响较大的品种进行修订。

2013 年 11 月 1—3 日，本委员会与重庆大学出版社在苏州联合举办“全国职业院校文秘类专业目录修订暨重庆大学出版社文秘专业系列教材修订会”。在广泛吸收意见的基础上，笔者作为该套教材的总主编提出了修订原则，重庆大学出版社社文分社贾曼副社长就初版教材的修订提出了具体要求，与会代表就初版教材的修订提出了具体建议。会议根据初版教材的学术质量、社会影响和发行情况，决定对以下 27 种教材进行修订。

针对我国职业教育进行新一轮改革的具体要求，在坚持初版编写基本原则的情况下，提出了此次修订的新要求：

1）对 2010 年初版教材内容老化的部分进行系统更新；

2）系列教材要考虑与中高职院校本科职业院校的衔接；

3）修订版教材要与教育部新确定的课程名称相一致；

4）为了使教材的受众更加明确，将此次修订的 27 种教材（其中国家“十二五”规划教材 5 种）分为两个系列：“教育部职业院校文秘类专业教学指导委员会规划教材”和“高等院校文化素质教育系列教材”。

具体书目如下：

教育部职业院校文秘类专业教学指导委员会规划教材（国家“十二五”规划教材 3 种）

档案管理实务（第 2 版）（国家“十二五”规划教材）

商务秘书实务（第 2 版）（国家“十二五”规划教材）

商务写作与实训(第2版)
秘书理论与实务(第2版)
秘书职业概论(第2版)
秘书心理与行为(第2版)
秘书写作实务(第2版)(国家“十二五”规划教材)
企业管理基础(第2版)
秘书岗位综合实训(第2版)
秘书语文基础(第2版)
秘书信息工作实务(第2版)
会议策划与组织(第2版)
办公室事务管理实务(第2版)
市场营销理论与实务(第2版)
人力资源管理理论与实务(第2版)
社会调查实务(第2版)
新闻写作(第2版)
办公自动化教程(第2版)

高等院校文化素质教育系列教材(国家“十二五”规划教材两种)

职业礼仪(国家“十二五”规划教材)
毕业设计(论文)写作指导(第2版)(国家“十二五”规划教材)
公共关系实务(第2版)
口语交际与人际沟通(第2版)
形体塑造与艺术修养(第2版)
规范汉字与书法艺术(第2版)
实用美学(第2版)
文学艺术鉴赏(第2版)
文化产业管理概论

以上27种教材的主编、副主编、参编者也作了适度调整,教材名称与教育部公布的文秘类专业目录和公共基础课程名称相一致。该套教材的使用对象为中高职院校和本科职业院校文秘专业或其他专业学生,与教材相配套的教学资源在“中国文秘教育网”(本委员会网站)发布,供教学参考。

2014年6月,国务院召开“全国职业教育工作会议”,国家主席习近平、国务院总理李克强对我国职业教育提出新的发展战略,教育部具体部署了我国职业教育改革的工作重点。把职业教育改革发展的新思路融进本套系列教材的编写,是这套新版系列教材始终追求的目标。

本套系列教材是编写者长期探索的成果结晶，也凝聚着初版教材编写者、使用者、出版者的智慧和心血。这套系列教材的参编者由200多位专家学者以及有丰富教学经验的一线教师组成，他们来自150多所学校，在本套教材出版之际，对各校和编写者给予的支持表示诚挚的谢意。同时，重庆大学出版社从领导到该项目负责人，对教材的编写与出版给予了高度重视和大力支持，特别是邱慧、贾曼两位老师几年来为教材辛苦奔走、精心策划、辛勤付出，其敬业精神令我们感动。

在教材使用过程中，我们欢迎广大师生进一步提出修改意见，使之不断完善。

教育部职业院校文秘类专业教学指导委员会主任委员
华侨大学文学院院长、教授、硕士研究生导师 孙汝建

2014年7月4日

再版前言

为了规范专业建设，提高文秘专业的教学水平，使文秘专业走向标准化、规模化、科学化的发展之路，2008—2010 年教育部高职高专文秘类专业教学指导委员会在广泛调研的基础上，根据文秘专业的发展态势，结合文秘教学在全国范围的普遍状况，经教学指导委员会第五次全委会讨论决定，开发一套既有理论素养又有实践价值，既能反映文秘专业现状又有显著前瞻性的文秘专业系列教材，并将其确定为十二五规划教材，旨在打磨出一套在专业领域具有普遍指导意义的精品教材。

本教材是该系列教材的一种。作为文秘专业系列教材之一，我们的编写宗旨是紧扣专业，立足高职，把理论性、实践性、应用性有机结合起来，使该教材产生应有的教学效果和实践价值。鉴于此，该教材集思广益，充分吸取了业内各家理论之精华，在借鉴融合的基础上，形成自己与众不同的视界和体系。

本教材自 2010 年问世以来，受到广大读者的厚爱与关怀，在此，深表谢忱！为了使教材更好地适应教学的要求，更好地服务于广大读者，并且与形势发展相匹配，2013 年 11 月，重庆大学出版社与文秘教学指导委员会在苏州联合召开了教材修订会议，会议确定了教材修订的原则和要求，根据这次会议精神，编写组对本教材进行了修订。鉴于教材其他模块结构合理，内容适当，所以完整保留了其原始状态，仅对第八模块进行了全面修订，修订后的内容以国家最新颁布的法律法规为依据，言简意赅，突出主旨。

本教材的编写是团队精神的体现，在编撰过程中，各位编写者充分发扬忘我的工作精神，处处表现顾大局的宽阔胸怀，精益求精、一丝不苟是众位编写者对编撰质量的真实写照。在此，以编写组的名义向各位参编老师致以敬意和感谢！本编写组由苏州职业大学时志明、首都师范大学刘红霞任主编；江苏吴江市人社局培训中心李鸿、河北政法职业学院王舜华、中华女子管理学院马慧琼、苏州职业大学王国存任副主编，参编人员有河北政法职业学院张桂清。上述编写者编写分工情况是：时志明撰写第一模块，张桂清编写第二模块,王舜华编写第三、第四模块,马慧琼编写第五模块,刘红霞编撰第六、第七模块,王国存编写第八模块(2013 年,根据国家相关法律法规的调整变化,决定对教材进行修订,第八模块的修订工作由时志明完成)。本教材在编撰过程中,参考并援引了诸多优秀学者的优秀成果,包括网络资料,在此,一并表示谢忱!

最后,向文秘教学指导委员会和重庆大学出版社的领导及同仁们表示诚挚谢意!

编写组

2015 年 7 月

目录

CONTENTS

理念篇

实务篇

理　念　篇

模块一　中国古代人力资源管理思想史概论

管理学作为一门系统学科，尤其是将人力资源管理作为一门专门学科进行研究是近百年来的事，可对管理的理念阐释、对人的管理的实践已经跨越了数千年的历史烟云，不断发展至今，并对我们今天的管理活动产生了深远的影响。中华民族历史悠久，文明之光辉映人类，在积累、总结、推陈出新的过程中，形成了丰厚而充满独特人文情怀的人力资源管理理念。这些浸透着中国伟大思想家和政治家智慧与心血的管理理念，对我们今天甚至未来的人力资源管理将有着重要的指导作用和借鉴价值。

项目一　先秦两汉思想家的人力资源管理理念

【学习目标】

1. 通过学习掌握先秦两汉思想家的基本理论观点，认知他们的思想对后世人力资源管理的指导意义；

2. 通过学习比较先秦思想家人力资源观念的细微差别，从而总结有规律性的管理理念，以此指导自己的人力资源管理实践。

任务一　以孔子为代表的儒家理念

小故事

有一次孔子与学生登泰山，孔子问学生："你们知道泰山为什么伟大吗?"学生答不出来，孔子便说："因为泰山能包容万物。"该故事说明：虚怀接受万物的心，能帮助你更好地吸取世间有益的知识，养成令人钦敬的高尚品德，从而做一个仁义具备、礼智健全、诚实守信的完人。

从思想发展的历史长河来审视，中华民族无疑是世界文明的源头之一，它在开启人类思想和智慧之门的那一刻就已形成千帆竞发、万木争春的繁盛景象，其中以孔子为代表的儒家思想居百家之首。在关于人的认识以及对人力资源管理的论述方面，儒家学派在三个方面的思想可资借鉴：

一、做人立身的根本

现代社会越来越多元化，东西方文明的反复碰撞已形成当代人们的世界观和生活理念，西方社会契约的一套法制系统只能规定人们不能做什么，但不能从根本上倡导引领人们应该做什么。当我们进行有效人力资源管理的时候，当我们从根本上解决人的观念和道德问题的时候，我们不妨听听孔子的精辟话语："子张问仁于孔子。孔子曰：'能行五者于天下，为仁矣。请问之，曰：恭、宽、信、敏、惠。"（《论语·阳货》）"仁"是儒家思想的核心，孔子认为管理之道在于以"仁"为核心的宽恕，宽恕体现了管理者的胸怀以及超越一般制度化的管理艺术，管理者做到了对人宽、对己严，也就达到了正自身的境界。只要自身正，即使不用强迫命令，员工也能如影随形般团结在你的周围，奋力而圆满地完成工作任务。为此，孔子一再强调："名不正则言不顺，言不顺则事不成，事不成则礼乐不兴，礼乐不兴则刑罚不中，刑罚不中则民无所措手足。"（《论语·子路》）

二、选用人才、任用员工的基本准则

现代人力资源管理的基本任务是选人、育人、用人、留人。其中选人是关键，如果人员选拔不当，则后期所有的管理环节将会遇到重重障碍。在文化多元、物质至上的当今社会，组织将以什么标准、何种途径来选拔任用合格人才呢？孔子指出人才的标准是"言忠信，行笃敬"（《论语·卫灵公》）。"言忠信"，是指一个合格的工作人员必须诚实，对组织心口一致，绝对忠诚，说出的话要算数，对组织和他人许诺的事一定要兑现，绝不能口是心非，阳奉阴违。"行笃敬"，则指优秀而合格的员工，在工作过程中行为必须踏实，要有很高的自觉性与自主性，老老实实做事，踏踏实实做人，对工作负责，有敬业精神；对同事热忱，有互助合作的团队协作精神。

选聘人才、任用员工是一个复杂而多变的过程，现代组织选拔人员的技术和方式多种多样，但这些看似严密的技术，其实都不能深入到人的内心深处，洞见人的本质。对于人才选用，孔子最简捷而实用的方法是："始吾于人也，听其言而信其行，今吾于人也，听其言而观其行。"从"听言"到"观行"是一个质的飞跃，所有求职者、应聘者无论笔试、面试、情景测试都把自己说得优秀无比，但到工作岗位上却言不符实，差距较大。现代组织选用人才须认真借鉴"听其言，观其行"的古训，做到"不以言举人，不以人废言"（《论语·卫灵公》），"众恶之，必察焉，众好之，必察焉"（《论语·卫灵公》）。

三、用人、育人的根本法则

时代在发展，环境在变化，故而组织的人力资源管理也要因时顺变。变则通，通则有为。"圣人以通天下之志，以定天下之业，以断天下之疑，……一阖一辟谓之变，往来不穷谓之通。""天地变化，圣人效之。"（《周易·系辞上》）"天地变化"犹言时势变化；"圣人"，即有远见的思想家。一个具有战略眼光的企业家必须审时度势，力求与时俱进，如此才能使人力资源成为企业最具活力、最有创造性的资源。

在人力资源管理上，既要看重员工的技能经验，又要注意其理念和素养，达到“道”和“器”的和谐统一：“形而上者谓之道，形而下者谓之器，化而裁之谓之变，推而行之谓之通，举而错之天下之民谓之事业。”(《周易・系辞上》)“道”是员工的理想和精神，“器”是员工的知识和技能，只有将二者化而合之，推广实行，变成全体员工的行动，才叫事业。现代企业管理者应该深思。

儒家对人的培养绝不是光强调形而上的“道”，而且还十分推崇技艺的教育，即职业技能的教育。六艺便是古代贵族教育最典型的模式，它包括礼、乐、射、御、书、数。从此可见，古代儒学教育是文武兼备，按现代教育衡量也可谓文理不分科的通才培养模式。

四、人力资源管理的组织环境

儒家的思想家们特别重视人在管理中的主体地位，他们提出：“民为贵，社稷次之，君为轻。”(《孟子・尽心下》)治国的根本在于以民为主体，管理企业的根本亦在以人为主体。以人为主体，就是要把员工的利益置于企业的利益之上，让员工真正当家作主，如此员工才能以企业为归宿，把自己的荣辱得失看成企业的荣辱得失。管理者要取得员工的信任，就应该推行“仁政”。所谓“仁政”：一是“省刑罚，薄税敛”(《孟子・梁惠王上》)；二是“与民同乐”、“乐以天下，忧以天下”(《孟子・梁惠王下》)；三是“老吾老以及人之老，幼吾幼以及人之幼”(《孟子・梁惠王上》)。做到以上三点，才算是达到“仁政”的管理境界，因为施行“仁政”，才能保持上下一心，形成战胜一切的力量。孟子认为“仁者无敌”(《孟子・梁惠王上》)，纵观国家兴亡、组织盛衰，莫不与“仁政”相关，得人心者得天下，那些靠一夜神话起家的暴发户是永远不能主宰社会潮流的。

【思考题】

1. 孔子的思想核心是什么？他对当代人力资源管理会带来什么影响？请理论联系实际简要阐述。

2. 孟子的思想与孔子有何不同？他的与民同乐的思想理念对现代人力资源管理能形成何种影响？

3. 如何看待《易经》变通的思想观念，它对当代人力资源管理会发生什么推动作用？

任务二　以老子为代表的道家理念

小故事

从前有一老一少两个和尚过河，他们准备涉水时，看到一个年轻美丽的女子也要过河。那女子望着滔滔河流，无助地站着等待救援，老和尚过意不去，便发慈悲之心背那女子过河，旁边小和尚见状目瞪口呆。过了河，老和尚放下女子继续前行，而小和尚百思不得其解，走了一段突然忍不住问老和尚：“出家人不能接近女色，师傅您怎么背她过河呢？”老和尚回答：“我已经把她放下了，你怎么还将她背在心上？”

和儒家能够并驾齐驱、形成鼎立的当属道家和法家,儒家追求现实世界,力求为世所用;道家则极力摆脱现世的束缚,向心外寻求灵魂的解脱,虽然如此,儒道两家在人力资源管理方面却表现着殊途同归的默契。与儒家一样,道家的人力资源管理思想也处处闪烁着人性的光辉:

一、"处无为之事,行不言之教"

管理者对人的管理不是竭泽而渔式的烦琐管理,而应该顺应人的自然天性,不能违背客观规律、用超越常规的苛刻制度去束缚人。

老子说:"圣人处无为之事,行不言之教,万物作焉而不辞,生而不有,为而不恃。"(《道德经上》)所谓"无为",就是顺应客观规律,尊重人的天性和意愿,不用过分琐细的制度或繁杂的口号以及运动来扰乱人心,损害人的身心健康。"无为而治"是道家追求的最高管理境界,不管是管理企业,还是管理国家,"无为"是其达到大治的关键。只有使人充分休养生息后,才能全力以赴投入工作,以健康的心态、积极的精神、饱满的工作状态创造更佳的业绩。为此,老子进一步对管理者提出要求,"圣人之治,虚其心,实其腹"(《道德经上·第五章》)。胸怀智慧,腹有良谋,用引导而不是强迫的方法促进员工业绩的提高,达成企业目标的实现,是管理者管理人力资源的首选方法,因为"为无为,则无不治"(《道德经上·第五章》)。管理者应严于律己,用自己合乎道义的正确行为感召员工,给员工树立行为典范。只有这样,才能达到上下一心、百事俱兴,顺利实现组织目标的目的。

二、"上善若水"

以善行激励员工,通过善行培养员工见义勇为的社会责任感,加强员工相互谦让友爱的互助性。现代人力资源管理的重要任务是造就一批有善心、爱心、诚心、信心的优秀员工。

老子说:"上善若水,水善利万物而不争,处众人之所恶,故几于道。"(《道德经上·第八章》)老子把"善"比作水,最高的善行就像水一样浸润四方,流播天下,以其无所不到的无私品德浇灌万物,给人类带来勃勃生机。但因水往低处流,处在万物的最底层,所以人们厌"恶"它;正因为身处"卑微",而心向高尚,能给万物带来生命和福音,所以它也就"几于道"。如果管理者和员工双向的修养都能达到"善"的境界,那么一个组织无论内部还是外部都不会发生矛盾冲突,更不会产生难以度过的危机,那也就到了一帆风顺的发展阶段了。

三、知荣辱,去声色犬马之奢

知荣辱,去声色犬马之奢,大能提升组织的知名度和美誉度,小能加强个人修养,达到全身避害的目的。

老子说:"五色令人目盲,五音令人耳聋,五味令人口爽,驰骋畋猎,令人心发狂。"(《道德经上·第十二章》)色声犬马、灯红酒绿是消磨人的意志、毁坏人的道德的魔障,它可以令人瞬间享受快感，产生迷乱的幻觉，因而常让意志不坚、积德不厚者沉溺其中，无以自持。在老子看来，这一切耳目口体之乐最能迷失人的自然本性，损伤人自然天成的个性品德，故而导致“目盲”、“耳聋”、“口爽”（爽，差失也）、“心发狂”的可怕后果。要避免因声色奢侈造成的恶果，老子提出：“知常容，容乃公，公乃王，王乃天，天乃道，道乃久，没身不殆。”（《道德经上·第十六章》）“常容”是为人根本，即守静，清心寡欲，抱朴守贞，就能“公”、能“王”、能成“大道”，最后使自身永远没有危险和灾祸。纵观人力资源管理的历史，那些德性、知性、理性超群者，往往能得民心、得天下、得流芳百世，他们的管理往往是既知人也知己，是一种柔性大于刚性的管理。

人力资源管理的至境是借力，不是用力，是善于调动员工的积极性，凝聚员工的人心，达到让员工自觉自愿地为实现组织目标而努力。组织的管理者要保持清廉、柔性、有理智，切忌贪鄙“强梁”、目空一切，如此才能保持组织人力资源管理的纯洁性，形成众志成城的旺盛战斗力。老子说：“善用人者为之下，是谓不争之德，是谓用人之力。”（《道德经下·第六十八章》）“天之道，不争而善胜，不言而善应，不召而自来。”（《道德经下·第七十三章》）

道家思想以“无为”、“不争”为其根本，他们主张不扰民、简刑罚，给人民以休养生息的机会，顺应自然和人性的固有规律，实行柔性管理。在现代强调刑罚和制度、把刑罚与制度的作用绝对化的社会环境下，组织进行人力资源管理时应该思考一下以老子为代表的道家思想，借鉴他们的理论精华，把刚性和柔性有机统一起来，使人力资源管理更趋有效、更近人性。

【思考题】

1. 道家无为而治的核心是什么？如何正确理解“无为而无不为”的命题内涵？它对现代人力资源管理将产生什么影响？

2. 道家“无为”、“不争”的思想在人力资源管理实践中将如何体现？

任务三　以孙子为代表的兵家理念

小故事

传说在可可西里生活着一群无忧无虑的藏羚羊。有一天突然闯进一伙猎人，他们手持猎枪把藏羚羊赶到绝壁前。藏羚羊看到脚下是万丈深渊，背后是敌人的枪口，对面是一个更险峻的峭壁，他们已经面临死境。稍微镇定之后，藏羚羊一阵耳语，接着老羊搭配小羊，一对对走向悬崖边。只见在如血的夕阳返照下，搭配好的羚羊开始起跳，老羊在一定距离后加快一点速度，准确地落在小羊脚下，小羊快速地踩在老羊背上腾身一跃向对面的山崖跳去，老羊则顷刻消失在黝黑的深谷里。随着羊群的跳跃，空中划过一道道美丽的弧线，被金色的阳光反衬着，显得悲壮无比，那些远处手持凶器的猎人被这一幕惊呆了、震撼了，他们最后放下猎枪，朝藏羚羊远去的方向跪拜行礼。藏羚羊敢于献身的壮举感动了天地、感动了人，有时温柔的能量往往会胜过强大的武力。

中国古代兵法在战术上讲“诡道”、讲技巧、讲谋略，但在战略上依然保持延续了儒家仁义的基本准则，主张用正义之师讨伐削弱不义之师，用“不战而屈人之兵”的仁厚方式解决矛盾和纷争。从现代人力资源管理的角度分析，兵家的理念可资借鉴的有以下几点：

一、知兵并非好战

能不战而“屈人之兵”，可达到保全对方的双赢目的；形成上下齐心协力、目标一致的共识，是取得真正胜利的根本保证。

《孙子兵法》是一部讲战略战术、战争技巧的绝学。为了取得胜利，孙子不惜鼓吹“诡道”、“用间”，在战术方面力求机巧重重、费尽心机，但站在战略的高度，孙子强调：“全国为上，破国次之；全军为上，破军次之；全旅为上，破旅次之；全卒为上，破卒次之；全伍为上，破伍次之。”战争是靠争战杀伐、腥风血雨的搏击而取胜的，只要是战争，就不免使敌方国破人亡、骨肉分离，但孙子认为战争的目的是取胜，不是杀戮，所以他主张以保全对方、使对方也达到获胜的目的，才能从本质意义上夺取最后胜利，这就是我们所称的“双赢”。争战双方达成互相保全，实现双赢，无论从结果还是从道义上考察都是“善之善者也”。“不战而屈人之兵”，给我们当代的人力资源管理以这样的启示：组织者的目标是在竞争中取胜，在艰难的环境里求生存，他们与员工在目标上既有统一又有相异，在利益上既有一致又有冲突。面对冲突和矛盾，组织者不应扩大矛盾、加大冲突，而应力求化解它、消弭它，使组织目标和员工目标统一起来，让组织利益与员工利益融合为一。要做到这些，就必须努力帮助员工实现个人目标，保全员工的合法权益，设法帮员工渡过难关，提高他们的绩效水平；在利益分配上，既实现组织目标，又兼顾员工需求，达到组织和员工共同双赢的目的。

二、管理在于造势

管理犹如积水决于千仞之谷，能形成浩浩荡荡、攻无不克的战斗力。

孙子说：“胜者之战民也，若决积水于千仞之溪者，形也。”（《形篇》）现代人力资源管理有一项特别重要的任务就是构建组织文化，形成组织核心价值观。在组织文化中精神处于核心中的核心，一个组织有了精神就有了灵魂，同时也就具备了凝聚人心的战斗力。狭路相逢，勇者胜。与对手过招，无论他多么强大，都要敢于亮出你的宝剑，长剑倚天，气贯虹霓，这是一种所向披靡的强者精神，也是一种虽败犹荣的勇者精神，现代组织的人力资源管理就要锻铸全体员工的这种精神，因为有了这种精神才能形成居高临下、冲决万里的气势。势是取得战争胜利的精神力量，也是现代竞争条件下，组织求发展、谋生存不可或缺的精神因素。势的作用可在瞬间置对方于土崩瓦解，所以孙子进一步指出势的形成过程及具体措施：“故善战者，求之于势，不责于人，故能择人而任势。任势者，其战人也，如转木石。木石之性，安则静，危则动，方则止，圆则升。故善战人之势，如转圆石于千仞之山者，势也。”

三、爱兵如子

与员工同甘共苦，用风雨同舟、和衷共济的心态对待员工、激励员工，是组织赢得胜利的基础。

孙子说："视卒如婴儿，故可与之赴深溪；视卒如爱子，故可与之俱死。"（《地形篇》）中国古代有一说法："士为知己者死，女为悦己者容。"荆轲能够冒险涉死，一去不还，为燕太子丹刺杀秦王，就是感太子丹的知遇之恩，其侠士知恩图报、以死殉义的悲壮行为令后世敬仰。试想没有太子丹礼贤下士，用优厚的待遇感化荆轲，荆轲会为他"壮士一去不复还"吗？因此，将帅要让全军上下与他一道"赴深溪"、"俱死"生，就必须"视卒如婴儿"、"如爱子"。现代人力资源管理要想有成效，让全体员工奋不顾身、用感恩的心态投入工作，组织的各级管理者就必须视员工如兄弟、如姐妹，用无微不至的爱心关怀他们、感动他们，最终赢得员工的真心拥戴和认同。

四、选聘人才、任用干部是组织人力资源管理的头等大事

孙子主张：优秀的将领首先要拥护统帅的决策，有很强的执行力，否则，离心离德的人绝不能委以重任，"将听吾计，用之必胜，留之；将不听吾计，用之必败，去之"（《孙子·计篇》）。组织在选拔人才，特别是对管理岗位人才的选拔，应详加考察，设置标准，对此，太公望的《六韬》有几点值得借鉴："太公曰：将有五材十过。武王曰：敢问其目。太公曰：所谓五材者，勇、智、仁、信、忠也。勇则不可犯，智则不可乱，仁则爱人，信则不欺，忠则无二心。所谓十过者，有勇而轻死者，有急而心速者，有贪而好利者，有仁而不忍人者，有智而心怯者，有信而喜信人者，有廉洁而不爱人者，有智而心缓者，有刚毅而自用者，有懦而喜任人者。"（《六韬·龙韬·论将》）"勇、智、仁、信、忠"是为将的五大品质，也是选将的标准，但这五大品质要有度量，如果逾越度量，则会转化成"十过"，凡有"十过"缺陷的人是不能担当特殊任务的，因为他们容易被人利用，通过贿赂、烦扰、激将、诳骗、侮辱、欺诈等手段将其击败。"将"关乎军队和国家之命运，所以"置将不可不察也"。但"察"人是一个复杂而多变的系统工程，多数情况下人的言行、状貌、内在品质很难相符，故而考察承担重任的干部非常艰难。太公望有一种办法，叫做"八证"，通过"八证"可以透过现象看本质，洞鉴人的内心世界。"八证"即是："一曰问之以言以观其详，二曰穷之以辞以观其变，三曰与之间谍以观其诚，四曰明白显问以观其德，五曰使之以财以观其廉，六曰试之以色以观其贞，七曰告之以难以观其勇，八曰醉之以酒以观其态。"以上"八证"含有辩证的哲理，选拔人才，考察干部如果"八证皆备，则贤不肖别矣"（《六韬·龙韬·选将》）。

【思考题】

1. 孙子强调"不战而屈人之兵"的战略观念，对现代人力资源管理有何启示作用？
2. 结合兵家造势的理论，制订一份如何创建"敢于创新和争先"的组织文化的策划书。

任务四 以韩非为代表的法家理念

小故事

宋国有位小生意人开了一爿酒家,专门出售陈年佳酿。这爿酒家窗明桌净,买卖公道,还在门前高高竖起一杆青色的酒旗,行人在几里地外都能看见酒旗招展。顾客一进门,小二就笑脸相迎,殷勤接待。按理说,这爿酒家应该是生意兴隆的;可是偏偏相反,常常整天不见一个顾客,十分冷落。一坛坛老酒开了封,卖不出去,都发酸变质了。店主苦思冥想找不出原因,只好去请教附近一个老先生。老先生沉吟一番,问他:"你的看门狗凶不凶?"店老板挺纳闷地说:"凶啊,可这跟卖酒有什么关系呢?"老人拈着胡须笑道:"人家怕你的恶狗。恶狗守在门口,见人就咬;酒再好,还有谁敢来买呢?"管理需要制度,但苛刻而严酷的制度往往会拒人千里之外。

先秦诸子中,儒家以"仁义"为核心,力图建立一套王道的社会规范,通过均贫富、重民本、广教化、树风尚的途径,使天下达到大同世界;法家则顺应时代潮流,根据当时各国蜂起、群雄竞逐的社会状况,提出了"仓廪实则知礼节,衣食足则知荣辱"(《管子·牧民》)的政治理想。法家处乱世、临危殆,能顺应潮流,把握时代脉搏,致力推行法治,该流派的理论成果对现代人力资源管理的启发有以下几点:

一、有效的管理来自合理的制度

制度一经确立,就能约束全体员工的行为,使员工明赏罚、懂廉耻,从而形成统一的意志和协调的行动,使组织在危机四伏的竞争中保持战斗力,并立于不败之地。

管仲说:"凡君国之重器,莫重于令,令重则君尊,君尊则国安;令轻则君卑,君卑则国危。故安国在乎尊君,尊君在乎行令,行令在乎严罚。罚严令行,则百吏皆恐;罚不严,令不行,则百吏皆喜。故明君察于治民之本,本莫要于令。"(《管子·重令》)管仲的法治思想在于严明纲纪法令,只有这样,国君的地位才能显得尊贵,臣子们才会自然服从于他的指挥。现代人力资源管理必须从建立各种有效而合理的制度入手,通过严明的纪律劝诫员工约束自己的行为,维护组织制度的尊严,组织的最高管理者是经法定程序履行职责的,所以组织制度应明确规定他的权利和义务,在指挥管理生产、经营和其他业务时赋予他绝对的权力,通过制度权让他显得"尊"贵,如此才能保障令行禁止,达到组织设定的目标。

二、以公正、公平、公开为原则

组织用人必须以公正、公平、公开为原则,选拔一心为公、办事公道、为人正派的优秀人才担当重任,切忌以最高管理者的好恶选拔人。

韩非子说:"明主之所导制其臣者,二柄而已矣。二柄者,刑德也。何谓刑德?曰:杀戮之谓刑,庆赏之谓德。为人臣者,畏诛罚而利庆赏,故人主自用其刑德,则群臣畏其威而归其利矣。故世之奸臣则不然,所恶则能得之其主而罪之,所爱则能得之其主而赏之。”(《韩非子·二柄》)柄者,权也,组织管理者该放的权要放,不该放的不能轻易放,优秀的管理者要处理好分权与集权的关系。韩非子认为,英明的君主必须坚定掌握刑罚和赏赐两大权力,即惩罚和激励,如果这两大权力掌握牢固、运用恰当,就能有效控制下属,使他们按制度完成工作任务。因为惩罚权和赏赐权能决定一个人升降沉浮的命运,所以有些奸佞之徒,往往会别有用心地取得君主或上司的信任,假借君主或上司的“二柄”排除异己,结党营私,最终导致国家隳败,组织目标无法实现。奸佞小人取悦君主或上司的手段,最常用的是投其所好、拍马逢迎。韩非子说:“人主有二患:任贤,则臣将乘于贤以劫其君;妄举,则事沮不胜。故人主好贤,则群臣饰行以要君欲,则是群臣之情不效;群臣之情不效,则人主无以异其臣矣。故越王好勇,而民多轻死;楚灵王好细腰,而国中多饿人;齐桓公妒而好内,故竖刁自宫以治内,桓公好味,易牙蒸其子首而进之。”(《韩非子·二柄》)群小蒙蔽圣主,下属欺瞒上级,往往利用伪装,君有所好,小人总会伪饰而投其所好。历史上奸佞之人为取悦君主,残酷到把自己的亲骨肉蒸熟了献给君主,可见别有用心的人手段之鄙劣、下流到令人发指的程度。现代人力资源管理须借鉴历史,在任用干部时要去除所有好恶之心,“去好去恶,群臣见素。群臣见素,则大君不蔽矣”(《韩非子·二柄》)。只有最高管理者去掉好恶之心,下属的本质才能真正显现出来;下属忠诚朴素的本性表现出来,最高管理者才不会受蒙蔽,才能清楚无误地识别人才。严防那些貌似忠诚厚道而心怀叵测者,这些人往往混迹于管理层,投上司之所好,以非正当手段窃取权力,最终导致组织分崩离析、走向败亡。

三、建立合理而科学的考核体系

有效的人力资源管理既要讲仁义道德,要有宽恕之胸怀,按照自然规律,顺应人的性情,明确赏罚标准,更要建立完备而切实可行的制度,让制度充分发挥作用,使全体员工养成中规中矩、合乎制度的工作态度与行为。

韩非子曰:“闻古之善用人者,必循天顺人而明赏罚,循天则用力寡而功立,顺人则刑罚省而令行,明赏罚则伯夷盗跖不乱。如此,则白黑分矣。治国之臣,效功于国以履位,见能于官以受职,尽力于权衡以任事。”(《韩非子·用人》)循天,即顺自然之理;顺人,即明察人之内情,做到这些就能达到事半而功倍的管理效果;明确赏罚标准,可以分清优秀员工和一般员工的区别,从而判定是非。在具体用人的方式上,韩非子主张“明君使事不相干故莫讼,使士不兼官故技长,使人不同功故莫争讼。争讼止,技长立,则强弱不觳力,冰炭不合形,天下莫得相伤,治之至也”(《韩非子·用人》)。高明的管理者在任用管理干部时应明确职责和权限,使各部门的工作互不交叉矛盾,让下属专任一职而不多兼,使员工的工作内容各不相同,各负其责,各司其职。职责明确、权限固定、工作内容相异,才不会产生扯皮争讼、互相攻击以延误工作的现象。组织管理要有序稳定而卓有成效,必须设置合法、合理、合情的管理制度,离开了严格而可行的制度,再优异的人才也难施展抱负。韩非子明确提出:“释法术而心治,尧不能正一国,去规矩而妄意度,奚仲不能成一轮,废尺寸而差短长，王尔不能半中。使中主守法术，拙匠守规矩尺寸，则万不失矣。”由此可见制度的重要性，现代人力资源管理不重在人治，而在法治，即制度的规范和约束。

【思考题】

1. 法家强调用制度管理国家，用纪律约束民众，你认为这种观点对当代人力资源管理的启发是什么？

2. 韩非子在考察了春秋战国各国用人的失误之处后，提出了任用人才必须严防投上司之好的小人混入管理队伍的观点。请结合实际，谈谈你的看法。

任务五　以司马迁、贾谊为代表的两汉理念

小故事

韩信很小的时候就失去了父母，主要靠钓鱼换钱维持生活，经常接受一位靠漂洗丝绵为生的老妇人的周济，屡屡遭到周围人的歧视和冷遇。一次，一群恶少当众羞辱韩信。有一个屠夫对韩信说：“你虽然长得又高又大，喜欢带刀配剑，其实你胆子小得很。有本事的话，你敢用你的配剑来刺我吗？如果不敢，就从我的裤裆下钻过去。”韩信自知形只影单，硬拼肯定吃亏，于是当着许多围观人的面，从那个屠夫的裤裆下钻了过去。史书上称之为“胯下之辱”。匹夫见辱，拔刀相向；大英雄忍得一时之辱，方能成就一番事业。

春秋战国，群雄竞起，各国人才云集，为争一席霸主之位，各派力量互相角逐，此消彼长。如此繁盛的局面，既给当时社会带来了长足发展，同时也产生了诸侯割据、天下分崩的危机。当其冲，强秦崛起，统一宇内，中华民族再次呈现大一统的雄阔气象，可惜好景不长，秦因暴政失其国。接踵而来的楚汉相争，使刘氏集团脱颖而出，他们用智慧创造了继秦之后的大汉辉煌。风生水起，龙争虎斗，在一次次改朝换代的政治和军事斗争之后，往往演绎着人才的争夺以及人的智慧和力量的搏击。通过对历史经验的总结，以司马迁为代表的汉代思想家提出了如下人力资源管理理念：

一、得道者多助，失道者寡助

司马迁在《史记·殷本纪》中阐述的商朝灭亡的历史故事很引人深思：商纣王是殷商的亡国之君，他的亡国不是因为昏庸无能、缺乏才华，相反，他力能搏击猛兽，智则才思敏捷，知识渊博，善于辞令。正因为是文武全才，所以他目空一切，专横独断，广泛树立个人声望。不仅如此，他还“好酒淫乐”，宠幸妲己，整日花天酒地，为满足自己淫乐的需要，横征暴敛，增加赋税，最终导致“百姓怨望而诸侯有畔者”。面对危局，纣王不思悔改，相反以严刑峻法钳制大臣，镇压天下，殷商王朝终于覆灭在“修德行善”的西周所率领的人民战争的汪洋大海之中。纵观历史，凡亡国者，皆因失道所致，因此，现代人力资源管理必须重视减压简政，以道义来管理，使上下保持同心。合乎道义的管理应体现以下特点：第一，爱护员工，体恤员工，以员工的喜怒哀乐为管理的出发点和着眼点；第二，管理者不应好大喜

功,以个人才能炫耀于众,要善于听取广大员工的意见和建议;第三,管理者应严于律己,不贪不淫,不以个人享乐耗费员工和组织财富;第四,管理者应始终保持清醒头脑,不骄不躁,不仅要爱护员工,还要创造利于人才脱颖而出的条件与机会,让员工真正成为组织目标实现的推动者、组织制度执行的拥护者、组织财富积累的创造者、组织患难与共的合作者、组织精神和物质价值的分享者。

司马迁在《史记·淮阴侯列传》里,通过韩信对刘、项成败因素的分析,总结了值得现代人力资源管理者借鉴的历史经验:

"信再拜贺曰:'臣尝事之,请言项王之为人也。项王喑恶叱咤,千人皆废,然不能任属贤将,此特匹夫之勇耳。项王见人恭敬慈爱,言语呕呕,人有疾病,涕泣分食饮,至使人有功当封爵者,印刓敝,忍不能予,此所谓妇人之仁也。项王虽霸天下而臣诸侯,不居关中而都彭城。有背义帝之约,而以亲爱王,诸侯不平。……项王所过无不残灭者,天下多怨,百姓不亲附,特劫于威疆耳。名虽为霸,实失天下心。故曰其疆易弱。今大王诚能反其道:任天下武勇,何所不诛!以天下城邑封功臣,何所不服!'"

上引韩信一段话,揭开了楚汉相争的序幕。因为通过这段分析,刘邦坚定了夺取天下的信心,并认识到敌我双方力量对比的转化条件,即延揽人才、尊重人才、爱护民众、严肃法纪、有效激励将士的斗志。得人心者得天下,得人才者得胜利,这是千古不破的一条人力资源管理定律。

二、忍辱负重,处变不惊

目标远大者无故加之而不怒,胸怀宽阔者猝然临之则不惊。现代竞争表面上波澜不起,但其惊心动魄不亚于一场争战残酷的命运搏斗,所以有战略眼光和远大抱负的组织管理者面对突如其来的危机与困境应保持冷静沉着,有忍耐坚毅、不屈不挠的心理素养。

韩信年少时,曾受胯下之辱。后来随项梁所率的起义军转战淮河一带,开始了他搏击天下的人生;转而投向刘邦击败项羽,创造了令人目眩的功勋。功成名就之日,韩信回到封地淮阴,"召辱己之少年令出胯下者以为楚中尉",同时对手下诸将说:"这是壮士啊!当年他侮辱我时,我难道不能杀他吗?杀了他没一点名堂,因此,我忍一时之辱,而成就了今日之大业。"从韩信的经历我们看到,一个有大志的人要有忍辱负重的心理素质,遭受奇耻大辱不能就此萎缩,相反要将其看成人生的一次重要历练,把它当作精神动力,推动自己奋然前行。

张良,韩国人,因其先祖"五世相韩"的缘故,时刻想推翻秦王朝"为韩报仇"。先是求得一勇士,用大铁锥"狙击秦皇帝于博浪沙中",因"误中前车"而无功,被通缉,遂改名换姓,"亡匿下邳"。有一天,他信步至下邳桥上,见一长者破衣烂衫,走到自己跟前,故意把一只鞋子掉到桥下,转头对张良说:"年轻人,下去把我的鞋取上来。"张良对此惊讶不已,强忍怒火,把鞋取了上来,那老人又说:"给我穿上!"张良就跪下来把鞋给老人穿上了,老人坦然接受,并大笑而去。走了一里路的距离,老人又折回来,约张良五天后黎明在此相见,反复几次,老人给张良一本书说:"读这本书可以当帝王的老师。"从此,张良潜心研读,十年后随农民起义的大潮偶然遇到刘邦，君臣二人言听计从，谱写了一段历史新篇章。

由此可见，现代人力资源管理必须重视员工心理素质的培养，提高员工忍耐沉着、甘于吃苦的素养水平，面对任何不堪的情境，都要学会克制自己，以远大的目标激励自己！

三、礼贤下士，尊重人才

现代人力资源管理的重要任务是吸引优秀人才到组织中来，为组织服务，使组织的事业出现空前繁荣。司马迁在《史记·燕召公世家》中载述的燕昭王与郭隗的故事就充分说明人才的重要性以及招揽人才的根本方法。

除此之外，司马迁在《平原君虞卿列传》、《孟尝君列传》、《春申君列传》、《魏公子列传》中，通过战国四大公子礼贤下士、延揽人才的故事，一再说明人才在竞争战略中的重要地位，得人才者事业才会兴盛，国家才会发达；尊重人才、善待人才，给他们提供施展抱负和才华的机会，是获取人才的主要途径。

四、汉代其他思想家的人力资源管理理念概述

除了司马迁之外，汉代的许多政治家、思想家都认识到人才在治理国家、休养民生方面的重要作用，他们一方面强调法制的重要性，一方面倡导善政和忠诚的社会风尚。

贾谊在《新书·制不定》中说："仁义恩厚，此人主之芒刀也；权势法制，此人主之斤斧也。""芒刀"可用来管理遵守法纪、努力工作的员工；"斤斧"则针对那些扰乱工作秩序而毫无建树的员工，该罚就得罚。贾谊觉得扬善是关乎国家治乱的大事，不可不慎："善不可谓小而无益，不善不可谓小而无伤。"（《新书·审微》）现代人力资源管理重在严明组织纪律，但努力倡导一种积极向上、奉行善事的组织文化更显重要。

忠于职守、忠于组织、忠于事业是现代组织人力资源管理的基本点，提高员工的忠诚度、加强员工的责任感、培养员工的义务心是现代人力资源管理价值观的具体表现。汉代著名思想家马融在其所著《忠经》中论证"忠"的重要性时说："昔在至理，上下一德，以征天休，忠之道也。"意思是说，"忠"上合天道自然，体现为君臣上下同心同德；"忠"的最高境界是"至高无私"，以使"固君臣、安社稷、感天地、动神明"。"忠"的表现分为三点："一于其身，忠之始也；一于其家，忠之中也；一于其国，忠之终也。""忠"作为一种品德和精神，上至"圣君"，下至"家臣"、"百工"等都应具备。"圣君"的"忠"表现为"上事于天，下事于地，中事于宗庙，以临于人"，如此才能感化人民，让天下人都"尽忠以奉上"。"家臣"的"忠"表现在"沉谋潜运，正国安人，任贤以为理，端委而自化"。"百工"的"忠"则具体化为："入则献其谋，出则行其政，居则思其道，动则有仪，秉职不回，言事无惮，苟利社稷，则不顾其身。""守宰"的"忠"一定要突出"清""平"的人格特征："在官唯明，莅事唯平，立身唯清。清则无欲，平则不曲，明能正俗，三者备矣，然后可以理人。"

组织人力资源管理要适应组织结构特点，通过高层、中层、基层员工的共同努力，构建和谐统一、精干高效的组织人力资源管理体系。在倡导忠诚风尚时，高层管理者应率先垂范，忠于组织事业，只有这样，全体成员才能形成忠于组织、忠于职守的良好行为规范，做

到清正廉洁、舍己为公。

【思考题】

1.“得道多助,失道寡助”,这是一个亘古不变的命题。通过楚汉相争的历史事实,谈谈你对这句话在当代人力资源管理实践中的理解。

2. 成大业者不仅要有德有才,而且还要有忍辱负重的情商。通过张良、韩信的故事,谈谈你对培养员工忍耐、坚毅品格的看法。

3. 忠诚是一种高尚的品质,请结合《忠经》的观点,阐述你对创建组织以忠为核心的文化价值观的设想。

项目二　三国、魏晋、隋唐思想家的人力资源管理理念

【学习目标】

1. 领会魏晋、唐宋时期思想家、政治家、文学家有关人力资源管理的理论精神,深入体察他们推行仁政的良苦用心。通过体验学习,把他们的传统思想融会贯通到当代人力资源管理的实践中。

2. 掌握魏晋、唐宋时期人力资源管理的系统知识,形成自己对当代人力资源管理的独到思考,提升人力资源管理的水平和境界。

小故事

有一年夏天,曹操率部队讨伐张绣,天气热得出奇,部队在山道上行走。到了中午时分,因为缺水,行军的速度慢了下来,有几个体弱的士兵竟晕倒在路边。曹操看行军的速度越来越慢,心里很是着急。他立刻叫来向导,悄悄问:“附近可有水源?”向导摇摇头说:“没有。”曹操看到前边有片树林,沉思了一会儿对向导说:“你什么也别说,我来想办法。”他知道此刻即使下命令要求部队加快速度也无济于事,于是脑筋一转,快速赶到队伍前面,用马鞭指着前方说:“弟兄们,我知道前面有一大片梅林,那里的梅子又大又好吃,我们快点赶路,绕过这个山丘就到梅林了!”士兵们一听,顿觉口齿生津,精神大振,步伐不由得加快了许多。

“滚滚长江东逝水,浪花淘尽英雄。”明代著名词人杨慎所著的《历代史略词话》秦汉一段开篇《临江仙》中的这句词章,被毛宗岗巧妙地移用作《三国演义》的题辞,有总揽历史、概括时代的功用。三国的崛起,犹如长江东去,后浪催进前浪,前后相激,迸发出一段英雄龙吟虎啸的时代悲歌。不管是分还是合,三国相争的历史再次证明人才在竞争战略中的重要性。

三国时代人才迭出、群英毕集的事实是由当时著名政治家、思想家的人才观所导致的,

他们对人力资源重要性的认识直接形成了当时人才纷起，贤能人士登台亮相并发挥作用的繁盛局面，其中曹操和诸葛亮的人力管理理念成为那个时代最典型的代表。

任务一　曹操的人力资源管理观及其用人实践

曹操生当汉末乱世，以镇压农民起义军为当世所知。在与群雄角逐的实践中，他深深认识到储备人才的重要意义，因此他一生致力于礼贤下士、延揽天下英才。久之，便形成自为体系的人力资源观：

一、统治者贤明，百官忠良

曹操作为有雄图大略的政治家，他对人的认识不只是一个点，而是一个面，对理想社会的企求不仅是个人价值的实现，更是儒家"王道"秩序的建立。他认为，最高统治者应贤明，而百官大臣应"忠良"，全社会崇尚"礼让"，消灭"争讼"，让人民富裕，使老有所养、少有所教，形成人人相敬相爱、遵纪守法的良好风尚。只有这样，人民才能安居乐业，国家才能长治久安，社会才能真正稳定，形成积极向上、其乐融融的繁盛景象。

通过对汉朝衰败教训的总结，曹操认为其失误的主要原因是"所任诚不良"(《薤露》)，沐猴而冠、群小横行，"贼臣持国柄"，导致"杀主灭宇京"的惨剧，正因群小把持国家政权，导致那些忠正刚直、有雄才大略的贤能之士必然伤心悲哀。

站在现代人力资源管理的立场，曹操的王道思想值得我们深思。一个组织如要充满快乐、圆融和睦的气象，最高领导者就必须宽厚仁慈，以员工利益为重，处处为员工着想。各级管理者应忠于职守，对上负责、对下爱护，如此组织的人力资源管理才可达于至境。

二、选贤任能

基于这个观念，曹操的治世标准是立法度、省徭役、百姓乐业、节俭勤政。为了实现自己的抱负，曹操反复强调贤才的重要，而且他毕生最大的功绩是挖掘延揽了大量优秀人才。为求取人才，他不辞辛劳；为吸引人才，他虚怀若谷。"越陌度阡，枉用相存。契阔谈燕，心念旧恩。""山不厌高，海不厌深。周公吐哺，天下归心。"(《短歌行》)凡来投奔的谋士武将，曹操都礼遇恭敬，优待有加。

曹操举孝廉出身，因军功而跻身重臣行列，他不但是一个富有创新精神的思想家，而且还是一个极具开拓能力的先行者。多年为政与从军的实践活动磨去了儒生清淡的习气，他固守理想，但不固执偏见；他抱持信念，但不坚持陋规；他求才若渴，但不拘一格，不求全责备。他的以选贤任能为核心的人力资源管理理念在当时独树一帜。

建安十三年(公元208年)，曹操兵败赤壁，痛定思痛，他觉得还是人才储备不足。为了扩大自己的力量，增强竞争能力，尽早完成统一大业，他于建安十五年(公元210年)颁布了《求贤令》。在这篇著名的文告中，他明确指出选拔优秀人才的艰巨性和紧迫性："自古受命及中兴之君，曷尝不得贤人君子与之共治天下者乎？及其得贤也，曾不出闾巷，岂幸相遇哉？上之人求取之耳。今天下尚未定，此特求贤之急时也。……唯才是举，吾得而用之。”当时正值天下未定，时势急迫，正是国家用人之机，所以不问出身贵贱、品行德操如何，只要是才能殊异，均可被推荐而受重用。曹操在此明确强调人力资源在整个竞争战略中的显著位置，“唯才是举”是他用人的基本准则。

随着形势的变化以及选拔人才制度的日益僵化，曹操在“唯才是举”原则的基础上，于建安十九年（公元214年）发布了《敕有司取士勿废偏短令》。在这篇敕令里，他严令人事主管部门取士要不拘一格，力戒所谓重“德行”的僵化思维，把选拔“进取之士”作为人才甄别的重要目标。曹操认为，对人才不能僵化地以“有行”“无行”来衡量，而应避其短、用其长。只有这样，才能之士才有施展才华的机会，国家各级管理岗位的工作人员亦才能充分发挥作用。

如果前两篇文告说明“唯才是举”、不顾品行、以“进取”为标准的话，那么《举贤勿拘品行令》则更进一步公开宣告曹操的用人观。在这篇政令中，曹操直截了当地指出用人不管出身、不问德操，只要有才，且利于事业的发展，就一定要举荐给国家，让人才有用武之地。

从《求贤令》到《举贤勿拘品行令》，曹操一以贯之的治国思想是对贤才的渴望和求索，他使用人才之所长，容忍人才之所短，才使他的事业由弱到强、从小到大，在三国纷争中始终处于主导地位。

现代人力资源管理的首要环节是选人，其次是用人。如何选人、怎样用人是一个繁复而多变的过程，只要在这个过程中把握主流，排除异议，用人之所长，避人之所短，做到“唯才是举”，就一定能使优异人才脱颖而出，投身到组织事业中，为组织创造更大的辉煌。

三、重视贤才的作用

给贤才创造发挥个人才能的空间，肯定贤才的功绩，表彰贤才的成就，有效调动贤才的内在积极性，是曹操用人实践的突出特征。

曹操身经百战，为一代英雄，在政治、军事、文学多个领域均有建树，但他虚怀待人，不居功自傲、凌驾他人。他驾驭使用贤能之人的手法多样，但最鲜明的特征是知人善任，不以亲疏分远近，按各人的才能特征配置其岗位职守，对部属的成就给予充分肯定，并适时进行奖励。

奖励贤能之士、有功之臣是曹操人事激励的唯一标准。他说：“未闻无能之人、不斗之士，并受禄赏，而可以立功兴国者也。故明君不官无功之臣，不赏不战之士；治平尚德行，有事赏功能。”（《论吏士行能令》）对有功之臣，曹操发自肺腑地进行奖掖褒扬，其情辞恳切，令人动容，如《请封荀攸表》、《表称乐进、于禁、张辽》等表章，形象生动、酣畅淋漓地彰扬了部属义勇果敢、不辱使命的赫赫功绩，读之使人精神振奋，魂为之惊。其他如《请增封荀彧表》、《表论田畴令》、《杨阜让爵报》等，皆言辞真挚，情动于中，把部属的才能、行为和功绩简洁概括，厉行彰扬，成为后世激励士气的典范。

现代人力资源管理如果借鉴曹操激励将士的办法，高层不居功、不贪恋名位财富，而时刻把功劳归属于全体员工，让建功立业者受到应有奖励，使全体员工分享到成功的果实，如此则天下归心、将士用命，事业成功指日可待。

【思考题】

1. 曹操“唯才是举”、以“进取”心为标准的用人原则对当代人力资源管理过程中选人、用人的积极影响与负面效应各是什么？试结合历史和现实作简要阐述。

2. 曹操激励将士主要从精神和物质两方面入手，在人力资源管理实践中，你将如何活用这些方法使你的组织更充满活力？

任务二　诸葛亮的人力资源管理观及其用人艺术

小故事

南隐是日本明治时代的著名禅师。有一天，一大学教授慕名来访，南隐以茶待客，冲水时南隐一直加，加得那水杯往外不住流溢，南隐大师丝毫没停下来的意思。教授实在忍不住了说：“大师，水已经溢出来了，不要再加吧。”南隐意味深长地说：“你的心就像这杯子一样，里面装满了你自己的看法和主张，不把它倒空，让我怎样给你说禅？”南隐禅师的话蕴含机辨：心太满，什么都装不进；心不满，才能有足够的空间容纳万物。空杯效应就是这个道理。

三国是一个英雄纷争的时代，三国的历史是英雄用生命和热血谱写的一曲壮歌！这里智慧和勇武交汇、文治与武功相映。在一尊尊历史的雕像中，诸葛亮无疑是最具光彩、最有人格魅力的人物，他集儒者、智者、贤者于一身，成为后世仰慕的楷模。

从初出茅庐到陨落五丈原，诸葛亮一生为蜀汉大业鞠躬尽瘁、死而后已。在艰苦创业的实践中，他总结了一套治国治军的经典理论，其丰富的人力资源管理观就蕴藏在这些熠熠生辉的政治思想和军事理论中。稍作归纳，诸葛亮的人力资源观表现在以下几个方面：

一、亲政爱民，勤俭节用，讲礼义，施善政

诸葛亮认为，治理国家，尤其是治理人民，一定要做到“制之以财，用之以礼，丰年不奢，凶年不俭，素有蓄积，以储其后，此治人之道，不亦合于四时之气乎”（《便宜十六策·治人》）。自古民以食为天，仓廪实而民知礼节，这是一条基本的治国之道。由此，人力资源管理的一个思考是：挖空心思地榨取员工的剩余价值，还是创富于员工，使员工与组织共同富裕？一个国家是处处与民争利，还是藏富于民，让全体人民共享社会财富？对这个问题的回答，是解决人力资源管理中一个根本命题的途径。要使人民丰衣足食、懂礼仪，就必然要有优秀的管理者，而优秀的管理者来自有机的选拔制度。诸葛亮指出：“治国之道，务在举贤。”（《便宜十六策·举措》）但贤能的人往往在“隐处”，而不在“人君”的身边，因此，“人君”求贤，必须“悬赏以待功，设位以待士”，这样才能使“天下归心，而不仁者远矣”。在任用人的问题上，诸葛亮坚决反对因人设岗，而主张因岗选人，他说：“为人择官者乱，为官择人者治。”（《便宜十六策·举措》）

二、治国之道,以举贤才为重,君主应亲近贤臣,疏远小人

组织管理与治国大同小异,一个国家治乱之由,起于亲君子还是近小人。诸葛亮总结了历史兴亡的教训后得出:“亲贤臣,远小人,此先汉所以兴隆也;亲小人,远贤臣,此后汉所以倾颓也。”(《前出师表》)人力资源管理与其他资源管理不同的是,它具有复杂性、多变性、隐蔽性和多面性的特点。世间最多变且难以把握的就是人的内心,所以现代人力资源管理的艰巨任务是鉴别人、考察人、对人进行本质分类,最高管理者通过考察、识别,认清人的本质面目,在重要岗位上配置品行端正、不谋私利、不阳奉阴违的“贤臣”,这样才能保证组织纯洁、事业兴旺。

“贤臣”,亦即贤能人才,不是天生的,而是通过后天修炼涵养而成的,贤臣必须胸怀远大,有虚心向学、忠君爱国之志。诸葛亮对贤才的告诫是:“夫君子之行,静以修身,俭以养德,非澹泊无以明志,非宁静无以致远。夫学须静也,才须学也,非学无以广才,非静无以成学。”(《诫子书》)“才”是由学习积累而成,学习必须宁静澹泊,贤能的人要有向学的心志,不可浮躁,为社会俗流蒙蔽高远的视界。现代人力资源管理一定得提倡学习,建立学习型组织。社会发展突飞猛进,科学知识日新月异,不学习就跟不上时代,不学习就会被竞争浪潮所淹没,所以“澹泊明志、宁静致远”是学习型组织和奋进型个人的座右铭。

三、灵活多样、智慧机动的用人艺术

诸葛亮文武兼备,智慧勇毅,羽扇谈笑间,令敌手胆战心惊。他把用兵选将、决胜千里的经验提炼出来,著就了闪烁着智慧光芒的军事著作《心书》。《心书》可看做一部军事心理学著作,它从选将、察人、布阵、赏罚、励士等46个方面论述了将士战斗力的形成以及形成这种战斗力的深层心理因素。这部优秀的军事著作不但是诸葛亮一生战争实践的升华,而且还完整体现了他灵活机动的用人艺术,对现代组织的人力资源管理有着极高的参考价值。

(一)诸葛亮的“知人”与“择材”艺术

组织、事业要取得成功,根本的保证是拥有充足而有效率的人力资源。人的辨别是组织选才的基础,只有很好地识才,才能准确地选才,但识才往往被许多表象所左右,因此,通过一定方式,穿透表象去识别人的本质极其重要。诸葛亮在分析了人的种种假面之后,明确提出“知人”的七个办法:“一曰间之以是非而观其志,二曰穷之以词辩而观其变,三曰咨之以计谋而观其识,四曰告之祸难而观其勇,五曰醉之以酒而观其性,六曰临之以利而观其廉,七曰期之以事而观其信。”(《心书·知人》)“知人”的目的是“择材”,“材”有大小、有层次、有专长,诸葛亮在分析了各种“材”的表现后,总结道:“此六军之善士,各因其能而用之。”(《心书·择材》)因人之所能,用人之专长,是组织人力资源配置的基本原理之一。

(二)诸葛亮的激励艺术

目标既定,阵势已开,竞技场上,谁为王者?很显然士气高涨、敢于亮剑的一方必然获

胜。高昂的士气，决定竞争的成败，“励士”则是凝聚人心、形成士气的唯一手段。诸葛亮的激励艺术是“古之善将者，养人如养己子，有难则以身先之，有功则以身后之。死者哀而葬之，伤者泣而抚之，饥者舍食而食之，寒者解衣而衣之，智者礼而禄之，勇者赏而劝之，将能若此，所向必捷矣。”（《心书・哀死》）荣辱与共、风雨同舟、身先士卒、推己及人是优秀将领，即优秀管理者，从内在调动人的积极性、激励部下勇往直前的道德力量。由此生发，诸葛亮提出具体的激励办法：“尊之以爵，赡之以财，则士无不至矣；接之以礼，励之以信，则士无不死矣；畜恩不倦，法若画一，则士无不服矣；先之以身，后之以人，则士无不勇矣；小善必录，小功必赏，则士无不劝矣。”（《心书・励士》）人力资源激励有正向、有负向，有奖励、有惩罚，诸葛亮认为正向激励效果高于负向，所以他“励士”的措施多从正向着眼，从奖励入手，通过精神、物质双重间用的方法，让将士养成军人独特的勇敢顽强、奋发有为的高贵品行。

（三）诸葛亮的“和人”艺术

自古成就王霸之业、实现组织目标就有“天时不如地利，地利不如人和”一说。诸葛亮军事思想的核心便是力求“人和”，“人和”是他企求的最高境界，也是他制胜的利器，那么如何实现“人和”呢？诸葛亮认为有两个方面必须做到：一是“夫用兵之道，在于人和，和则不劝而自战矣。若将吏相猜，士卒不服，忠谋不同，群下谤议，谗慝互生，虽有汤武之智而不取胜于匹夫，况众人乎”（《心书・和人》）；二是“夫为将之道，军井未汲，将不言渴；军食未熟，将不言饥；军火未烯，将不言寒；军幕未施，将不言困；夏不操扇，冬不服裘，雨不张盖，与众同也”（《心书・将情》）。现代人力资源管理追求的至境是上下同心、协调一致，消除隔阂与猜忌，亦即“人和”，家和万事兴，人和事业旺，所以组织管理者只有做到“与众同”，才能赢得全体员工的拥戴和服从，组织目标在“人和”的气氛中才自然得以实现。

【思考题】

1. 诸葛亮一生为了蜀汉大业鞠躬尽瘁、死而后已，他的政论和军事著作大量地反映了他的人力资源管理观，他提出的”亲君子、远小人“主张对当代人力资源管理有着普遍的借鉴意义。请结合实际谈谈你的感想。

2. 熟读诸葛亮的《心书》，根据当代人力资源管理的现状，撰写一篇组织选人、用人、激励人的意见书。

任务三　唐太宗的人力资源管理观及其贞观之治

小故事

有一天，唐太宗对王珪说：“你善于鉴别人才，尤其善于评论。不妨从房玄龄开始，评一评他们的优缺点，同时比较一下，你在哪些方面比他们优秀？”王珪回答说：“孜孜不倦，一心为国操劳，我比不上房玄龄；文武全才，既可以出将，又可以入相，我比不上李靖；向皇上报告公务，详细明了，宣布皇上的命令、转达下属官员的汇报，能做到公平公正，我不如温彦博；处理繁重的事务，解决难题，办事井井有条，我比不上戴胄；常常不留情面向皇上直言进谏，我比不上魏徵。至于抑制贪污，激扬清廉，疾恶如仇，好善喜施，这方面比其他几位贤人，我也有一日之长。”唐太宗非常赞同他的话，而大臣们也认为王珪的评论是正确的。（事见《新唐书》卷98）从王珪的评论可以看出唐太宗的团队中，每个人各有所长，但更重要的是唐太宗能将这些人依其专长运用到最适当的职位，使其能够发挥自己所长，进而为国家的繁荣强盛竭忠尽智。

唐太宗崛起于行伍之间，通过平定隋末之乱，奠定了事业基础；后发动玄武门之变，走向九五至尊的宝座，由此拉开贞观之治的大幕，被史家比拟为功绩盖世、品德绝伦的古代圣君成汤、周武以及周成王、周康王。唐太宗的贞观之治能媲美成康之治，说到底，是其治国理念，亦即人力资源观作用的结果。概言之，唐太宗的人力资源观表现为以下几点：

一、重视人才，礼敬贤能

《新唐书・太宗本纪》曰：“太宗为人聪明英武，有大志，而能屈节下士，时天下已乱，盗贼起，知隋必亡，乃推财养士，结纳豪杰。”唐太宗于“天下已乱”之始，就看到未来的奋斗目标，但他很清醒，要实现目标，必须有丰富充裕的人力资源，尤其要有优秀的管理团队，为此他“屈节下士”、“推财养士”，为实现远大理想而进行人才储备。在其结纳的豪杰中，文臣有徐勣、刘文静和后投奔他的魏徵，武将有秦叔宝、尉迟恭、程知节等，这些优异人才组成的团队，不但实现了李世民平定天下的宏愿，而且还帮他稳固了政权，成就了“贞观之治。”

二、轻徭薄赋，休养民生，给人民以安居乐业的机会

国家强盛，社会繁荣，靠全体人民的艰苦奋斗，一国人力资源丰富与否，决定了一国的强弱。唐太宗通过历史兴亡，看到了人民的巨大力量，所以他十分庄重地告诫大家：“水可以载舟，亦可以覆舟。”为了使大唐开国之初的人力资源满足国家和社会发展的需求，他曾于贞观元年二月下诏：“民男二十、女十五以上无夫家者，州县以礼聘娶；贫不能自行者，乡里富人及亲戚资送之；鳏夫六十、寡妇五十、妇人有子若守节者勿强。”（《新唐书・太宗本纪》）这道诏令既体现了宽仁的节义原则——老年、有子守节者不强迫嫁娶，又反映了国家的基本策略——适龄青年必须及时婚配，以繁衍后代，增加人口。人口的多少，决定着人力资源的数量，所以贞观之初的婚育政策为唐王朝日后人力资源的兴盛打下了坚实基础。

三、任用贤人、善于听取良臣意见

如果没有优秀的团队，唐太宗就不可能实现自己远大的理想，更谈不上“贞观之治”。“贞观之治”与其说是唐太宗个人的伟业，不如说是以唐太宗为核心的团队智慧的结晶，是唐太宗颇具创新和前瞻的战略人力资源观的物质实现。归纳起来，唐太宗的用人艺术具体表现在以下几个方面：

1. **广收博纳，不计前嫌** 只要是有才能、有品行、忠于大唐事业的，他一概礼贤下士，

虚心以待。

2. **用人不避亲，举人不计仇**　如长孙无忌是唐太宗的妻舅，为避嫌疑，他力辞不就官职，而唐太宗认为他有宰相之才就任命了他。魏徵曾助李建成，是唐太宗的仇人，但唐太宗敬佩他的品行，欣赏他的才干，对他的谏言从之如流。唐太宗充满深情地说："我好像山中一块矿石，矿石不经冶炼就是废物，经过良匠精心打造磨炼它才能成宝贝。魏徵就是我的良匠。"魏徵逝世后，唐太宗临朝对众臣说："以铜为鉴，可正衣冠；以古为鉴，可知兴替；以人为鉴，可明得失。朕尝保此三鉴，内防己过。今魏徵逝，一鉴亡矣！"（《新唐书·魏徵传》）

3. **不拘一格，不问出身，唯才是用，唯贤是举**　唐太宗的团队成员中有显赫的贵族后裔、前朝重臣，有战绩卓著的贤人，还有名不见经传、出身寒微的小吏与穷书生。最著名的范例就是马周。马周穷困潦倒，一个偶然机会为唐太宗所发现，受到赏识，后一步步提升至中书令。

4. **用人不疑，放手让部下发挥才干，创造性地完成工作任务**　贞观元年，有人上书请太宗去佞臣，太宗问佞臣是谁，上书人说他也不知道，但教给太宗一个技巧，让太宗上朝假装发怒，以观群臣动静，敢直言者为忠良，奉承阿谀者即奸佞。太宗断然拒绝说："国君是身躯，臣民是影子，躯干挺直，影子自然不会弯曲；国君是源头，臣民是溪流，源头搞浑了，想要下游的水清是不可能的。君主自身使用诈术，您能要臣下正直吗？我用至诚治理天下，看到前代君王爱用权术奸诈、阴谋诡计对待臣子，深以为耻。"

5. **善于用人，扬人之长，避人之短**　历史上留传的唐太宗与封德彝的一段对话，就能反映唐太宗的人才观：不以全求才，而以专取才。如果求全责备，则天下无才，"君子用人如器，各随所长"，这句话很有哲理思考。

唐太宗李世民的人力资源观从宏观到微观、从战略到战术，都堪为后世楷模。站在战略的角度，大到一个国家，小到一个企业，必须要有充分而优质的人力储备，如果不发展生产，不给人民以休养生息的机会，就无法获取事业发展所需的人力资源，而人力资源的获取、整合和使用必须讲科学、讲战术、讲方法。举贤任能，有容乃大，是千古不变的法则。

【思考题】

1. 唐太宗是中国历史上难得的开明君主，他的贞观之治为后世树立了一块丰碑，但没有良好的用人机制就没有贞观之治，没有人才脱颖而出的环境就不会出现贞观之治的局面。通过唐太宗用人、选人，大力发展人力资源的历史事实，你认为当代人力资源应该怎样以古为鉴，走出一条适合中国特色的道路？

2. 唐太宗曾针对封德彝天下无才的论调，提出"不患天下无才，而患不识才"，"君子用人如器，各随所长"的观点，你对这句话有何理解？

任务四　唐代思想家人力资源管理理念综述

小故事

李白诗曰:“天生我材必有用。”上帝创造人类和万物,各有其天赋的功用,关键是看你如何配置他。清代有个叫杨时斋的将领,他“以聋子为侍从,以哑巴为探子,以瘸子守炮台,以瞎子战前伏地听动静”,由此,他的军队从未发生过泄密、临阵脱逃、谎报军情等恶性事件。原因何在?关键在于杨时斋善于用人之长,在他根据各人特点的合理指派下,那些在别人看来根本无用的残疾人在军中成了不可或缺的人才,他们的短处恰恰成了他们的长处,成了正常人无法替代的优点。由此可见,领导者的过人之处,不仅表现为善于使用大智大勇、大贤大德的人才,更重要还在善于使用有缺陷的平常人,特别是有一技之长的所谓“鸡鸣狗盗”之徒。

贞观之治开大唐繁荣兴盛之基业,它不但在政治、经济方面奠定了从初唐到盛唐的牢固根基,而且在人力资源开发与管理思想方面开启了有唐一代之先河。举贤用能、人尽其才、才尽其用是唐代人力资源管理思想的核心,它极大地丰富了中国古典人力资源管理理论,在中国人力资源管理思想发展史上有承前启后之功效。

一、魏徵的人力资源管理理念:居安思危,休养民生

贞观之治凝聚了魏徵无数心血和忠诚,他与唐太宗之间直谏与纳谏的故事被后世传为美谈。唐太宗通过贞观之治把大唐推向盛世,实现了自己的政治理想,魏徵借贞观之治显示了自己的政治才干和优良品质,同时或隐或显地渗透了他的人力资源管理观念。

魏徵始终认为国家的根本是人民,统治者的一切活动都是为天下苍生谋福祉,他通过多次上疏向唐太宗阐明君主、国家和人民的关系:“怨不在大,可畏惟人;载舟覆舟,所宜深慎。”(《谏太宗十思疏》见《旧唐书·魏徵传》)悯惜大众,发展生产,使人民得以休养繁衍,国家的人力资源才能壮大富足,综合国力才因之而提高。

为了巩固国基,发展经济,休养人民,魏徵一再反对奢侈浪费、靡耗国家资财,他多次通过隋王朝以及其他王朝走向败亡的历史教训提醒唐太宗:“隋朝的灭亡不是贫弱,而是国力太强盛,炀帝不恤民力,肆意耗散国家财力,最终导致覆灭。”为此,魏徵通过《谏太宗十思疏》、《十渐不克终》等警世钟般的奏言反复告诫太宗:“殷鉴不远,在夏后世之世。”为了减轻人民负担,实现国家的人力资源战略,魏徵一再劝谏太宗要行仁政、讲仪礼、举贤才、戒豪奢,“思国之安者,必积其德义,……德不厚而思国之治,虽在下愚,知其不可”(《谏太宗十思疏》)。国家的强盛、组织的发展,在于上下同心,有万众一心的凝聚力,魏徵认为,只有君主竭诚为民、竭诚为国、竭诚待下,戒除“纵情”“傲物”之志,才能形成攻无不克的团队力量:“竭诚则胡越为一体,傲物则骨肉为行路。”团结一体与形同路人决定着国家盛衰以及组织兴亡的走向。

治国也罢,管理组织也罢,制度的作用是显著的,但制度是用来规范公众行为、激励大

家向善做好事的,所以制度的执行必须公平、公正、公开,任何组织都不能存在超越法律和制度之外的“超级公民”。对此,魏徵的观点是:“刑赏之本,在乎劝善而惩恶,帝王之所以与天下为画一,不以亲疏贵贱而轻重者也。”(《旧唐书·魏徵传》)魏徵主张体恤民情,省刑用德,让君主把复杂的政事简单化,让人民把难以理解的东西通俗化,则会出现管理者轻松、群众不迷惑的局面:“夫上易事,下易知,君长不劳,百姓不惑,故君有一德,臣无二心;上播忠厚之诚,下竭股肱之力,然后太平之基不坠。”(《旧唐书·魏徵传》)

刑法公正、赏罚分明,是治乱之手段,但不是目的,更不是本质,要真正实现上下尽其责、同其心,最高统治者必须讲德、礼、诚、信。“臣闻为国之基,必资于德礼;君子所保,唯在于诚信。诚信立则下无二心,德礼形则远人斯格。然则德礼诚信,国之大纲,在于父子君臣,不可斯须而废也。”(《旧唐书·魏徵传》)德礼是上待下的基本道德守则,诚信是德礼的具体表现,没有诚信则政令不通、上下猜疑、小人横行、忠直遭谗,国家将危殆矣。

魏徵以忠谏辅佐唐太宗成就贞观之治,他的思想闪耀着人本的光辉,史家评其为“前代诤臣之不至者”,“可为万代王者法”,“前代诤臣,一人而已”(《旧唐书·魏徵传》)!治国与治家、理民众和理员工有殊途同归之妙,现代组织的管理者不可不深思借鉴。

二、李白的人力资源管理理念:天生我材必有用

李白,字太白,少负奇才,长有大志。因其诗歌成就,举世皆知其为大诗人,而绝少有人辨识他还是一个心怀王霸大略的政治家;因其诗歌飘逸洒脱,有出尘之想,不为权贵折腰,所以后人只认他是一个亦儒亦道、不肯与俗流同污的浪漫主义理想者,但却较少有人关注到他还是一个剑气侠心、渴望建功立业、积极为世所用,力图成为管仲、乐毅一样贤臣的现实主义用世者。李白怀才而不逢其时,有大志而难遇奋发有为的创业之主,所以他被大家公认的身份只能是诗人!

如果我们细加辨察,李白一生生命的律动始终和国家的命运联在一起,他的人才观念、人力资源管理理念贯穿于其诗文的字里行间,形成独特的视角和体系:

(1)崇尚英雄,渴望成功,为涵养自己的优异素质,他文武兼修,既博取圣贤之学,又仗剑远游,磨炼意志,把积极入世的理想建立在对个人品德、才能和意志的积累和锻铸上。

(2)坚持远大理想,胸怀坚定信念,为人才的脱颖而出创造条件,为贤达之士的有用于国而呼吁奔走。

李白的人才观和举贤荐能的人力资源管理理念给我们的启迪是:人才有层次,能力有殊异,我们在讲团队协作的时候,还应注重识拔那些个人才干超群、具有旷世之能的奇异人才,一个组织的发展既要有团队协作精神,还要有特异人才的涌现,战术执行靠团队协作,战略规划和创新一定要具有高瞻远瞩、胸怀宽广、视界极高的优异人才。组织人力资源管理在选才、用才时一定要分层对待,区分人才的特殊性,不必求全责备,给各类人才以实现个人抱负的宽阔舞台,避免李白样的“超才”遭世埋没,造成人力资源的极大浪费。

三、韩愈的人力资源管理理念:千里马常有,而伯乐不常有

唐代文学史上,韩愈不仅在诗文创作方面收获甚丰,而且在政治和思想方面亦建树颇

多。通过多年从政与治学的经验，他悟出人才对国家治乱的重要性，于是大声疾呼：国家要尊重人才、爱护人才，放胆去使用人才。

在《杂说》中，他慷慨指陈当时人才埋没、人力资源浪费的现象，提出“世有伯乐，然后有千里马”的著名论断。他认为举世没有贤能之士为国效力的原因，不是世无贤才，而是缺乏举荐贤才的智者。没有发现和挖掘人才的慧眼，就不会有身怀绝技、心存忠义的贤能之士脱颖而出。人才的埋没，人力资源的浪费是一件极其悲哀的事：“策之不以其道，食之不能尽其材，鸣之而不能通其意，执策而临之，曰：‘天下无马！’呜呼！其真无马邪？其真不知马也。”用人有道，用才亦有道，人才应该让其适才适用，尽量用其所长，让他按自己的道德操守做事，按自己的意志发表看法，同时给他提供相应待遇，这样才能使贤能之士真正成为“千里马”。

为了提高人力资源的质量，韩愈强调“师”的职责是传道、授业、解惑，给学生以必要的技能，从大道入手教育学生，培养他们高尚的人格。在著名的《师说》中，韩愈提出“转益多师”的观点，他认为教育不能给学生灌输空泛的“句读”（即现代所谓的字词句）之学，更重要的是要让学生向实践学习，以“巫医乐师百工之人”为师，掌握实际的技能。他认为，真正有用的贤才，甚至圣人都是“无常师”（即固定的老师）的，尤其是他大胆提出“师生互学、共同进步”的主张对当代建立学习型组织大有裨益：“弟子不必不如师，师不必贤于弟子，闻道有先后，术业有专攻，如是而已。”

韩愈对人的理解近乎宽恕，他觉得物只有不平的时候才会发出鸣响，同样人之所以有意见、有想法，甚至有牢骚就是因为心怀不平，遇到不公正待遇造成的：“大凡物不得其平则鸣。草木之无声，风挠之鸣。水之无声，风荡之鸣。……金石之无声，或击之鸣。人之于言也亦然，有不得已者而后言，其歌也有思，其哭也有怀。凡出手口而为声者，其皆有弗平者乎！”（《送孟东野序》）“不平而鸣”是个很重要的命题，组织管理者应该深思之、熟虑之。当然“鸣”因心志不同而表现不一，有着眼组织发展而提出好的建设性意见的鸣，有因身怀绝技而努力表现自己才能以引起关注的鸣，有遇到不公待遇而遭受委曲时希望辨证清白的鸣，还有欲有所作为而屡遭挫折甚或打击之后心怀怨望的鸣。总之，“鸣”的方式不同、表现内容不同，所以其引发的后果亦不同。不管是哪种鸣，作为组织管理者应该高度重视、认真对待，采取正确方法引导员工发表意见、提出建议，切忌对不同意见进行“围追堵截”。

【思考题】

1. 唐代国力强盛、社会繁荣，得益于其丰富的人力资源管理思想。试根据当代人力资源管理的现状，结合自己的思考，撰写一篇题为《试论人力资源管理与国家发展之关系》的小论文。

2. 李白志向远大，才能超群，但他一生都没有实现自己的政治理想。请以李白遭埋没的事实说明韩愈“千里马常有，而伯乐不常有”的著名论断的现实意义。

3. 在当代人力资源管理的过程中，如何看待“鸣不平”的员工？

项目三　宋、明、清思想家的人力资源管理理念

【学习目标】

1. 通过本节学习，主要掌握宋、明、清三代人力资源管理观念的因承变化，尤其进入近代以来人力资源观因时变革的特点。

2. 系统了解中国近代化进程中的思想家对人力资源管理的深刻阐述，关注他们对与国计民生相关的人口、资源、教育等问题的精辟论述，特别关注黄宗羲、洪亮吉、魏源、龚自珍等人的人力资源观，深刻体会他们的理论对当代人力资源管理的指导意义。

任务一　欧阳修、王安石、司马光、苏轼的人才观概说

小故事

一次，有一对极其要好的朋友相约去非洲丛林旅游，在幽深的密林里他们突然与一猛虎相遇。其中一人迅速地从旅行袋里拿出一双跑鞋穿了起来，另一人见状边跑边说“你再换鞋也跑不过老虎，费那时间干啥”。这个人不慌不忙地说“我只要跑过你就行”。当今社会竞争激烈，如果你跑得比别人慢一步，就有可能被时代潮流所吞没，所以建立学习型组织、打造学习型心态，就等于给自己换上了一双比别人跑得快的鞋子。

一、欧阳修的人才观

欧阳修四岁而孤，其母折苇画地，教其成才。入仕后，他尽忠国事，日夜操劳，敢直言，以高风亮节著称于世。根据个人经历，参以当时朝廷实际状况，欧阳修提出了自己的用人观：

(一)亲近以道为朋的君子，远离以利为朋的小人

宋仁宗时代，政治比较开明，朝廷引用范仲淹等一批贤人，被夏竦等攻击成“朋党”，欧阳修针对这一现状，精辟地论述了“朋党”的本质。他认为，“朋党”有君子和小人之分，君子是以大道，即国家利益、组织事业为重而团结凝聚起来，形成有力的奋斗团队，他们“所守者道义，所行者忠信，所惜者名节，以之修身，则同道而相益，以之事国，则同心而共济”。“道义”、“忠信”、“名节”是正直的君子共同信守的人生理念和道德操持，他们性情相近、目标相同、才能互补，在事业上共同激励、协调一致，努力为组织目标而奋进，因此欧阳修建议君王一定要“退小人之伪朋，用君子之真朋”，只有这样，才能保证“天下治”。现代人力资源管理一定要借鉴欧阳修的观点，分清以道为核心的管理团队和以利为价值观的管理团队的区别，警惕那些“好禄利”、“贪财货”、“见利而争先”、“利尽而交疏”的小人结成的小团伙，以防止他们给组织带来严重危害。

(二)居安思危,防微杜渐

欧阳修认为一个国家的兴盛和衰亡表面看来似乎是“天命”,但实质都是“人事”。亡国者,人为造成的原因比自然造成的要多得多,能导致国亡的“人事”,大体属于骄奢淫逸、居功自傲、困于小人而不知自省。针对这种痛心疾首的教训,欧阳修提出“忧劳可以兴国,逸豫可以亡身”的主张。他清醒地看到,大多数亡国之人,不是不智慧,不是不勇敢,也不是功绩不大、财力不足,而是功大了、财足了,自己却陷于小人的包围之中,为阿谀奉承、吹捧逢迎所迷惑,最终导致国破身死的惨剧。为此,他告诫:“祸患常积于忽微,而智勇多困于所溺。”纵观现代组织发展的历程,稳步前进、事业繁盛者,莫不与其管理者奉公守法、防微杜渐、居安思危的优良作风相关,他们的人力资源管理理念是提倡正气,提倡艰苦奋斗,提拔选用正直贤良的君子;相反,那些初始如日中天,势焰熏天,突然像昙花一现、销声匿迹的组织,基本属于骄扬跋扈、居功自傲,败死在几个溺臣小人之手。

二、王安石的人才观

王安石的人力资源管理观念主要体现为:改革时政、任用贤能、体察民情,通过种种变革旧制的手段使国家富强,人民安居乐业,只有减轻人民负担,才能大力发展生产,促进人口的增长,提升综合国力。他在分析大宋建立至宋神宗百余年兴盛发展的历史后指出:“太祖躬上智独见之明,而周知人物之情伪。指挥付托,必尽其材;变置设施,必当其务。……于是除苛赋,止虐刑,废强横之藩镇,诛贪残之官吏,躬以简俭为天下先。”此后历任皇帝谨守祖法,使大宋百年无波澜和变化。观王安石分析宋太祖用人治国的方略,可为现代人力资源管理提供儿点借鉴:

(1)知人善任,组织结构合理,人事配置恰当,在选人、用人、任人之前进行缜密考察,辨别人的真伪和对组织的忠诚度。组织职位的设置和人员选聘应该以事为中心,即按所需任务进行配置,选用人才的基本标准是因才能高低、才能所长进行任务分配,达到人尽其才,才尽其用。

(2)要使人力资源管理有效并达成组织目标,必须实行组织内部的公平,始终坚持“出政发令之间,一以安利元元为事”,即发布政令和制度,应该以全体员工的利益为重,把员工利益放在首位。而要做到以员工利益为主体,就必须在组织内部废除苛刻而不切实际的规章及惩罚性制度,抑制飞扬跋扈、目无组织纪律且给组织带来祸害的人,自上而下提倡并厉行节俭简约的生活作风,唯有如此,组织的发展壮大才有保障。

(3)王安石认为,宋太祖因为择人善任、以民为本而取得政权,那么宋仁宗则以“宽仁恭俭,……忠恕诚悫,……刑平而公,赏重而信,纳用谏官御史,公听并观,而不蔽于偏至之谗”,达到社会稳定、生产发展、人口剧增的治世效果。现代人力资源管理既要通过制度选拔、任用优秀员工,合理配置人力资源,同时还要广施“仁政”,做到“宽仁恭俭”、“刑平而公、赏重而信”,善于听取员工意见与建议,广开言路,使组织出现上下一致、忠诚清廉的和谐景象。

王安石政绩赫然,力行改革,他的人力资源管理思想还集中反映为对传统习俗的革除,对现有不合理制度的变革。他一再强调国家的富强、社会的持续发展依靠因势利导,改变先王之法,如果畏天、畏地、畏大人,面对急剧变化的内外形势而因循守旧,则必然导致国家衰落。现代人力资源管理面对的形势是复杂而多变的,因此改革现有不合理的制度,变革与组织目标不相符合的任务结构,是取得不断进步的根本保证。

三、司马光的人才观

司马光的《资治通鉴》不仅为历代统治者所倚重,而且其精辟又凝炼的历史叙论,亦为当代人力资源管理提供了丰富思考:

(一)治理国家,必须讲"礼"

"夫以四海之广,兆民之众,受制于一人,虽有绝伦之力,高世之智,莫敢不奔走而服役者,岂非以礼为之纲纪哉!"(《资治通鉴·周纪一》)在司马光的管理观念中,个人的力量是有限的,要管好一个国家、一个组织应该以"礼"为"纲纪",充分发挥群体的作用,上下协调、统一指挥,才能保证组织目标的顺利实现:"上之使下,犹心腹之运手足,根本之制枝叶;下之事上,犹手足之卫心腹,枝叶之庇木根。然后能上下相保而国家治安。"(引文同上)现代人力资源管理,既要讲分权,充分调动部属的积极性,同时还要坚持统一领导,保证最高决策者的权威性,使组织的战略决策有效地变成全体员工的战术行动,以此达到组织的迅速发展,稳步前进。

(二)选聘人才,以德才兼备为佳

司马光对人才的评价标准是"夫聪察强毅之谓才,正直中和之谓德"(《资治通鉴·周纪一》)。"才"与"德"的关系是从属关系:"才者,德之资也;德者、才之帅也。""德"是人才的灵魂、本质与基础,"才"则是人才的羽翼、点缀和现象,所以德才兼备方可谓真人才,"才德全尽谓之圣人,才德兼亡谓之愚人,德胜才谓之君子,才胜德谓之小人"。组织选聘人才时很难两全其美,在进退维谷的两难抉择中,司马光主张:"凡取人之术,苟不得圣人、君子而与之,与其得小人,不若得愚人。"竞争靠的是人才,用人在于用人之长,司马光的观点似乎与这个基本原则不相符合,但领会了下述一段话后,始悟解司马光用人之术的深刻涵义:"君子挟才以为善,小人挟才以为恶。挟才以为善者,善无不至矣;挟才以为恶者,恶亦无不至矣。愚者虽欲为不善,智不能周,力不能胜,譬之乳狗搏人,人得而制之。小人智足以遂其奸,勇足以决其暴,是虎而翼者也,其为害岂不多哉!夫德者人之所严,而才者人之所爱,爱者易亲,严者易疏,是以察者多蔽于才而遗于德。自古昔以来,国之乱臣,家之败子,才有余而德不足,以至于颠覆者多矣!"按司马光的分析,无德无才的"愚人"虽然不是组织用人的最佳选择,但他们比起有才无德的小人,给组织带来的后患毕竟有限,小人一旦挟才作恶,组织很难靠现有制度或预警系统进行遏制,其后果可能是颠覆性的。

四、苏轼的人才观

苏轼把政治失意后对现实清醒的反思融入诸多杂论和政论之中,就形成了视角独特的人力资源管理理念。

(一)拥有一批敢于战斗、勇敢果决的高素质人力资源队伍

北宋太平百余年,积弱不振,西北少数民族常有偷窥之心,苏轼作为有远见的政治家,他借科考之机向朝廷上《进策》二十五篇,系统而完整地论述了安边治国、加强国防战备的重大战略意义。他认为,加强军备、提高全国人民的忧患意识,通过严格的军事训练,让人民掌握一定的军事技能,提升他们在突发危机中的应变能力,是国家人力资源管理的当务之急:“夫当今生民之患,果安在哉? 在于知安而不知危,能逸而不能劳。……今不为之计,其后将有所不可救者。”现代人力资源管理的有效方法是进行危机教育,让每一个组织成员时刻保持清醒的认识,有高度的危机感,只有危机感才能激发他们的责任心和战斗力,形成组织参与竞争的凝聚力。当然,组织成员的意志和毅力不是凭空产生的,以苏轼的看法,要使组织成员具备坚强意志和应变能力,就必须通过艰苦卓绝的体能训练,使之具有强健的体魄。在此基础上,通过有效的军事技能培训,“教以行阵之节”、“授以击刺之术”,使全民达到“耳目习于钟鼓、旌旗之间而不乱”,“心志安于斩刈、杀伐之际而不慑”(《教战守》)的战略要求。现代组织的人力资源管理应该培养员工吃苦耐劳、坚忍不拔的毅力和意志,提高他们的技能,增强他们的体能,以战略的要求对每个员工进行高标准的持久训练,使其成为组织实现竞争目标的有生力量。

(二)优秀人才应具备远大理想,有为了实现更高目标而舍弃个人名利的牺牲精神

苏轼在分析了历史上功绩卓著的英雄人物成功的因素后指出:“古之所谓豪杰之士者,必有过人之节。人情有所不能忍者,匹夫见辱,拔剑而起,挺身而斗,此不足勇也。天下有大勇者,卒然临之而不惊,无故加之而不怒,此其所挟者甚大,而其志甚远也。”(《留侯论》)大智大勇往往表现为冷静沉着、不屈不挠的忍耐,有度量、有屈身事人的精神。勾践复国、张良成名、汉高祖称帝,都是因为他们能忍一时之小辱,而不被突如其来的威势所震慑,不被无故所加的侮辱所激怒,由此,苏轼总结事业成败得失的关键“在能忍与不能忍之间”。现代人力资源管理通过挫折教育,培养员工忍辱负重的精神,提高他们的思想境界,为实现组织宏伟的愿景而克制自己冲动的私欲。

(三)求才与用才和谐相配、个人和组织相适应,人才才有用武之地,组织才能发展

人才难得,求才不易,用才更不易。如果人才负才自傲,不能与组织目标适应,最终会出现人才的浪费,甚至导致组织利益的损害。为此,苏轼提出人才应该有肚量、有眼光,有能将自己才能与组织目标和谐统一的胆识。他认为汉代贾谊才华横溢,但最终未被朝廷重用,且死于非命,令后世惋惜不已的原因,不是通常所说的未遇明主、弃贾谊的才华而不用,相反,贾谊悲剧现象恰恰说明人才恃才傲物、缺少器量的弊端:“非才之难,所以自用者实难,惜乎! 贾生王者之佐,而不能自用其才也。”(《贾谊论》)“若贾生者,非汉文之不能用生,生之不能用汉文也。”这种论断一反常规,指出贾谊悲剧的本质,贾谊之所以不被汉文帝完全重用,是他“志大而量小,才有余而识不足”。不只是贾谊,历史上诸多贤人也出现了“负可致之才,而卒不能行其万一”的普遍现象,这一异常情况的造成并非都因当时没有贤明的君主,而是“贤人”缺乏识量“自取”的。针对贾谊现象,苏轼建议“使人君得如贾生之臣,则知其有狷介之操”,“而为贾生者,亦谨其所发”。

现代人力资源管理，既要挖掘求取优异人才，利用他们的才华，同时还要容忍并接受他们的“狷介之操”，不能因其态度、行为的小节而埋没，甚至扼杀了他们。作为胸怀大志和绝技的人才本身也要加强修养，含蓄内敛，忍辱负重，切忌恃才自傲，与组织成员格格不入，要谨言慎行，做一个所谋高远、所处卑下、所交皆欢、所行规范的德才兼备的优秀员工。

【思考题】

1. 宋代自仁宗以来党争激烈，导致国家逐渐衰弱，内外矛盾不断加剧。请根据宋代因党争而致国力衰微的历史事实，结合当代人力资源管理的现状，分析以利为主的小人结党营私会给组织造成什么样的恶果，在人力资源管理中如何有效防止有才无德的小人给组织带来祸患。

2. 现代社会复杂多变，对人才的要求呈多元化，你如何理解苏轼提出的大英雄要有忍耐沉着、处变不惊的观点？人才要实现理想必须胸怀宽广，你是怎样看待贾谊现象的？

任务二　以刘基、王阳明为代表的明代人力资源管理观概说

小故事

明朝正德年间，奸臣刘瑾弄权，御史戴铣上疏弹劾，遭刘瑾报复，时任兵部主事的王守仁激于正义为他鸣不平，刘瑾公报私仇，下令逮捕王守仁，将他处以五十大板的重刑后贬谪贵州龙场驿担任驿丞。王守仁上任途中知道刘瑾不会轻易放过他，所以一路小心防备，行至钱塘（今杭州）时，乘夜色脱下自己的衣帽放置江桥之上，并留诗一首说道“百年臣子悲何极，夜夜江涛泣子胥”，然后化装逃往深山。地方官得到报告，以为王守仁跳江自尽，于是临江设祭，深沉悼念他。刘瑾派去跟踪且寻机杀害王守仁的杀手听说王守仁已死，赶忙回京复命。王守仁因此躲过一劫，得以在乱世保全性命。有作为的人不拘小节，他们在危机中总能凭聪明智慧化解矛盾，转危为安，以坚韧的意志等待更大的成功。

一、刘基的人力资源管理观

刘基的人力资源管理理念集中在《郁离子》一书。他认为，用人不能单凭一技之长，尤其是重要管理岗位不能光靠技能，而应全面考察、考核，按人才的综合能力、整体素质量才使用：“三代之取士也，必学而后入官，试之事而能，然后用之，不问其系族，唯其贤。”（《郁离子》）刘基任人唯贤、不问出身、量才使用、综合考评的用人观对现代人力资源管理亦有现实指导性。刘基指出，一个国家的兴衰在于全体国民团结与否，只有通过有效办法把散沙一样的民众凝聚起来，才能形成攻无不克、战无不胜的力量：“民犹沙也，有天下者唯能抟而聚之耳。”有道之君，用仁义、用情感去凝聚人心，犹如用胶漆把沙子搅和起来，捏成一块，这种凝聚力是永远无法离散的，而霸道之君，用利益、用武力去收拢人心，就好像用水、用手掌去收聚沙子，水结成冰，手握成拳，会使沙子聚合在一起，但一旦坚冰消释、手掌舒开，沙子自然就会迅速离散，所以统治者必须懂得“聚民之道”，不能总是把人民看成“顽而

好叛”的“刁民”。如果统治者不懂聚民之道，一味夸耀实力，最终会自取灭亡，因为民心聚合的根本在“德”，不在“力”。刘基认为行大仁、用大道，则能将敌对力量转化成对我拥戴、为我所用的有生力量，用这样的力量去参与竞争，必然会取得胜利。“善战者，省敌；不善战者，益敌。省敌者昌，益敌者亡。……善省敌者不使人我敌，……唯天下至仁，为能以我之敌敌敌，故敌不敌，而天下服。”刘基疾呼统治者应该推行开明政治，让天下之民共享太平温饱生活：“民，天之赤子也，死生休戚，天实司之。譬人之有牛羊，心诚爱之，则必为之求善牧矣。”所谓“善牧”，即懂管理、会治人，能用仁爱宽厚之心去行政的管理人才。现代人力资源管理选拔任用各级管理者应从“善牧”的角度去观察、考核，把那些真正优秀的人才选拔到领导岗位。

二、王阳明的人力资源管理观

王阳明的理论精华是“心外无物，心外无理”，“心即理也”，“心之本体无所不该”。在研求学问、探讨道统的方法上，他力主“知行合一”，“致良知”，在他的观念中，“行之明觉精察处便是知，知之真切笃实处便是行”，“知善知恶是良知”。他的“格物致知”的理论对后世教育思想、科学观念的形成有着极为重大的影响。凡事讲求认真、讲求实践，才能形成观念、形成思想，最后凝结为知识；离开实践，则无知识，没有躬行践履，就不可能达到“致知”的境界。他认为，格物致知不是玄之又玄、大而无当的东西，相反最精辟的思想、最高贵的知识蕴藏在日常生活中，寓于平凡处。在王阳明看来，“知行并进”，“知”是“行”的升华，“行”是“知”的前提；一个人先有“行”的愿望，才肯付之“行”的实践，通过“行”的实践体验归纳出“知”的原理。人间至道大理来自实践和履行，没有实践就没有“真知”，“真知”由我心感发，我心生于客观物理，主观与客观只有冥然契合才能形成大学问。现代人力资源管理的头等大事是提升组织竞争力，组织竞争力源于组织创新力，创新精神基于组织成员的学习与实践能力，通过学习提高思想素质，获取敏锐的观察力和判断力，通过实践，印证自己各种能力的提高程度，进一步巩固学习成果。王阳明“知行合一”、“心外无物”的观点启示我们：既要努力打造具有竞争力的学习型组织，还要潜心营造忠诚、尽责、奋发向上的企业文化。只有员工心中有了忠于组织的想法，才能产生忠于组织的行为；只有员工生成锐意进取、奋发有为的心志，才能出现推动组织向前发展的巨大能量！

三、明代其他思想家的人力资源管理观

除王阳明以外，明代许多其他的思想家在人力资源管理上亦有其独到的理念。薛瑄作为程朱理学的后继者，特别强调心学中的“敬”。“敬”包含了宽政爱民、恭谨严肃、礼敬天地万物，对普通的民众不能轻忽，要以诚敬之心去对待他们。现代人力资源管理要求各级领导者要爱民、敬民、亲民，给民以休养生息的机会；同时还要求各级管理者洁身自好、正大光明，有恭敬严谨的作风。薛瑄对此论述道：“一字不可轻与人，一言不可轻许人，一笑不可轻假人”；“作一事不可苟”。薛瑄对管理者和各类人才提出了要求：“酒色之类，使人志气昏酣荒耗，伤生败德莫此为甚”；“人知天下事皆分内事，则不以功劳夸人矣”；“人有

负才能而见于辞貌者，其小也可知矣”；“人所以千病万病，只为有己。为有己，故计较万端，唯欲己富，唯欲己贵，唯欲己安，唯欲己乐，唯欲己生，唯欲己寿，而人之贫贱危苦死亡一切不恤，由是生意不属，天理灭绝，虽曰有人之形，其实与禽兽奚以异”；“无欲如至清之水，秋毫必见，有欲如至浊之水，虽山岳之大，亦莫能鉴矣”；“为善须表里澄澈，方是真，为善有纤毫私意夹集其间，即非真为善矣”。以上论述，从多角度提示身处要职的君子贤人要懂得修身，学会做人做事谦逊恭谨，低调对待自己，克制欲望，真心为善。

胡居仁认为，处管理之位，履行治事之责，就必须小心谨慎、居安思危，以非常认真的态度对待自己的工作责任：“战战兢兢是不敢有些子放肆，戒谨恐惧是不敢有些子惰慢。”在与时俱进的问题上，胡居仁说道：“随时不是随俗，今人错认以随俗为随时。”随时是和时代一同前进，跟上时代发展的潮流，但随时绝不可理解为随俗，随时必须提防随俗流，而形成媚俗的恶习。人力资源管理的难题是选择甄别人，所以胡居仁明确指出：“君相之职最难者，是知人。”对于人的辨别要透过现象看本质，对有才而德薄的人在使用时一定得“戒之甚切，驭之甚严”，只让他们管理外务，而不得参与重要机密和决策大事。为了广开才路，用人之长，胡居仁主张“辟四门，明四目，达四聪，此舜为治手段，后世所当法也。然搜扬贤才而用之，则四门辟矣，得贤明忠直之士而寄以耳目，广询博访以来直言，则四聪达，四目明矣。”四门开、四聪达、四目明，说明了广开才路、引进贤能在组织信息畅通、沟通渠道完善中的重要性。

【思考题】

1. 刘基认为优秀的管理者应该以德凝聚人心、号召天下，把天下人的力量调动起来，形成战无不胜的合力。你对这个观点是如何理解的？

2. 王阳明是文武全才，他所倡导的知行合一的理论对当代人力资源管理有什么启示作用？

3. 薛瑄、胡居仁的思想各有侧重，你怎样看待行善要真、做事要与时俱进而不媚俗的观点？

任务三　以顾炎武、黄宗羲为代表的明末清初思想家的人力资源管理观概说

小故事

一只鹰不小心把自己的蛋生在了鸡窝里。那颗蛋后来由母鸡孵化，最后破壳而出，这只由鹰蛋孵化的小东西在鸡群里显得那么另类，总被别人欺负。日复一日，他长大了，主人发现他是鹰，于是千方百计想把他训练成猎鹰。因为和鸡群长期相处并共同生活的缘故，这只鹰已经在潜意识里认定自己是一只鸡，根本就没飞的愿望了。主人曾经用过好多办法想让他飞起来，都毫无效果，最后实在无法就把他带到悬崖之巅，一扬手把那鹰抛出去。起初这只鹰像块石头一样直往悬崖下掉去，随着离地面越来越近，那鹰出于本能拼命

地扑腾起翅膀，紧接着猛地一展，终于冲向高山、冲向蓝天。由此可见，磨砺造就人才，危机成就事业，有远大志向的人不会因眼前的困境而甘于埋没，只要机遇降临，他们总有成功实现自我的那一天。

一、顾炎武的人力资源管理观

顾炎武一生著述丰厚，学行兼优，为一代宗仰的大师。其人力资源管理观隐约体现在他深沉而博大的思想中，显要者有以下几点：

（一）以民族为己任，以国家为大义

顾炎武认为亡国和亡天下不同："易姓改号，谓之亡国；仁义充塞而至于率兽食人，人之相食，谓之亡天下。……保天下者，匹夫之贱均与有责焉尔。"组织发展如大海行舟，波诡云谲，实难预测，所以顾炎武的"天下兴亡，匹夫有责"从战略高度指出了如何在紧要关头唤醒员工、凝聚士气的根本途径。现代人力资源管理借鉴优秀的文化传统，利用士人敢于争先，愿以天下为己任的大无畏精神，以此鼓舞员工斗志，激发员工责任感，必能在组织上下形成万众一心、同仇敌忾的精神理念。

（二）提倡经世致用之学，反对空泛清谈

在顾炎武的观念中，忠孝节义、河农兵法，只要对世有用，有助于社会发展、有利于人际关系和谐的学问皆是真学问，士大夫所耻不是耻自己名位不立，而是耻没有用自己的努力去为天下谋福利，他认为天下有两种不仁之人，一是犯上作乱的人，一是巧言令色的人。这两种人对组织事业危害极大。顾炎武通过精思冥想，结合自己考核山川、行万里路的经验，完整地归纳出新的治学思想，其经世致用的观念用于现代人力资源管理，就可以指导我们如何引导员工有效地进行学习，通过学习提高组织的创新能力与竞争能力，利用学习所积累的知识和技能提高员工修养，加强他们为社会、为组织服务的意识，让组织永远保持不断前进的原动力！

（三）博爱省刑，民用不乏

人力资源管理在于提高人民的生活质量，加大人民的满意度，由此使全体人民形成对国家的忠诚度和责任感。顾炎武认为，博爱、施行仁政就能达到让人民满意、提高人口素养的目的。

现代人力资源管理，大到国家、小到组织，都必须以民为本，力倡博爱，把"独治"变成"众治"，利用礼义忠信为核心的社会秩序来巩固统治基础。建立合理的法律调节制度，经济上保障全民的利益，政治上让全民共享应得的权利。

二、黄宗羲的人力资源管理观

黄宗羲大胆提出"为天下之大害者，君而已"、"天下之治乱，不在一姓之兴亡，而在万民之忧乐"的进步主张。由于黄宗羲否定封建专制，力倡民主民权学说，所以近代思想家将其《明夷待访录》大量刊行，作为反对封建君主专制的重要资料，被称誉为中国最早的《人权宣言》。作为思想激进、见识卓越的学者，黄宗羲的人力资源管理观念体现为这样几

个显著特征：

（一）天下为天下人之天下，君主不过是人民的代言者和理财者

根据中国自三代（即夏商周）以下，尤其秦汉以来封建专制的特点，黄宗羲一针见血地指出君主自私自利的本质："后之为人君者不然，以为天下利害之权皆出于我，我以天下之利尽归于己，以天下之害尽归于人亦无不可，使天下之人不敢自私，不敢自利，以我之大私为天下之大公，始而惭焉，久而安焉，视天下为莫大之产业，传之子孙，受享无穷。"（《明夷待访录·原君》）君主视天下为己有，所以未得之时，不惜让人民肝脑涂地、血流成河，换取一姓之"产业"；既得之后，便横征暴敛、苛捐杂税，敲骨吸髓地榨取天下，以供利益集团的享乐与挥霍。站在历史和现实的交汇点上，我们不得不佩服黄宗羲的深刻与精辟，如果以现代人力资源管理的视角认识黄宗羲的思想，我们应该明确指出的是，不管国家还是组织，它的发展、壮大，甚至繁荣是由千百万人民的智慧和心血凝聚而成，不是某个个人或者小团体的功劳；即使企业的发展壮大，也是全体员工的努力。社会财富的创造者是人民，所以它的所有者应该是全体人民，各级统治者只不过是全民资产的理财者，而不是所有者；同样，企业财富的创造、增长是全体员工努力的结果，是人力资源的价值凝聚，而投资者的资本只是其中的一小部分。由此分析，国家实行全民所有，建立民主制度，企业归全体员工所有，实行民主化管理，才能从根本上调动全体人民的积极性、主动性，焕发他们的主人翁风采，使人力资源真正成为推动社会进步的活的资源。

（二）各级管理者应该为天下人负责，而非为一姓王朝、为一人统治尽愚忠

在黄宗羲的观念中，"天下之大，非一人之所能治，而分治之以群工，故我之出仕也，为天下，非为君也。为万民，非为一姓也"。只要心中想着"万民"，为"万民"服务，有民主意识，那么面对专横君主的无理要求就敢于说不。黄宗羲检验天下"治乱"的标准是"万民之忧乐"，而不是"一姓之兴亡"。他用古之抬大木作比喻，说明君臣治理天下应该是前呼后应、上下同声的协调行为，不能盲从，不能独裁。从这个原理推演现代人力资源管理，应该特别指出的是，组织各级管理者在管理过程中必须把全体员工的利益放在首位，发展组织事业不能以牺牲员工利益、社会公众利益为代价，中基层管理者和最高管理者之间的关系不是"仆妾"，而是"师友"，在组织利益、集团利益和员工利益发生冲突时应该妥善协调，尽力平衡三者的关系。对最高管理者的不良行为有抵制和否决的勇气，不能因个人为"免于寒饿，遂感在上之知遇"的一己私欲而泯灭大义。

（三）治理国家，管理组织，必有"治法而后有治人"

黄宗羲重视法治的作用，他主张一个国家的兴衰存亡与其法治理念紧密相联。基于对法治精神的深刻理解，黄宗羲大胆提出："有治法而后有治人，自非法之法桎梏天下人之手足，即有能治之人，终不胜其牵挽，……故曰：有治法而后有治人。""治法"即以天下为公而立的法，如果法律是公的，那么贤能的"治人"就能放手办好事，而不贤或无德的"非人""亦不至深刻罗网文害天下"（《原法》）。

现代人力资源管理强调的是以法治天下，以制度管理人，但立法的出发点不同，制定制度的立场不同，最终会导致不同的人力资源管理走向。

（四）重视学校的作用为人才的脱颖而出创造有利条件

在《学校》一文中，黄宗羲论述了学校的职守不但是教育人，而且还应该是培养人，为国家培养合格而优质的管理人才。不幸的是，学校在历史变迁的过程中沦为附庸，只为那些“科举嚣争，富贵熏心”者提供了一个寻求进身的台阶，而真正“有才能学术者且往往自拔于草野之间”。为此，黄宗羲主张学校教育应该改革，实现多元化，充分发挥各级各类教育机构的作用，为国家培养适才适用的管理者与建设者。黄宗羲重视学校的教育功能，提倡于世有用的实际学风，对那些空泛无当而“蛊惑坊市”，污染民众心灵的制艺时文、淫词艳语一概销毁禁绝。

在选人用人方面，黄宗羲主张通过多种方式和途径使天下英才，无论身在高位，还是伏处草莽，都能以荐举而跻身国家管理，充分施展其抱负与才华。

如何广开人才之门，使天下有德有才的贤能之士跻身组织管理者行列，并严格使用他们、有效监管他们，使他们的真才实学得以在管理实践中大行其道，是现代人力资源管理的难题和重心，黄宗羲的教育观和“取士”观足可为今日的借鉴。

三、魏禧的人才资源管理观

魏禧在人力资源管理思想方面的贡献有以下几点：

1. 国家振兴、组织繁荣靠“忠臣”、“仁人”的不懈努力 一个组织的人力资源管理，既需要忠于事业的“忠臣”，更要有能担当社会道义、负起社会责任、为全民谋福利的“仁人”，否则组织的发展会受到极大制约。

2. 组织用人首先要识人 人有优劣之分、君子和小人之别，所以拨开表象，通过严格考察来辨识人的本质，是用人成功的基础。

现代组织识人、用人不得不深思而熟虑之、细察而审慎之。在人才的教育、培养与选拔方面，魏禧极力反对僵死、空泛、毫无用处的八股制度。他认为，以实用为宗旨，以经世为目的，教育培养的人才最终要为社会创造价值，为世所用、为民所用，而今所谓的各种教育选拔制度亦应以此为出发点。

【思考题】

1. 组织发展离不开社会公众的广泛支持，离不开国家的有力扶持，所以组织（包括企业）必须义无反顾地担当起社会道德责任，为社会、为公众、为国家承担义务。请结合顾炎武的著名论断“天下兴亡，匹夫有责”，阐述你对组织社会责任感、义务心的理解。

2. 黄宗羲是中国近代化进程中一位具有强烈民主精神的学者，他提出的民主思想对人力管理有一定的指导意义。试根据黄宗羲“天下人共有天下”的基本理念，谈谈你对组织实行民主管理的看法。

3. 组织发展离不开人才，而人才的选拔、培养是一个复杂长期的过程，魏禧大力提倡废止八股，通过经世致用来发现培养人才，严格区分君子小人之辨。当代组织在选人、育人方面如何借鉴魏禧的观点，使人力资源管理更加有效？

任务四　以洪亮吉为代表的清代中期思想家人力资源管理观概说

小故事

蛹看见美丽的蝴蝶在花丛中飞舞非常羡慕，就问：“我能不能像你一样在阳光下自由飞翔？”蝴蝶告诉他：“可以，但你第一必须渴望飞翔；第二必须有脱离你那非常安全、温暖、舒适生活环境的勇气。”蛹庄重地问蝴蝶：“这是不是意味着死亡？”蝴蝶很思辨地对蛹说：“从蛹的生命意义说，你已经死亡，但从蝴蝶的角度，你又获得了新生。”生命的诞生、成长要经历无数次如凤凰涅槃一样的质变过程，一个人如要提升自己生命的质量，就必须对原来的一切进行否定。同样，组织人力资源管理要创新、国家要发展，就必须在革新中寻找突破口，在创造中破坏，在破坏中重生。

一、洪亮吉的人力资源管理观

清代经康熙乾隆的励精图治，国力已达鼎盛，不但疆域扩大，国防巩固，华夷一统，而且人口日增，人力资源得到长足发展。一些有识之士大胆提出节制生育、控制人口的观点，以此来保持人力资源和社会生产之间和谐平衡的发展。其中最具代表的人物是洪亮吉。

洪亮吉的人力资源管理思想在清中期具有典型性，其中贡献最大的是《治平篇》中对人口增长和社会生产资料、生活资料有限之间矛盾现象的论述。他认为人口是人力资源的基础，它的数量多少取决于生产和生活资料的拥有量，如果人口的增长超越了生产、生活资料的拥有量，则会出现人力资源过剩、就业失衡等社会现象，给人类带来危机。造成社会危机的不仅是人口的剧增，还有由人口激增而带来的通货膨胀的压力。在《生计篇》中，洪亮吉进一步指出：“为农者十倍于前而田不加增，为商贾者十倍于前而货不加增，为士者十倍于前而傭书授徒之馆不加增。且昔之以升计者，钱又须五四十矣；昔之以丈计者，钱又须一二百矣。所入者愈微，所出者益广，于是士农工贾各减其值以求售，布帛粟米又各昂其价以出市。”人口增加、人力过剩、生活资料严重短缺，造成物价飞涨、货币贬现的危重境地，在这样的经济状况下，社会危机日益显露：“终岁勤勤，毕生皇皇，而自好者居然有沟壑之忧，不肖者遂至生攘夺之患矣。”以上指陈仅是“勤力有业者”面对危机时的反映，至于“游手好闲者”，一旦遇天灾人祸，在社会危机来临时，他们肯定铤而走险，做出颠覆社会根基的惊天举动。在二百多年前，洪亮吉已对人口增长、人力资源过剩造成的危机有此清醒认识，可谓其思臻绵密、眼光独具，惜历代统治者未引起高度警觉。

在微观的用人、识人观念上，洪亮吉主张“务实”，他觉得“好名”是人之常情，但“名”重往往“累人”。务实求真是一个优秀管理者必具之行为准则，而廉耻则是各级管理者首要之人格素养。现代人力资源管理，大到治一国，小到理一组织，从上而下倡导“廉耻”之心是求全取胜的必要条件，离此，则国家必受其殃，组织必陷覆亡。

二、清代中期其他思想家的人力资源管理观

除洪亮吉之外，清代中期思想家的人力资源管理思想值得后世深思的还有吴成佐、张洲、张望等。

吴成佐的人力资源管理观念有两点：一是成大业、获全胜非智勇双全、英明远见，有知人善任的圣贤之士不可。二是成大业、建大功必须有与之适应的才能和识量，才能、气识是成功者的特质与标志。

张洲认为国家的兴亡、组织的盛衰与贤智之士是否得到重用有关。他觉得历代都有贤能之士身怀绝世之才，关键是统治者如何以求贤若渴的态度、知人善任的方法去发现他们、重用他们，让他们人尽其才、才尽其用。

张望主张：

凡处世必先修身养性，通过修养自己达到济世救民的目的。修养自身一定要明白“命”理，“命”是自己在天地间的存在的形式，是社会角色的体现，一个人只有“知命”才能不至于做出违背天地和社会道义的事。

天降人才，精神骨气，皆承天地而来，所以人才，尤其贤能之士，应该保养自身，既锻铸坚强劲健的体魄，又磨砺沉着博大的精神，如此才能担当家国之重任、社会之道义。

用人难，是因为知人难，知人难就难在君子小人之辨。一个人处名望之位，总有人助你成功，有人贬抑干扰你；有人为事，有人为一己之私利。助你成功者并非都是为事的君子，干扰你者并非都是小人，“贤与不肖”的区别就在于是否为一己之便之利而“助你”或“挠你”。那些隐匿得很深且善于伪饰的人，一旦羽翼丰满，小可以“点名黡色”，大则能“祸人国家”，由此造成的灾难性后果从古到今无法估量，所以张望发出“知人难”的深沉慨叹。现代人力资源管理在用人、任人之际不可不分辨为事而起争议的君子，以及为一己之私利而闹纷争的小人，以此避免组织出现因用人失误而造成的严重后果。

【思考题】

1. 清代经康乾盛世的休养生息，人口得以迅猛增长，至嘉庆道光时期更急剧膨胀，嘉庆二十四(1819 年)达 3.1 亿多人，道光二十九年(1849 年)达 4.1 亿多人。人口的迅猛增加带来了人力资源的过剩，洪亮吉目睹因人力资源过剩造成的种种社会危机，提出节制人口增长、提高人力资源质量的进步主张，虽然时隔两百多年，但他的观点依然具有普遍的社会影响力。请结合目前国际和国内人口与社会发展水平，阐述你对控制人口、提高人力资源内涵的看法。

2. 人力资源的质量不仅体现在知识和技能结构上，而且还表现在个人意志以及人格精神的磨练上，清代著名思想家特别关注人才人格精神的培养。请以《小议人才的人格与品质对组织人力资源管理的影响》为题，写一片议论文。

任务五　以魏源、龚自珍为代表的晚清思想家的人力资源管理观概述

小故事

明代作家刘元卿写过一篇寓言小说《猱》，其中讲了这么一个故事：猱身形短小矫健，指爪非常锋利。有一天老虎的头皮发痒，请猱给他抓痒，猱乘机爬上老虎头顶开始抓起来。猱的搔痒技术一流，抓得老虎舒服至极，慢慢地老虎飘飘然起来，猱在不经意间把老虎的脑袋挖了一个洞，老虎因为沉醉在抓痒的快感中，所以没察觉。猱一边给老虎抓痒，一边享受老虎脑髓的美味，最后老虎在不知不觉里死于猱的指爪下。这个故事启示我们：在国内外竞争的浪潮前，一个人或一个组织如果缺乏危机意识，不思进取，只是贪图短暂的自我陶醉，那他的结果就像死于猱指爪下的老虎。

清朝经康乾盛世，至道咸已成强弩之末，内忧外患，黑云压城，四伏的危机使得各种社会矛盾日渐激烈。在无法抑亦无可调和的矛盾状态中，所有社会弊端与痼疾无一例外地凸显出来，让一大批有识之士愤而振起，参与到图存救亡、力挽衰颓的行列，其中魏源、龚自珍是最典型者。

一、魏源的人力资源管理观

魏源与众多生逢危世的士人一样，魏源试图通过提倡经世致用之学，广开知识之门来扩大国人的视野，增强国人的忧患意识，从而一举振起衰乱的世道，使中华民族跻身世界强国之列。在人力资源管理方面，魏源最大的贡献是提出了“师夷之长技以制夷”的观点，这是一个具有划时代意义的先进理念。在《海国图志序》里他说道：“何以异于昔人海图之书，曰：彼皆以中土人谭西洋，此则以西洋人谭西洋也。是书何以作，曰：为以夷攻夷而作，为师夷长技以制夷而作。”借鉴前人成果，从而跳出前人窠臼，超越前人思路，魏源的《海国图志》一书立意在利用西方人的技术来改造并装备中国人落后的理念和技术，从而在根本上战胜敌人，驱逐那些入侵中国的“夷人”，达到祖国的强盛。去除虚妄矫饰，讲求实用实证，面对积弱待振、百疲将兴的社会局面，凡有血性、有思想的人都应该奋发而起，担当大义，以唤起振荡中华民族觉醒的风雷。

二、龚自珍的人力资源管理观

与魏源思想相近、名望相埒且人力资源观念更深刻的晚清思想家应推龚自珍。

龚自珍对人力资源管理理论的丰富化表现在以下几个方面：

(1)国家富强在于全民的富强，全民富强必须讲社会公平，如果社会不公不平，则容易导致诸多社会问题，甚至爆发危机。

(2)国家的人事管理必须依靠行之有效的制度，没有制度，就会导致官贪吏污，使那些醉心利禄、谄媚阿谀的无耻之徒窃取国家的重要管理岗位。

(3)社会风气导致人们思想的改变，而人的思想观念的蜕变造成人力资源质量的

下降。

龚自珍生活的时代，是一个非常可怕而危殆的黑暗时代，无是非、无黑白、无善恶、无真伪、无廉耻，所有的才智被扼杀，所有的思想被消灭，所有的有识有为之士均被晾干而成“将萎之华”。面对人才被扭曲而成畸才的病态社会现状，龚自珍在《病梅馆记》中大声疾呼：“安得使予多暇曰，又多闲田，……予生之光阴以疗梅也哉！”龚自珍对人才的珍爱，与他对封建专制制度的批判精神是一致的，因为他认为振荡国家生气的一定是人才，是有廉耻心、有正义感的人才：“九州生气恃风雷，万马齐喑究可哀。我劝天公重抖擞，不拘一格降人才。”（《己亥杂诗》）

（4）厉行改革，坚持新政，是提高人力资源质量、实现国家富强的根本途径。

（5）人人生而平等，权利和义务相当，人力资源管理的目的是创造一个人人都享受权利、都承担义务的和谐环境，让能者居其位而为组织和人民谋利益，让自私自利的庸者离开各类管理岗位，这才是国家发展、组织兴旺的标志。

从人力资源管理而言，大到一个国家，小到一个组织，在其位就要谋其政，所有管理者必须肩负起与其职位相当的责任，为全体人民或员工谋幸福。如果尸位素餐，只享受待遇而不干实事，就应该早日离职，否则就是违背公理与公德！

三、郑观应的人力资源管理观

从人力资源管理的角度考察，郑观应在《盛世危言》中的观点可归纳为以下几点：

（1）重视教育，实行新式教育教学法，为国家培养适用人才。教育是立国之本，离开教育就不会有好的治世人才、经国人才、经商从业的专门人才，所以郑观应高瞻远瞩地把教育同社会政体改革、国防建设、农商发展相提并论，且置之首位，足见其对人力资源质量的高度重视。

（2）立国之本在得民心，而得民心的唯一途径是实行民主政体，只有全体人民享有管理国家政务和事务的参与权，才能上下同体、万众一心地实现民族复兴的宏伟目标。而一个国家要真正强大，使人民安居乐业，并形成众志成城的凝聚力，非实施民主的政体不可。实施民主政体，必得有优秀人才脱颖而出，担负起替人民理财治国的大任，那么优秀的人才如何产生呢？国人选举人才，应该唯才是用，具有严格程序，体现了用人制度的公开、公平与公正。通过选举，就能使“人才辈出，国之兴也勃焉”。现代人力资源管理，不管国家大事，还是组织管理，都能通过全民或全员选举来选拔任用各级管理人员，其不发展、不繁荣是不可能的。

（3）设立考试制度，通过考试延揽散处民间的各类人才，使其走上管理岗位、技术岗位，为国效力，为民办事。

（4）重视学校的育人作用，尤其要重视并提高职业教育的功能和地位。郑观应综合古先贤的灼见和西方先进国家的经验，最早提出职业教育，并把它放到国家富强的高度来认识：“中国亟宜参酌中外成法，教育人材，文武并重。……且中国向无工艺院（即后来的各类职业技术学院），故贫民子女无业谋生者多。倘各处设院，教其各成一气，……闻泰西工艺院急于文学院,以工艺一事,非但有益商务,且有益人心。……中国生齿日繁,生计日绌,所以工艺学堂亦今世之亟务也。”(《盛世危言·学校上》)站在职业教育优先发展的立场,郑观应特别注重“技艺”在国家经济建设中的重要地位:“泰西诸国富强之基,根于工艺,而工艺之学不能不赖于读书,否则终身习之而莫能尽其巧。”(《盛世危言·技艺》)工艺精湛、技术上乘,方能制造出居世界前列的各类机械和器具,而精湛工艺的获取不能仅靠师徒相承的传统方法获取,而应设立专门的技术学校,通过学校正规教育,让学生从工艺流程、机械原理、绘图设计、加工制造等一系列学科了解、掌握工艺的系统理论和实际操作,成为“与师异曲同工,且变化神明进而益上”的合格职业人才。

郑观应的人力资源教育观,不但表现为对职业教育的重视,而且对师范教育、女子教育亦非常重视,这在当时封建意识浓厚的社会环境中可谓独具胆识。

【思考题】

1. 晚清社会内忧外患、危机四伏,许多志士仁人攘臂而起,力图挽狂澜于既倒,他们是近代中国睁开眼来看世界的先行者。魏源以“师夷长技以制夷”的观点期盼唤醒国人,利用西洋先进的技术来改造中国,从而使中国跨入富强的民族行列。今天当我们重温这一划时代理论观点的时候,如何面对汹涌而至的西化大潮,坚持走中国特色的人力资源管理之路,既坚持法治,又讲仁义伦理,让中国式的人力资源管理发挥应有的作用?请结合近代思想家的理论,论证中国式人力资源管理的可行性与先进性。

2. 龚自珍直面积弱不振的社会现状,清醒认识到社会的衰退、民族的沉沦皆因统治者戕残人才、贬抑贤能之士而造成,为此他大声呐喊:“九州生气恃风雷,万马齐喑究可哀。我劝天公重抖擞,不拘一格降人才。”站在历史和现实的交汇点上,你是怎样理解这首诗歌所蕴含的社会意义的?

3. 郑观应学贯中西,是近代思想史上的奇才,他的《盛世危言》如电光风雷横扫了整个中国,令包括毛泽东在内的伟人都深受启发,从而走向革命。他的教育观、考试观、选拔人才观以及民主观等理论观点,对当代人力资源管理亦有极大裨益和启示。请考察当前人力资源管理现状,用宏观的眼光分析郑观应人力资源管理思想的现实意义。

任务六　曾国藩的人力资源管理观概说

小故事

曾国藩善于从行为举止来识别人才。一次,李鸿章向他推荐了三个年轻人。傍晚,曾国藩办完公事回到府邸,家人迎上来对他悄悄说:“李大人推荐的人已经在庭院里等待多时了。”曾国藩挥手示意家人退下,自己悄悄走过去暗中观察这几个人。只见其中一人不停地审视着屋内摆设,似乎在思考什么;另外一个年轻人低着头规规矩矩地站在庭院里;剩下的那位相貌平庸,却气宇轩昂,背负双手在仰望天上的浮云。曾国藩观察了一会儿,看云的年轻人仍旧气定神闲地在院子里独自欣赏美景,而另外两个人已经颇有些不耐烦。

很快,曾国藩召见了这三个人。交谈中,曾国藩发现,不停打量自己客厅摆设的那个人和自己谈话最投机,自己的喜好习惯他似乎都早已熟悉,两人相谈甚欢。相形之下,另外两个人的口才就不是那么出众。不过,那个抬头看云的年轻人虽然口才一般,却常常有惊人之谈,对事对人都很有自己的看法。谈完话之后,他们起身告辞,曾国藩根据他们的特质给他们安排了职位。出人意料的是,曾国藩并没有对最投机的年轻人委以重任,而是让他做了个有名无权的虚职;很少说话的那个年轻人则被派去管理钱粮马草;而那个仰头看云、偶尔顶撞曾国藩的年轻人被派去军前效力,他还再三叮嘱下属,这个年轻人要重点培养。对此,李鸿章颇不理解,曾国藩就谈了自己用人的秘诀:第一个年轻人等我的时候,用心打量大厅的摆设,交谈的过程明显看得出来其善于投人所好,由此可见,他善于钻营,有才无德,不足托付大事;第二个年轻人遇事唯唯诺诺,谨小慎微,沉稳有余,魄力不足,只能做一个刀笔吏;最后一个年轻人在庭院里等待了那么长时间,却不焦不躁,竟然还有心情仰观浮云,就这一份从容淡定便是少有的大将风度,更难能可贵的是,面对显贵他能不卑不亢地说出自己的想法而且很有见地,这是少有的人才。那个仰头看云的年轻人没有辜负曾国藩的厚望,在后来的一系列征战中迅速脱颖而出,受到军政两界的关注,他便是台湾首任巡抚刘铭传。

晚清内忧外患、风雨飘摇,外有列强环伺,内则农民起义此起彼伏,爆发于广西金田的太平天国革命运动,如狂飙席卷了江南半壁。在此危机时刻,一批具有远见卓识的士人或奋笔疾书,或投身救亡,力欲重振大清之辉煌,曾国藩就是借大动荡的时代风云崛起于行伍的一介儒士。

曾国藩的出现不但改变了中国近代社会的政治格局,而且还对经济、文化、军事以及意识形态的走向发生了重大影响。积其一生从政、领军、治国的经验,曾国藩在《曾文正公全集》中全面阐述了他的人力资源管理理念。

一、人力资源当以人才为核心

人才是整个人力资源中最具影响力的因素,人才专长不同、职分有别,但其在修养自身方面却是完全一致的。

曾国藩认为,有大成就的人才是一个善于协调、忍耐坚毅、胸怀大志的人,人才成就的大小取决于志向的高低,立志高,其品行就高,将来的成就也大。“凡人才高下,视其志趣。”(《曾文正公全集》转引自马道宗主编《挺经》)有抱负的人、有大志的人,其志趣越高,经历的磨难也越大,面临磨难挫折,必须“胸怀坦荡”、“身体康健”,即此才能成圣贤、立大业。曾国藩对“士人”的期望是“第一要有志,第二要有识,第三要有恒”。有志的人不会堕落,有识的人努力追求知识、永不自满,有恒心的人才能坚忍不拔地实现自己的理想。曾国藩对士人期许甚高,对自己要求也严,他曾说:“我个人把生死早就置之度外,只是努力做到临死的时候,没有任何心灵的憾恨与忏悔。”在曾国藩看来士人最高的志向是报效国家、忠于国事,而国家应该是全体人民的,所以君子士人立志必须“有民胞物与之量,有内圣外王之业”。既然君子士人有能把万民、万物看成自己手足同胞的胸襟度量,有很高道德修养和渴望建功立业的雄心壮志，那么他所时刻忧虑的便是国家大事、是万民的幸福安全，而不是“一身之屈伸，一家之饥饱，世俗之荣辱，贵贱毁誉”等。

现代人力资源管理，无论是国家还是组织，不管从宏观还是微观，它所追求的终极目标是把管理对象公有化，而不是异己化、私有化。国家的权利、社会的财富应该归全民所有，同样，组织的权利、组织的财富也应该是全体组织成员共享。为了达到这个人力资源管理的目标，必须克服“谁打江山谁坐江山”的极端利己主义观念。无论是国家，还是组织，起始不属于哪个个人或小集体，最终还是不属于任何个人或小团体，因此，还政于民、让利于民、造福于民是一国人力资源管理追求的最高准则。曾国藩坚忍不拔，历尽磨难，达到功高盖世的地步，但他功成而不居，粗服蔬食，退隐乡间，庶几圣贤而无愧。

二、管理的诀窍是管理者能把廉洁、明察、勤奋三者统一

曾国藩论述道：“带兵之道，廉、明、勤三者，缺一不可。廉则银钱不苟，自有以服兵勇之心；明则非是不淆，赏罚公道；勤则营整顿，在下之人自不敢懒惰废弛。”（《挺经》）现代人力资源管理不能简单地理解成制度化管理，用机械的工具量表对员工进行模式化监控。人是复杂的存在物，所以对人的管理既要注重外在监管，同时还要强调内在激励，让员工心悦诚服地听从管理、完成任务，万众一心地达成组织目标，情感管理和心理暗示比外部监控效果将会更显著。管理者廉洁会使众人心服；明察功过、明断是非，则能使组织消除因不公带来的隐患；勤谨任劳就能为员工做好榜样，让组织形成克己奉公、踏实苦干的文化氛围。“勤以治事，恕以待人，廉以服众，明以应务，四字兼全可为名将，可为好官。”（引文同上）勤、恕、廉、明，是自古以来强调的人格修养，尤其是对各级管理者个人修养的基本要求，虽为老生常谈，但真正实行了，那就是优秀的管理者，即“名将”、“好官”。

三、识别人才，选用人才至关重要

曾国藩对人才的要求从立志勇毅、勤廉、慎独到推诚、学问、知耻、仁爱等方面进行了多角度论述，涉及管理者修养的各种素质，为众多从事管理岗位的人员提出了思考。在系统的人力资源管理理念中，曾国藩的最大特色是通过《冰鉴》一书，对人才的识别和选拔阐述了个人独到的观点。《冰鉴》依据中国传统的相人术，结合自己长期统帅军队的实践，总结了一整套察人、识人、用人的经验。

用人，首先要得人，得人的关键是识人。自古识人、得人、用人三者紧密相关，互为因果。以人力资源管理的眼光考察，识人即为疑难之症，非良医用辩证之法，则无以寻求正确的解决之方。曾国藩通过选才用将的实践，总结识才的方法为：“取人之式，以有操守而无官气，多条理而少大言为要。办事之法，以五到为要。五到者，身到、心到、眼到、手到、口到也。”（《曾文正公全集》转引自马道宗主编《冰鉴》）寥寥数语，微言大义，会识人者不用那么复杂的程序，即能从被考察者的行为举止、神态气质、谈吐思辨中识别其是否适合岗位需要。“有操守”，即有人格、有廉耻、知大义、识大体；“无官气”，则说明此人以事业为重，不谋求一己之利，不装腔作势，不逢迎拍马，不墨守成规，不瞒上欺下，敢于创新，敢于

进取;“多条理”,是指学识广博,逻辑性强,有分析、判断、综合事物规律的能力;“少大言”,当为不说空话、假话、虚话,只是将组织目标化解在工作任务中,落实在实际行动里,以实干代替空谈。“五到”的办事方法,更是现代组织所需要的工作态度。在用人方面,曾国藩强调用人之长,避人之短,特别不能求全责备,对不同能力、不同特长的人要量才使用,适才适岗。再好的人才,如果使用不当,不但不能发挥其应有的作用,反而会降低组织效率,给事业带来危害。“虽有良药,苟不当于病,不逮下品;虽有贤才,苟不适于用,不逮庸流。”(引文同上)用人如用器物,用之不当,即使最好的器物发挥的作用也反而不如普通器具。因此,用人应该做好“当其时,当其事”,这样既可使“凡才”“奏神奇之效”,也能避免“世不患无才,患用才者不能器使而适用”的传统怪圈的重现。

曾国藩善于用人是建立在长于识人的基础上,他考察部属、辨别人才不仅通过委之以事而观其效,而且还借鉴历代流传甚广、颇有应验的相术,对人的气质、精神、骨骼、声音、行为等进行多角度、全方位的观察研究,从而得出所用之人的适应性和可塑性,为合理配置各级一线将领和二线参谋人员提供了可靠依据。

曾国藩认为一个人应该有神骨,他说:“骨之谓也。一身精神,具乎两目;一身骨相,具乎面部。他家兼论形骸,文人先观神骨。”(《冰鉴》)“神骨”是一个人灵魂和正气所聚,也是一个人堂堂正正立于世间的人格架构,以“神骨”为主体,人的性情的刚柔、气质的优劣依次呈现,而“容貌”、“五官”、“须眉”、“情态”、“气色”等都围绕“神骨”,从不同侧面反映了一个人发展的前景以及事业拓展的空间。

相人术未必准确预测人的前途、发展及其与所从事工作的紧密关联,但经千百年实践验证还是有一定参考价值的,曾国藩的《冰鉴》就是通过用人实践总结出来的一套观察人、识别人的经验之谈,现代组织选拔、识别人才不妨将之作为参照。

曾国藩的人力资源理论是他用人、识人、选人实践的总结和升华,那么曾国藩用人、选人的标准与艺术体现在哪些方面呢?归纳起来,有以下四个原则、五个标准:

(一)四个原则

1. **以“德”为首,以“才”为辅** 曾国藩选人首先看德,把对事业的忠诚放在首位,改变了自古兵家选将理论的模式:“勇、智、仁、信、忠”(见太公望著《六韬·龙韬·论将》)。

2. **不拘资格,不限出身** 曾国藩提出选用人才“不宜复以资地限之”,所谓“资地”就是指资历、地域和出身。

3. **用人之长,不求全责备** 曾国藩认为“衡人者但求一长可取”,不可因为一点短处而弃有用之才于不顾。

4. **严格考察,不讲情面** 对将领考察首先以忠诚为主,放置在工作岗位上进行艰苦磨练,如不适宜职位,就即刻撤换,绝不姑息。

(二)五个标准

1. **忠义血性** “忠义”,强调道德操守;“血性”,讲求意志和体魄。只有忠于事业、忠于朝廷,才能尽到职责,有高度责任感;意志坚定、身体强健、血气方刚才能起到冲锋陷阵的表率作用。

2. **廉明为用**　廉洁自律，能得到全军拥戴，受到大家的敬重；明察功过，就能做到赏罚有据、是非分明。曾国藩认为做将领一定要具备“明”的特质：“人见其近，吾见其远，曰高明；人见其粗，吾见其细，曰精明。”一般将领要精明，高级将领要高明。

3. **简默朴实**　曾国藩对官场以及军队中投机取巧、迎合钻营的习气认识极深，而且反感至甚，所以他在湘军中提倡脚踏实地的办事作风，要求将领无官气、不浮夸、不虚饰。

4. **智略才识**　曾国藩选材任将力求选知书达理的书生，他觉得书生中多有“智谋深远”的人才，而任人时切记不能用卑劣者，“其卑劣者虽至亲密友，不宜久留，恐贤者不愿共事一处也”。

5. **坚韧耐劳**　“坚韧”，就是要在关键时刻冲锋陷阵、身先士卒，要有屡败屡战的坚强毅力；“耐劳”是指将领必须吃得起苦、忍得住累，有强壮的体魄和过人的精力。为此他论述道：“身体羸弱者过劳则病，精神乏短者久用则散。”

【思考题】

1. 曾国藩作为一代名臣，他集儒家道统和兵家思想于一身，通过自己多年治军、治国的实践，把丰富的经验上升到理论，从而创立了系统的人力资源观，他以德为先、以才为辅的选人用人标准对当代人力资源管理具有深刻的参照作用。请你根据当前我国人力资源的现状以及存在的用人问题谈谈个人的感想。如果是你选用人才，你将以什么为标准？

2. 熟读曾国藩的《冰鉴》，为你的组织设计一个选人用人的规划书。

综上所述，中国历史源远流长，中华文明更是灿烂辉煌，如日月运行、生生不息，我们历代的先贤们在创造思想文明的同时，也形成了丰富的人力资源管理理念。这些人力资源管理理念随着历史的不断发展和演进，在变化着、完善着，他们之间有继承、有创新，更有超越。春秋战国时期，社会形态由奴隶制向封建制迅速转化，受社会变革的影响，思想界也在发生着前所未有的裂变，各种哲学观点应运而生，各种思想流派风生水起，呈现多元化竞争态势，史称百家争鸣。在众多流派里，以孔子代表的儒家、以老子代表的道家、以韩非子代表的法家成鼎足之势；围绕社会发展和统治者需要，兵家、农家、墨家、阴阳家等一大批学派相继登场，形成中国历史上第一个思想发展高潮。他们的思想不但是中国古典哲学与政治学说的流变源头，而且还是人力资源管理思想的基础，先秦思想家对人的认识、对人的关怀、对人的理解奠定了中国人力资源管理的基本理念。不管是儒家，还是道家、法家、兵家等，虽然其学说有所差异，立论有所不同，但他们在本质上有高度的趋同性，即仁义观。先秦思想家所推行的仁政主张像一条红线始终贯穿在中国人力资源管理的理念中，成为中华民族历久弥新的人文精神。后代无论历史怎样变幻，社会如何革新，观念日益更替，但仁义、礼仪、仁政的根基始终没有动摇。如果先秦的人力资源管理理念浓缩了先秦社会大变革的历史状况，是社会走向前进的产物，那么，两汉时代的人力资源管理思想就诞生在社会呼唤统一、人民需要休养生息的历史关头。当时楚汉相争，人民不堪战乱，因而呼唤人才、期待人才来收拾河山，于是一大批人才聚集在刘汉的阵营。从人才流向看，刘汉显然代表了当时的民心，因此两汉的人力资源管理思想进一步丰富并发展了先秦的思想，它是一种反霸权态势下形成的具有正统地位的人力资源发展观。刘汉依靠人才取得天下，依靠人才稳固天下，最终成就了历史上令人瞩目的大汉辉煌。三国时期一统的局面再次被打破，群雄并起、逐鹿中原，各个政治集团之间展开争夺天下的激烈角逐，这一时期应运而生了曹操、诸葛亮等一批思想家、政治家、军事家，他们顺应社会发展大势，结合自己的政治、军事斗争实践，创立了新的人力资源管理体系。曹操提出的“非常时期用人以才而不唯德”的观点既具创新性，又为后代树立了唯才是举的典范，这是对中国古典人力资源管理理论的深化与革新。唐代的贞观之治在历史上为数极少，它是以唐太宗为核心的唐代思想家集体智慧的结晶，贞观之治的出现充分显示了唐代开明、开放、仁义、守信的用人观，是以唐太宗为代表的唐代思想家的人力资源观成就了贞观之治，所以唐代的人力资源观在中国古典人力资源管理思想史上具有承前启后的重大作用。唐代后期经历安史之乱，社会迅速走向衰落，所以韩愈等人力倡伯乐重现，为国家发现人才、挖掘人才，用真正的道统来振起人心，形成新的人力资源发展格局。宋代承平百年，此后积弱难振，尤其西部边患不断，朝廷党争激烈，以王安石、欧阳修、苏轼等为代表的思想家清醒体悟出任用贤人、远离小人，通过不断磨练，让国人有强健的体魄，奋勇争先的意识的重要意义。他们根据时代需要提出的人力资源管理主张是对前代思想的升华和推进，同时对后代也有重要的启示作用，司马光的人才观尤其被当代所引申。明清两代互相承继，不断演进，明代的人力资源观建立在王阳明学说的基础上，形成知行合一的新模式，清初顾炎武、黄宗羲所倡导的学风以及由此而形成的人力资源管理观与王阳明的知行合一学说不谋而合、遥相呼应。清代既是中国封建社会集大成的时代，又是整个封建社会走向衰落的动荡年代，许多士人忧患重重，他们在表面的辉煌里看到了无法挽回的衰势，于是大声疾呼：改革社会，抢救人才，用不拘一格得来的人才振起九州变革的新风雷。洪亮吉的人力资源观超前而有见识，人口过剩必然带来生活资料短缺、带来失业、带来无法解决的社会矛盾；龚自珍力求变革、魏源主张师夷长技以制夷、郑观应学习西方发展职业教育的人力资源观，无一不是对前人在继承基础上的超越。有继承才有创新，有创新才能发展，近代思想家在推行仁政、任用贤人这一点上与前代保持着密切联系、高度统一，但他们在特定时代所提出的人力资源管理理念是前人无法企及的。曾国藩作为大清中兴名臣，他以独异的视角和思路将中国古典人力资源管理思想推向高潮，有集大成之功，所以曾国藩治军、治国的经验以及由此形成的人力资源管理观已成为当代人力资源管理可资借鉴的宝贵财富。

中国人力资源管理思想博大精深，本章仅为沧海一粟、冰山一角，但管中窥豹，我们已经可见其一斑。如果当代组织人力资源管理能学习国外先进的管理技术，熟练应用他们的相关工具，同时有机融合中国古典人力资源管理理念，走中西结合的道路，那将为人力资源管理的中国化、民族化、本土化作出重要贡献。

实　务　篇

模块二 人力资源规划与工作分析

项目一 人力资源规划

学习目标

【知识目标】

1. 了解人力资源规划的基本概念及主要内容；
2. 掌握人力资源规划的制订程序；
3. 掌握人力资源规划供需预测及人力资源规划制定方法。

【能力目标】

1. 进行人力资源需求与供给预测的能力；
2. 制定企业人力资源规划的能力。

案例导入

近年来A公司常为人员空缺所困惑，特别是经理层的管理人员的空缺常使得公司陷入被动的局面。A公司最近进行了公司人力资源规划：公司首先由人力资源部的员工负责收集和分析目前公司对生产部、市场与销售部、财务部、人力资源部四个部门的管理人员和专业人员的需求情况以及劳动力市场的供给情况，并估计在预测年度各部门内部可能出现的关键职位空缺数量。

该公司的人力资源管理人员克服种种困难，对经理层的管理人员的职位空缺作出了较准确的预测，制定了详细的人力资源规划，使得该层次上人员空缺减少了50%，跨地区的人员调动也大大减少。另外，从内部选拔任职者，使得选拔的时间减少了50%，并且保证了人选的质量，合格人员的漏选率大大降低，使人员配备过程得到了改进。人力资源规划还使得公司的招聘、培训、员工职业生涯计划与发展等各项业务得到改进，节约了很多人力成本。

【案例提示】

作为企业人力资源管理的重要职能，人力资源规划不仅具有先导性和战略性，而且在实施企业目标和规划过程中，还能不断调整人力资源管理的政策和措施，指导企业人力资源管理的其他职能活动。

人力资源规划是组织发展战略的重要组成部分，可以确保组织发展过程中对人力资源的需求，是实现组织战略目标的重要保证。人力资源规划是预测未来的组织任务和环境对组织的要求，以及为了完成这些任务和满足这些要求而设计的提供人力资源的过程。人力资源规划的实质是根据企业的经营方针，通过确定企业人力资源和保证人力资源供给来实现企业的目标。人力资源规划分战略规划和战术计划两个方面。

一、人力资源的战略规划

人力资源战略规划是从企业战略规划和发展目标出发，根据其内外部环境的变化，预测企业未来发展对人力资源的需求，以及为满足这种需要所提供人力资源的活动过程。人力资源规划的概念包括以下含义：

（1）制定人力资源战略规划的依据是组织的发展战略、目标；

（2）人力资源战略规划要适应组织内、外部环境的变化；

（3）人力资源战略规划的目的是使组织人力资源供需平衡，保证组织长期持续发展和员工个人利益的实现。

二、人力资源的战术计划

在人力资源的管理中，有了企业的人力资源战略规划后，就要制订企业的人力资源战术计划。人才的战术计划一般包括人力资源的各项业务计划，具体有人员补充计划、分配计划、提升计划、教育培训计划、薪酬计划、保险福利计划、劳动关系计划、退休计划等内容（表 2-1）。这些业务计划是总体战略规划的具体化，每一项业务计划都由目标、任务、政策保证、实施步骤及经费预算等项内容组成。

表 2-1　人力资源规划战术计划表

规划项目	具体内容
总体规划	依据企业发展战略规划，通过建立人力资源信息系统，预测人力资源供给和需求状况，指出满足企业人力资源需求的总原则和指导性措施
人员补充计划	制订需补充人员的数量、类型、层次，拟定人员任职资格，拟招募地区、形式及甄选方法
培训开发规划	拟定重点培训项目，有关培训时间、培训对象、培训教师、培训方式、培训效果的保证以及与工资、奖励、晋升制度的联系
人员分配规划	规划部门编制，拟定各职位人员任职资格，做到人适其位，并规定工作轮换的范围、时间以及轮换人选等
人员晋升规划	建立后备管理人员梯队，规划员工职业发展方向，确定晋升比例和标准以及未提升人员的安置
工资奖励规划	进行薪资调查和内部工作评价，拟定工资制度、奖励政策及绩效考核指标
劳动关系规划	为了提高员工满意度，加强沟通，实行全员参与管理，建立合理化建议制度等
退休解聘规划	实施退休政策及解聘程序，制定退休解聘规定，拟定退休解聘人选

人力资源规划必须适应企业的整体计划。具体而言,企业的发展战略制约和影响着人力资源战略规划的制定,企业的经营计划制约和影响着人力资源战术计划的制订和实施,企业的整体预算也制约着人力资源的预算。人力资源规划只有与企业其他规划和计划协调一致,才能取得好的效果。

三、人力资源规划制定的程序

(一)影响人力资源规划制定的因素

影响人力资源规划制定的因素主要包括外部因素和内部因素:

(1)外部环境因素主要包括经济环境、社会环境、政治环境、科技环境;

(2)内部环境因素包括组织因素、工作因素、员工因素。

(二)人力资源规划制定程序

人力资源战略规划的目的是通过制订规划保证人力资源战略符合组织发展需要。如图 2-1 所示,企业可以通过以下步骤制定人力资源战略规划。

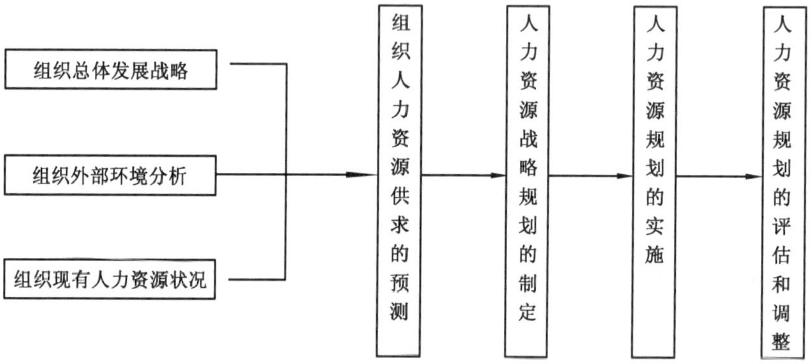

图 2-1 人力资源规划制定程序图

1. 进行环境分析,并核查现有人力资源 人力资源规划受到企业内、外部环境的影响,因此需对相关环境因素进行分析,并核查现有人力资源,特别是人力资源的数量、质量、结构及分布状况。这一部分工作需要结合人力资源管理信息系统和职务分析的有关信息来进行。

2. 人力需求预测和供给预测 人力需求预测工作与人力资源核查可同时进行,主要是根据企业的发展战略规划和本企业的内、外部条件选择预测技术,然后对人力需求的结构、数量和质量进行预测。

人员供给预测是人力资源预测的又一个关键环节,只有进行人力资源供给预测并把它与人员需求量相对比之后,才能制定各种具体的规划。

3. 制定人力资源规划 首先是把预测到的各规划时间点上的供给与需求进行比较,确定人员在质量、数量、结构及分布不一致之处,进而预测人员需求缺口。然后制定各种具体的规划和行动方案,主要包括晋升规划、补充规划、培训开发现划、配备规划等,保证需求与供给在规划各时间点上的匹配。

4. 人力资源规划的实施与监控　在各分类规划的指导下，还需要具体实施规划。同时在规划的实施过程中，还需要实施监控，以便于为总体规划和具体规划的修订或调整提供可靠信息。

5. 评估人力资源规划　由专家、用户及有关部门主管人员组成评估组来完成评估工作。评估要客观、公正和准确；同时要进行成本—效益分析并审核规划的有效性；在评估时，一定要征求部门经理和基层领导人的意见，因为他们是规划的直接受益者，最有发言权。

四、制定人力资源规划的方法

要制定人力资源规划，需要综合考虑企业内、外部等各种影响因素，以企业的战略目标、发展规划和工作任务为出发点，对企业未来人力资源需求和供给的数量、质量及时间等进行估计和预测，并在预测的基础上进行人力资源的供需平衡。

（一）人力资源需求预测

人力资源的需求预测就是估计组织未来需要多少员工以及需要什么类型的员工。人力资源需求预测的方法主要有以下几种：

1. 经验预测法　经验预测法，顾名思义就是用以往的经验来推测未来的人员需求。不同管理者的预测可能有所偏差，可以通过多人综合预测或查阅历史记录等方法提高预测的准确度。

经验预测法是人力资源预测中最简单的方法，比较适用于较稳定的小型企业。

2. 现状规划法　现状规划法是一种最易操作的方法。这种方法假定企业保持原有的生产和生产技术不变，企业目前各种人员的配备比例和人员的总数完全能适应预测期内企业对人力资源的需要。在此预测方法中，人力资源规划人员要测算出在规划期内有哪些岗位上的人员将得到晋升、降职、退休或调出本组织，再准备调动人员去弥补。

现状规划法适合于中、短期的人力资源预测。

3. 德尔菲方法　德尔菲方法又名专家会议预测法，该方法是通过综合各位专家的意见来预测企业人力资源需求。专家可以是管理人员，也可以是普通员工；既可以来自企业内部，也可以来自企业外部。德尔菲方法需反复预测几轮才可以达成一致，得到对企业人力资源需求的预测结果。

德尔菲方法比较适合于对人力需求进行的长期趋势预测。

4. 转化比率法　转化比率法的目的是将企业的业务量转换为对人力的需求。应用时，需首先根据企业生产任务或业务量的多少估计所需要的一线生产人员或业务员的数量，然后根据这一数量来估计企业行政秘书、财务人员和人力资源管理人员等辅助人员的数量。这是一种适合于短期需求预测的方法。

转化比率法的关键是找出转换的比率关系，这种比率关系往往体现为辅助（服务）人员的生产率。如某企业每名电工可以为 20 名一线生产工人服务，假如知道一线工人人数为 600 名，那么总共需要电工数就是 30 名。

需要注意的是,用该方法进行估计时,需要对计划期的业务增长量、目前人均业务量和生产率的增长率进行精确的估计。

5. **趋势预测法** 趋势预测法又称为时间序列法,是指根据企业过去几年的人员数量,分析它在未来的变化趋势并依此来预测企业在未来某一时期的人力资源需求量。这种方法多适用于那些经营稳定的企业,并且主要作为一种辅助方法来使用。

应用时,需首先收集企业在过去几年内人员数量的数据,并且根据这些数据做图,然后用数学方法进行修正,使其成为一条平滑的曲线,将这条曲线延长就可以看出未来的变化趋势。在实践中为了简便,往往将这种趋势化为直线关系。

以上方法中,经验预测法、现状规划法和德尔菲方法属于定性的方法,转化比率法和趋势预测法属于定量的方法。人力资源需求预测方法还有其他如劳动定额分析法、计算机模拟方法等,此处不一一赘述。

(二)人力资源供给预测

人力资源供给预测分为企业内部人力资源供给预测和企业外部人力资源供给预测两种。

1. **企业内部人力资源供给预测** 影响企业内部人力资源供给的因素主要有员工流失情况(如离职、退休、辞退等)和内部流动情况(如晋升、降职、调换等)。企业内部人力资源供给的预测方法主要有以下两种:

(1)管理人员接续计划。该预测技术首先要根据职务分析给出的任职资格和要求,在次一级职务或岗位上的现职人员中找出可以被提升的人员,但他们只是人才储备而已,不一定都会得到提升;其次,对该职务可能的人员流入量和流出量进行估计,然后用该职务的现职人员数加上可能的人员流入量,再减去可能的流出量,就可以得出该职务的内部人力资源供给量(图2-2)。

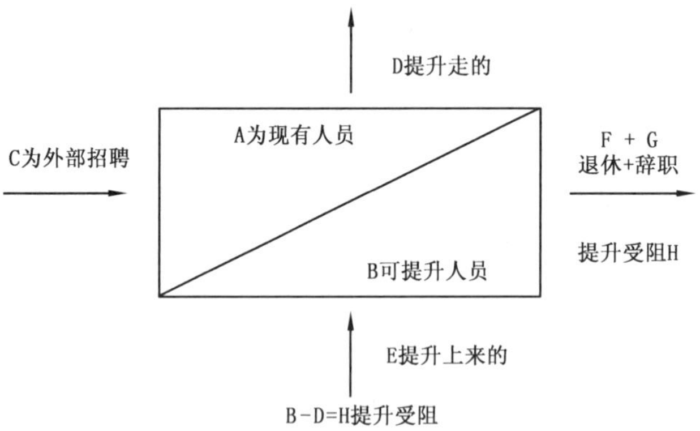

图2-2 接替模型图

(2)马尔可夫模型。又称转换概率矩阵分析法,它使用的基本工具是人员变动矩阵,该矩阵描述的是企业中员工流入、流出和内部流动的整体状况。

该方法的第一步是作人员变动矩阵,矩阵中的每一个元素(P_{ij})表示从一个时期到另一个时期在两个职务或岗位之间调动的员工数量的历史平均百分比(即员工流动概率)。

如表 2-2 所示是某企业不同层次管理人员之间的变动矩阵，P_{11} 表明企业高层管理人员中仍留在该企业的占 70%，另有 30% 离开了该企业。然后，将计划期初每个职务上的人员数量与变动概率相乘并纵向相加，就可以得出企业内部的人力资源供给量（表 2-3）。

表 2-2　不同层次管理人员变动矩阵

P_{ij}	员工流动矩阵				
	高级经理	部门经理	业务主管	技术人员	离　职
高级经理	0.7	0.7	0.6	0.1	0.3
部门经理	0.1	0.2	0.2	0.6	0.2
业务主管					0.1
技术人员					0.2

表 2-3　企业内部人力资源供给量

P_{ij}	初期人员数量	高级经理	部门经理	业务主管	技术人员	离　职
高级经理	10	7				3
部门经理	30	3	21			6
业务主管	50		10	30	5	5
技术人员	50			10	30	10
内部人力资源供给量		10	31	40	35	24

2. **企业外部人力资源供给预测**　在许多情况下，由于内部人力资源供给往往满足不了企业的需要，尤其是当企业扩大生产规模时，就需要对企业外部人力资源供给进行了解和预测。外部人力资源供给预测主要包括三个方面：

（1）宏观经济形势，主要掌握劳动力市场的总体供求情况，判断可能的失业率；

（2）企业当地劳动力市场的供求情况，包括大专院校毕业生、技校毕业生等；

（3）行业劳动力市场供求情况，据此可以了解招聘专业技术人员的潜在可能性。

（三）人力资源的供需平衡

企业人力资源供给与需求预测的结果，一般会出现以下三种可能：①人力资源供大于求；②人力资源供小于求；③人力资源供求总量平衡，结构不平衡。针对这三种不同的情况，企业应采取不同的措施。

1. 人力资源供大于求时采取的措施

（1）通过企业自身的发展，如可通过扩大经营规模、开发新产品、实行多种经营等增加人力资源需求的方式来吸收过剩的人力资源供给。

（2）撤销、合并臃肿的机构，减少冗员。

（3）鼓励提前退休或内退。

（4）减少人员补充。当出现员工退休、离职等情况时，对空闲的岗位不进行人员补充。

（5）加强培训工作，使员工掌握多种技能，增强其择业能力。同时，通过培训，也可为企业的发展储备人力资本。

2. 人力资源供不应求时采取的措施

(1)调剂。企业应当考虑从内部进行调剂,通过企业内部的人力资源岗位流动,增加人力资源的供给。

(2)外部招聘。对企业内部无法满足的某些职位需要的人员,可有计划地由外部招聘。

(3)技能培训。对公司现有员工进行必要的技能培训,使他们不仅能适应当前的工作,而且还能适应更高层次的工作。

(4)制定聘用非全日制临时工。如返聘已退休者,或聘用小时工。

总之,以上措施虽然是解决企业人力资源短缺的有效途径,但最有效的方法是通过激励和培训来提高员工的业务技能改进工艺设计,调动员工的积极性,提高劳动生产率,从而减少对人力资源的需求。

3. 人力资源总量平衡,结构不平衡时采取的措施 企业人力资源供求完全平衡的情况极少见,即使是供求总量达到平衡,也会在层次上、结构上发生不平衡。对于结构性的人力资源供求不平衡,主要通过在人力资源规划基础上的一系列人事活动来平衡。

总之,在整个企业的发展过程中,企业的人力资源状况不可能始终很自然地处于平衡状态。人力资源部门的重要工作之一就是不断调整人力资源结构,使企业的人力资源始终处于供需平衡状态。

【知识链接】

德尔菲预测方法

德尔菲是古希腊地名。相传太阳神阿波罗(Apollo)在德尔菲杀死了一条巨蟒,成了德尔菲主人。阿波罗不仅年轻英俊,而且对未来有很高的预见能力。在德尔菲有座阿波罗神殿,是一个预卜未来的神谕之地,于是人们就借用此名作为这种方法的名字。

德尔菲法最早出现于20世纪50年代末,是当时美国为了预测在其"遭受原子弹轰炸后,可能出现的结果"而发明的一种方法。1964年美国兰德(RAND)公司的赫尔默(Helmer)和戈登(Gordon)发表了"长远预测研究报告",首次将德尔菲方法用于技术预测中,以后便迅速地应用于美国和其他国家。除了科技领域之外,该法几乎可以用于任何领域的预测,如军事预测、人口预测、医疗保健预测、经营和需求预测、教育预测等。此外,还用来进行评价、决策和规划工作,并且在长远规划者和决策者心目中享有很高的威望。据《未来》杂志报导,从20世纪60年代末到70年代中,专家会议法和德尔菲法(以德尔菲法为主)在各类预测方法中所占比重由20.8%增加到24.2%。

【思考题】

1. 什么是人力资源规划?人力资源规划有哪些内容?
2. 进行人力资源规划的程序有哪些步骤?
3. 人力资源需求预测的方法有哪些?
4. 人力资源供给预测的方法有哪些?

5. 怎样平衡人力资源的供给和需求？

案例实训题

制定企业人力资源规划

何仁现任和平公司人力资源部经理助理。11 月中旬，公司要求人力资源部在两星期内提交一份公司明年的人力资源规划初稿，以便在 12 月初的公司计划会议上讨论。人力资源部经理王生将此任务交给何仁，并指出必须考虑和处理好下列关键因素：

——公司的现状。公司现有生产及维修工人 850 人，文秘和行政职员 56 人，工程技术人员 40 人，中层与基层管理人员 38 人，销售人员 24 人，高层管理人员 10 人。

——统计数字表明，近五年来，生产及维修工人离职率高达 8%，销售人员离职率为 6%，文职人员离职率为 4%，工程技术人员离职率为 3%，中层与基层管理人员离职率为 3%，高层管理人员离职率只有 1%，预计明年不会有大的改变。

——按企业的生产发展规划，文职人员要增加 10%，销售人员要增加 15%，工程技术人员要增加 6%，而生产及维修工人要增加 5%，高层、中层和基层管理人员可以不增加。

问题：

1. 要求在上述因素的基础上为明年提出合理可行的人员补充规划，其中要列出现有的、可能离职的以及必须增补的各类人员的数目。

2. 假设你是何仁，将如何编制这份人力资源规划？

项目二　工作分析

学习目标

【知识目标】

1. 了解工作分析的定义和主要内容；

2. 掌握几种主要的工作分析的方法；

3. 掌握工作分析的实施程序及工作说明书的内容。

【能力目标】

1. 能够应用访谈法、问卷调查法收集与岗位相关的信息；

2. 能够编制典型职务的工作说明书。

案例导入

A 公司是我国中部省份的一家房地产开发公司。近年来，随着当地经济的迅速增长，房产需求强劲，公司有了飞速发展，规模持续扩大，逐步发展为一家中型房地产开发企业。而随着公司的发展和壮大，员工人数大量增加，众多的组织和人力资源管理问题逐步凸现出来。

公司现有的组织机构是基于创业时的公司规划、随着业务扩张的需要逐渐扩充而形成的。在运行过程中,组织与业务上的矛盾已经逐步凸显出来。部门之间、职位之间的职责与权限缺乏明显的界定,扯皮推诿的现象不断发生;有的部门抱怨事情太多,人手不够,任务不能按时、按质、按量完成;有的部门又觉得人员冗杂,人浮于事,效率低下。

公司的人员招聘方面,用人部门所给招聘标准含糊,招聘主管无法准确加以理解,使得招来的人员大多差强人意。同时,目前的许多岗位不能做到人事匹配,员工的能力不能得到充分发挥,严重挫伤了士气,并影响了工作效率。公司员工的晋升以前由总经理直接做出,现在公司规模大了,总经理已经几乎没有时间来与基层员工和部门主管打交道,基层员工和部门主管的晋升只能根据部门经理的意见来做出。而在晋升中,上级和下属的私人感情成为决定性的因素,有才干的人往往不能获得晋升,因此许多有能力的员工由于看不到自己未来的希望,而另寻高就。在激励机制方面,公司缺乏科学的绩效考核和薪酬制度,考核中的主观性和随意性非常严重,员工的报酬不能体现其价值和能力,人力资源部经常听到大家对薪酬的抱怨和不满,这也是人才流失的重要原因。

(资料来源:彭剑锋.人力资源管理概论[M].上海:复旦大学出版社,2006.)

【案例提示】

1. 随着企业规模的不断扩大,需要对人力资源进行重新整合,变革原有的组织方式并进行工作分析。

2. 工作分析明确了各岗位职责、分工及对任职者的资格要求,是其他人力资源管理职能如招聘、培训、绩效和薪酬管理的基础。

任务一　工作分析概述

一、工作分析的概念

工作分析,又叫职务分析、岗位分析。它是指了解组织内的职位并以一种格式把它与职位有关的信息描述出来,从而使其他人能了解这种职位的过程。

关于工作分析的内容,可以用一个"6W1H"公式进行描述:

1. WHO　谁来完成这项工作,即完成该项工作对任职者所需具备的素质要求,即知识、技能或能力等。

2. WHAT　即从事的工作活动和承担的工作责任,应具体描述工作者所做的工作内容。

3. WHEN　即工作时间的安排,主要包括工作时间安排是否有固定时间表、工作时间制度的内容。

4. WHERE　即工作进行的环境,主要包括:工作的自然环境,如温度、湿度、照明度,有无异味、粉尘、辐射等;工作的危险性、心理压力、职业病等。

5. WHY　即该项工作在整个组织中的作用,要说明工作的性质和重要性以及设置该职务的意义。

6. for WHO　即确定该项工作的隶属关系，明确工作内容之间的联系和工作中与他人的联系。

7. HOW　即任职者如何进行工作活动以获得预期的工作结果。根据工作内容和性质，确定完成该项工作的方法与步骤，这是决定工作完成效果的关键。

二、进行工作分析的时机

1. **新成立的企业**　对于新成立的企业要进行工作分析，这样可以为后续的人力资源管理工作打下基础。企业新成立时，工作分析最迫切的用途是在人员招聘方面。

2. **职位变动**　当职位的工作内容等因素有所变动时，应该对该职位的变动部分重新进行工作分析。职位变动一般包括职责变更、职位信息的输入或输出变更、对职位人员任职资格要求变更等。

3. **企业从未进行工作分析**　有些企业虽已经存在很长时间，但由于企业一直没有人力资源部，或者人力资源部人员工作繁忙，所以一直没有进行工作分析。这些企业应该及时进行工作分析，特别是对于新上任的人事经理，有时会发现企业的人事工作一团糟，根本无法理出头绪，这时就应该考虑从工作分析来切入工作。

任务二　工作分析的方法

要制订一份完整的工作说明书和工作规范，必须收集足够多有关工作的信息。收集信息的方法有很多种，最常用的有工作日志法、实地观察法、面谈法、问卷调查法。

一、工作日志法

这是由员工本人进行的一种工作分析方法。事先由工作分析人员设计好详细的工作日志单，让员工按照要求及时填写职务内容，从而收集工作信息。为了解员工工作的实际内容、责任、权力、人际关系及工作负荷，每个员工都必须详细记录每天完成的各项工作、任务以及耗费的时间。

需注意的是，工作日志应该随时填写，比如以 10 分钟、15 分钟为一个周期，而不应该在下班前一次性填写，这样是为了保证填写内容的真实性和有效性。工作日志法最大的问题可能是工作日志内容的真实性问题。

二、实地观察法

实地观察法是指工作分析人员通过对员工正常工作的状态进行观察，获取工作信息，并通过对信息进行比较、分析、汇总等方式，得出工作分析成果的方法。实地观察法适用于对体力工作者和事务性工作者进行分析，如搬运员、操作员、文秘等职位。

需要注意的是，在实地观察前，要有一份详细的观察提纲和行为标准，这样在观察时才能及时记录。

三、面谈法

面谈法也称采访法，它是通过工作分析人员与员工面对面的谈话来收集职务信息资料的方法。在面谈之前，工作分析人员应该准备好面谈问题提纲，一般在面谈时能够按照预定的计划进行。

面谈法比较适合于脑力职务者，如开发人员、设计人员、高层管理人员等。

一般面谈之后，应针对取得的资料与被访问者的领导进行讨论，以确定所收集到的信息是否真实和准确。

四、问卷调查法

问卷调查法是指利用调查问卷进行职位调查。工作分析人员首先要拟订一套切实可行、内容丰富的问卷，然后由员工进行填写。问卷调查法适用于脑力工作者、管理工作者或工作不确定因素很大的员工，比如软件设计人员、行政经理等。

中小企业可以根据企业的实际情况来自制工作分析问卷。需要注意的是，调查问卷设计得是否完整、科学、合理，直接关系着问卷调查的成败。一般来说，调查问卷的内容主要包括：

(1)工作名称；

(2)所在单位名称；

(3)被调查者姓名；

(4)受何人领导、监督，要领导、监督何人；

(5)处理工作的程序与方法；

(6)需用的材料与设备；

(7)需具备的知识、技能和经验。

这种方法的主要优点是可以节省人力、时间和经费，然而，要取得可靠的材料，需要得到被调查者的充分合作，并且被调查的员工应该熟悉自己的工作，而且能用文字表达意见。

以上列举了一些常用的收集信息资料的方法，这些工作分析方法既可单独使用，也可结合使用。由于每个方法都有自身的优点和缺点，所以每个企业应该根据本企业的具体情况进行选择。

任务三　工作分析的实施程序

实施工作分析是一项系统性工程，它需要实施者对工作分析的流程有清晰的认识，对整个工作分析进行统筹规划和对工作分析过程进行有效的控制。

工作分析的一般流程分为六大阶段：计划阶段、设计阶段、信息收集阶段、信息分析阶段、结果表达阶段和工作分析结果应用阶段。

一、计划阶段

计划阶段是工作分析的第一阶段。在计划阶段中，应该明确是否应该进行工作分析，工作分析的目的;限定工作分析的范围;制订粗略的工作分析实施时间表,编写“工作分析计划书”。在工作分析计划书得到上级批准后,即可组建工作分析小组,进入工作分析的第二阶段——设计阶段。

二、设计阶段

在设计阶段,主要的工作是确定工作分析对象,确定所需要的信息、搜集信息的方法、具体的时间安排和具体的操作人员,即编写工作分析实施计划,并设计所需要的工具、表单,如访谈提纲、问卷调查表、工作日志等。

三、信息收集阶段

当工作分析实施方案设计完成后,接下来的工作就是执行。相关责任人按照时间进度,根据设计好的方法、工具进行相关信息的收集。工作分析过程中,需要搜集的信息是大量的,因此可以通过多种渠道进行:可以查阅组织内已有的相关文件,比如组织结构图、工作流程图、组织分权手册、旧的工作说明书等;还可以搜集组织外部同行业的相关政策、规定,包括国外的相关信息,如各国的职业名称词典、职业信息网等。

四、信息分析阶段

信息分析阶段是将各种收集信息方法所收集到的信息进行核对、筛选、统计、分析、研究、归类的一个过程。在信息分析阶段,可以参照企业以前的工作分析资料和同行业同职位其他企业的相关工作分析资料进行,以提高信息分析的可靠性。

在信息分析阶段,需要分析以下几方面的内容:

(1)基本信息。如职务名称、职务编号、所属部门、职务等级等。

(2)工作活动和工作程序。如工作摘要、工作范围、职责范围、工作设备及工具、工作流程、人际交往、管理状态等。

(3)工作环境。如工作场所、工作环境的危险性、职业病、工作时间、工作环境的舒适程度等。

(4)任职资格。如年龄要求、学历要求、工作经验要求、性格要求等;基本素质,如学历要求、专长领域、职务经验、接受的培训教育、特殊才能等。

(5)生理素质。如体能要求、健康状况、感觉器官的灵敏性等;综合素质,如语言表达能力、合作能力、进取心、职业道德素质、人际交往能力、团队合作能力、性格、气质、兴趣等。

五、结果表达阶段

这一阶段的主要任务是根据收集的信息,编写工作说明书,即撰写“工作描述”与“任职资格”。工作描述规定了对“事”的要求,如任务、责任、职责等;任职资格要求规定了对“人”的要求,如知识、技术、能力、职业素质等。

1. 工作描述的具体内容

（1）基本信息：包括职务名称、职务编号、所属部门、职务等级、制订日期等。

（2）工作活动和工作程序：包括工作摘要、工作范围、职责范围、工作设备及工具、工作流程、人际交往、管理状态等。

（3）工作环境：包括工作场所、工作环境的危险性、职业病、工作时间、工作环境的舒适程度等。

2. 任职资格要求的具体内容

（1）基本素质：最低学历、专长领域、工作经验、接受的培训教育、特殊才能等。

（2）生理素质：体能要求、健康状况、感觉器官的灵敏性等。

（3）综合素质：语言表达能力、合作能力、进取心、职业道德素质、人际交往能力、团队合作能力、性格、气质、兴趣等。

在很多企业，一般将同个职位的工作描述和任职资格合为一份工作说明书，即“职务说明书”（见附录）。

六、工作分析结果应用阶段

工作分析最直接的应用是按照进行工作分析的最初目的，进行组织优化、招聘、培训开发、绩效考评或薪酬设计。而在工作分析过程中，任职者多数只是信息的被动提供者，因此必须进行大量的培训，使相关人员学会如何使用工作说明书。只有这样，工作分析的作用才能不只是停留在中高层和人力资源部。

这里需要说明的是，工作说明书等文件的管理和使用是一个动态的过程，随着组织战略调整、组织结构变化、技术变革、工作性质和内容变化等，工作分析的结果文件也要随之做出相应的调整。建立动态的工作分析结果文件管理机制，需要相关人员的共同努力。

【知识链接】

与工作分析相关的一些术语

1. 工作要素　工作要素指工作活动中不能够再继续分解的最小动作单位。比如，打开计算机、签字、打电话、发传真等。

2. 任务　任务是指一系列为了不同的目的所担负完成的不同的工作活动，即工作活动中达到某一工作目的的要素集合。例如，管理一项计算机项目、打印文件、参加会议、从卡车上卸货等，都是不同的任务。

3. 职责　职责指某人担负的一项或多项相互关联的任务集合。例如企业薪酬专员的职责之一是进行工资调查。这一职责由设计调查问卷、把问卷发给调查对象、将结果表格化并加以解释、把调查结果反馈给调查对象四个任务组成。

4. 职权　职权指依法赋予的完成特定任务所需要的权利，职责与职权紧密相关。特定的职责要赋予特定的职权，甚至于特定的职责等同于特定的职权。比如，质量检查员对产品质量的检验，既是质量检查员的职责，又是他的职权。

5. 职位　职位指某一时间内某一主体所担负的一项或数项相互联系的职责集合。例如，办公室主任同时担负单位人事调配、文书管理、日常行政事务处理等三项职责。在同一时间内，职位数量与员工数量相等，有多少位员工就有多少个职位。

6. 职务　职务指主要职责在重要性与数量上相当的一组职位的集合或统称。例如，开发工程师就是一种职务，秘书也是一种职务。职务实际上与工作是同义的。在企业中，一种职务可以有一个职位，也可以有多个职位。如企业中的法律顾问这种职务就可能只有一个职位，而开发工程师这种职务可能就有多个职位。

7. 职业　职业指不同时间、不同组织中工作要求相似或职责平行（相近、相当）的职位集合，如会计、工程师等。

【思考题】

1. 什么是工作分析？企业什么时候需要进行工作分析？
2. 工作分析有几个阶段？各阶段的主要工作有哪些？
3. 工作分析的方法有哪些？各自的特点是什么？
4. 职务说明书主要包括哪些内容？

案例实训题

大学刚毕业，王雪便顺利进入 M 信息服务公司人力资源管理部工作。这是一家中外合资的信息服务公司，近几年发展迅速，在目前国内的计算机行业中算是一家高收益并有很大发展潜力的公司。上班的第一天，刚进入工作岗位，王雪感到很兴奋。

但是在听了人力资源部刘经理的一番谈话后，王雪原来乐观的想法改变了。刘经理告诉她，尽管从表面上看，公司有着骄人的经营业绩和良好的发展势头，但是事实上公司内部的管理制度有很多不完善的地方。刘经理交给王雪一份公司旧的工作说明书，并告诉她作为人力资源管理基础工作之一的工作分析在公司就没有得到很好的贯彻落实。随着公司规模的扩大，新的工作岗位不断增加，却没有相应的工作说明书，原有的一些工作描述和工作规范的内容也与实际情况完全不匹配了。

造成这种状况的原因在于，初创时期员工较少，公司内部的局域网可以使上下级之间和同事之间非常顺畅地沟通，相对平坦的组织结构也使公司各个层次上的员工很容易接近。同部门的工作经常由员工们共同协力完成，职位在公司被定义成是员工之间关于特定技术、专业能力和兴趣的竞赛，有超常能力和成就的员工常被录用，接着很快获得晋升。正因为如此，公司并不注重为每个工作岗位制订工作说明书，因为从某种意义上说，这只是一纸空文。但是这种忽视工作分析的做法，随着公司规模的日益扩大，显示出越来越多的对人力资源管理工作的负面效应。刘经理坦率地告诉王雪，在公司内部，人力资源部被认为是一个低效率的团队，因此为彻底改变以往人力资源部在人们心目中的形象，刘经理决定先从工作分析这一环节抓起，他将此重任交给王雪，要求她在 6 个月的时间内修正所有的职位说明书。

问题：

1. 为制订新的工作说明书，你认为王雪应通过哪些步骤开展这一工作，采用哪些方法收集必要的工作分析信息？

2. 假设采用调查问卷法收集职务信息，请你帮助公司设计一份调查问卷。

项目三 附录:秘书职务说明书及国家相关职业资格标准举例

附录1 企业秘书及相关岗位职务说明书举例

总裁办公室主任岗位说明书

职位名称	行政部主任	职位代码		所属部门	行政部
直属上级	总经理	直接下级	秘书、行政助理	职位等级	
薪金标准		填写日期		核准人	
职位概要: 负责公司行政事务管理,为企业生产组织提供后勤保障,并负责进行全员的思想建设工作,建设良好的企业文化					
工作内容: 1. 负责组织编制本企业管理规划,经行政办公会审批后组织实施; 2. 负责组织制订或会审本企业各项管理制度并牵头组织考核,负责制度的检查督促工作、总裁办公室日常管理工作; 3. 负责公司内部和外部公共关系的协调和沟通; 4. 组织监督公司信息管理系统的筹备、建设、维护和安全管理工作; 5. 根据制度规定和总裁指示,安排总裁办公会及其他有关会议,对会上决议进行及时传达、督促落实,并将落实情况及时反馈给总裁; 6. 负责本企业介绍信、公章和领导印章的保管、使用以及部门印章的执法、起用管理; 7. 负责本企业的工商登记、年检、行政协调事务; 8. 参加重大合同的谈判、起草、审核工作					
任职资格: 教育背景: ◆秘书、中文、行政管理等相关专业大学本科以上学历 培训经历: ◆受过档案管理、财务管理、行政管理等方面的培训 经　验: ◆1年以上企业行政部门经理工作经验 技能技巧: ◆熟悉企业管理之道,有良好的领导能力、分析和解决问题的能力 ◆工作效率高,善沟通和协调 态　度: ◆责任意识强,工作积极主动 ◆工作细致,诚实公正,情绪稳定 ◆保密意识强					
工作条件: 工作场所:办公室 环境状况:舒适 危险性:基本无危险,无职业病危险					

秘书岗位说明书

职位名称	秘　书	职位代码		所属部门	行政部
直属上级	行政经理	直接下级		职位等级	
薪金标准		填写日期		核准人	

职位概要：

安排会谈、向电话询问者提供信息、收发日常邮件，进行文档管理，对其他行政和业务方面的工作提供行政支持

工作内容：

1. 接听电话，向电话询问者提供信息，记录留言，转接电话；
2. 收发与回复日常邮件；
3. 撰写会议通知、会议纪要、日常信件和工作报告；
4. 会谈、会务安排；
5. 将信件及其他记录归档；
6. 备份信件及其他文档；
7. 安排商务旅行，做好预订工作；
8. 接待访客；
9. 采购、分发和控制办公用品；
10. 分发钱款，进行简单的账务管理

任职资格：

教育背景：

◆秘书、中文等相关专业大专以上学历

培训经历：

◆受过文书写作、档案管理、财务会计基本知识等方面的培训

经　验：

◆1 年以上工作经验

技能技巧：

◆熟练使用操作办公自动化设备，包括计算机、打印机、传真机、复印机等

◆有良好的文字表达能力，有一定的英语基础，具备较强的听说能力

态　度：

◆认真负责，积极主动执行交办工作

◆工作效率高，条理性强，有团队合作精神

◆保密意识强

工作条件：

工作场所：办公室

环境状况：舒适

危险性：基本无危险，无职业病危险

人力资源经理职位说明书

职位名称	人力资源经理	职位代码		所属部门	人力资源部
直属上级	人力资源总监	直接下级	人力资源助理	填写日期	
薪金标准		填写日期		核准人	

职位概要：

协助制定、组织实施公司人力资源战略，建设发展人力资源各项构成体系，最大限度地开发人力资源，为实现公司经营发展战略目标提供人力保障

工作内容：

1. 参与制定人力资源战略规划，为重大人事决策提供建议和信息支持；
2. 组织制定、执行、监督公司的人事管理制度；
3. 协助人力资源总监做好相应的职位说明书，并根据公司职位调整需要进行相应的变更，保证职位说明书与实际相符；
4. 根据部门人员需求情况，提出内部人员调配方案（包括人员内部调入和调出），经上级领导审批后实施，促进人员的优化配置；
5. 与员工进行积极沟通；
6. 制订招聘计划、招聘程序，进行初步的面试与筛选，做好各部门间的协调工作等；
7. 根据公司对绩效管理的要求，制定评价政策，组织实施绩效管理，并对各部门绩效评价过程进行监督控制，及时解决出现的问题，使绩效评价体系能够落到实处，并不断完善绩效管理体系；
8. 制定薪酬政策和晋升政策，组织提薪评审和晋升评审，制定公司福利政策，办理社会保障福利；
9. 组织员工进行岗前培训，协助办理培训进修手续；
10. 配合人力资源总监做好各种职系人员发展体系的建立，做好人员发展的日常管理工作；
11. 完成人力资源总监交办的其他工作

任职资格：

教育背景：

◆人力资源、管理或相关专业大学本科以上学历

培训经历：

◆受过现代人力资源管理技术、劳动法规、财务会计知识和管理能力开发等方面的培训

经　验：

◆5年以上人力资源管理相关工作经验

技能技巧：

◆对现代企业人力资源管理模式有系统的了解和实践经验积累，对人力资源战略规划、人才的发现与引进、薪酬设计、绩效考核、岗位培训、福利待遇、公司制度建设、组织与人员调整、员工职业生涯设计等具有丰富的实践经验

◆对人力资源管理事务性的工作有娴熟的处理技巧，熟悉人事工作流程

◆熟悉国家、地区及企业关于合同管理、薪金制度、用人机制、保险福利待遇和培训方针

◆熟练使用办公软件及相关的人事管理软件

◆有较好的英文听、说、读、写能力

态　度：

◆对人及组织变化敏感，具有很强的沟通、协调和推进能力

◆有高度的敬业精神及高涨的工作激情，能接受高强度的工作，工作态度积极乐观

◆善于与各类性格的人交往，待人公平

工作条件：

工作场所：办公室

环境状况：舒适

危险性：基本无危险，无职业病危险

附录2　《国家秘书职业标准》及《企业人力资源管理师国家职业标准》

国家秘书职业标准(2006年版)

1.职业概况

1.1　职业名称

秘书。

1.2　职业定义

从事办公室程序性工作、协助上司处理政务及日常事务并为决策及实施提供服务的人员。

1.3　职业等级

本职业共设四个等级,分别为:五级秘书(国家职业资格五级)、四级秘书(国家职业资格四级)、三级秘书(国家职业资格三级)、二级秘书(国家职业资格二级)。

1.4　职业环境

室内、常温。

1.5　职业能力特征

具备文字与语言沟通能力、综合协调与合作能力、逻辑思维与分析能力等。

1.6　基本文化程度

高中毕业(或同等学力)。

1.7　培训要求

1.7.1　培训期限

全日制职业学校教育,根据其培养目标和教学计划确定。晋级培训期限:五级秘书不少于220标准学时;四级秘书不少于200标准学时;三级秘书不少于200标准学时;二级秘书不少于150标准学时。

1.7.2　培训教师

应具有本职业2年以上培训经验。培训五级秘书、四级秘书的教师应具有三级秘书及以上职业资格证书或相关专业中级及以上专业技术职务任职资格;培训三级秘书的教师应具有二级秘书职业资格证书或相关专业中级及以上专业技术职务任职资格;培训二级秘书的教师应具有二级秘书职业资格证书3年以上或相关专业高级专业技术职务任职资格。

1.7.3　培训场地设备

培训场地应具有可容纳20名以上学员的标准教室,并配备有电视机、VCD机、录音机、录像机、摄像机、投影仪、计算机、打印机、复印机、传真机、碎纸机、光盘刻录机、数码相机、扫描仪等设备。

1.8　鉴定要求

1.8.1　适用对象

从事或准备从事本职业的人员。

1.8.2 申报条件

——五级秘书(具备以下条件之一者)

(1)连续从事本职业工作1年以上。

(2)具有中等职业学校本专业(职业)或相关专业毕业证书。

(3)经本职业五级秘书正规培训达规定标准学时数,并取得结业证书。

——四级秘书(具备以下条件之一者)

(1)连续从事本职业工作3年以上。

(2)连续从事本职业工作2年以上。经本职业四级正规培训达规定标准学时数,并取得结业证书。

(3)取得本职业五级职业资格证书后,连续从事本职业工作2年以上。

(4)取得本职业五级职业资格证书后,连续从事本职业工作1年以上,经本职业四级正规培训达规定标准学时数,并取得结业证书。

——三级秘书(具备以下条件之一者)

(1)连续从事本职业工作6年以上。

(2)具有以高级技能为培养目标的技工学校、技师学院和职业技术学院本专业或相关专业毕业证书。

(3)取得本职业四级职业资格证书后,连续从事本职业工作4年以上。

(4)取得本职业四级职业资格证书后,连续从事本职业工作3年以上,经本职业三级正规培训达规定标准学时数,并取得结业证书。

(5)具有本专业或相关专业大学专科及以上学历证书。

(6)具有其他专业大学专科及以上学历证书,连续从事本职业工作1年以上。

(7)具有其他专业大学专科及以上学历证书,经本职业三级正规培训达规定标准学时数,并取得结业证书。

——二级秘书(具备以下条件之一者)

(1)连续从事本职业工作13年以上。

(2)取得本职业三级职业资格证书后,连续从事本职业工作5年以上。

(3)取得本职业三级职业资格证书后,连续从事本职业工作4年以上,经本职业二级正规培训达规定标准学时数,并取得结业证书。

(4)取得本专业或相关专业大学本科学历证书后,连续从事本职业工作5年以上。

(5)具有本专业或相关专业大学本科学历证书,取得本职业三级职业资格证书后,连续从事本职业工作4年以上。

(6)具有本专业或相关专业大学本科学历证书,取得本职业三级职业资格证书后,连续从事本职业工作3年以上,经本职业二级正规培训达规定标准学时数,并取得结业证书。

(7)取得硕士研究生及以上学历证书后,连续从事本职业工作2年以上。

注:相关专业是指行政管理、工商管理、信息管理、汉语言文学、新闻学、传播学、档案学、公共关系、英语等专业。

1.8.3　鉴定方式

分为理论知识考试和专业能力考核,理论知识考试采用闭卷笔试方式,专业能力考核采用笔试、录像等方式进行。理论知识考试和专业能力考核均实行百分制,成绩皆达60分及以上者为合格。二级秘书还须进行综合评审。涉外秘书加试秘书英语考试,秘书英语考试采用闭卷笔试方式,成绩达60分及以上者为合格。

1.8.4　考评人员与考生配比

理论知识考试、专业能力考核和秘书英语考试考评人员与考生配比为1∶20,每个标准教室不少于2名考评人员。综合评审委员不少于5人。

1.8.5　鉴定时间

理论知识考试时间不少于90分钟,专业能力考核时间不少于120分钟,秘书英语考试时间不少于90分钟,综合评审时间不少于30分钟。

1.8.6　鉴定场所设备

理论知识考试和秘书英语考试在标准教室进行。专业能力考核在具有计算机、电视机、录音机、录像机、VCD机和投影仪等设备的标准教室进行。

2. 基本要求

2.1　职业道德

2.1.1　职业道德基本知识

2.1.2　职业守则

(1)谦虚谨慎,文明礼貌。

(2)办事公道,热情服务。

(3)实事求是,讲究时效。

(4)兢兢业业,甘当无名英雄。

(5)忠于职守,自觉履行各项职责。

(6)钻研业务,掌握秘书工作各项技能。

(7)奉公守法,不假借上司名义以权谋私。

(8)树立承诺意识、时限意识、精准意识、保密意识、权责意识、服务意识。

2.2　基础知识

2.2.1　文书基础

(1)应用文书的概念与制发程序。

(2)应用文书的格式。

(3)应用文书的要素。

(4)应用文书的表达方式。

2.2.2 办公自动化基础

(1)计算机基础知识。

(2)Windows XP 操作系统应用基础。

(3)Word 2003 应用基础。

(4)Excel 2003 应用基础。

(5)PowerPoint 2003 应用基础。

(6)计算机网络应用基础。

2.2.3 沟通基础

(1)沟通的基本概念与内容。

(2)沟通的方法与技巧。

(3)横向沟通与纵向沟通。

2.2.4 速记基础

(1)速记概述。

(2)手写速记知识。

(3)计算机速记知识。

2.2.5 企业管理基础

(1)企业管理常识。

(2)企业文化。

(3)企业人事管理知识。

(4)企业公共关系知识。

(5)企业经营知识。

2.2.6 相关法律、法规知识

(1)《中华人民共和国公司法》相关知识。

(2)《中华人民共和国合同法》相关知识。

(3)《中华人民共和国反不正当竞争法》相关知识。

(4)《中华人民共和国劳动法》相关知识。

(5)《中华人民共和国知识产权法》相关知识。

(6)世界贸易组织法相关知识。

3. 工作要求

本标准对国家职业资格五级秘书、四级秘书、三级秘书和二级秘书的能力要求依次递进,高级别涵盖低级别的要求。

3.1 五级秘书(附表1)

附表 1

职业功能	工作内容	能力要求	相关知识
一、会议管理	（一）会前筹备	1. 能够发送会议通知 2. 能够制发会议证件和指示标识 3. 能够预订会议室 4. 能够预订、确认会议住宿 5. 能够确认最终参会人员	1. 会议的构成要素 2. 常见的会议种类 3. 会议通知的内容 4. 会议证件的样式 5. 会议指示的标识 6. 会议室预订知识 7. 会议接待工作的内容与基本程序
	（二）会中服务	1. 能够按要求接站 2. 能够完成签到工作 3. 能够引导与会人员就座	1. 接站的准备内容 2. 签到工作的内容 3. 引导与会人员就座的方法
	（三）会后落实	1. 能够安排与会人员返程 2. 能够清退会议文件资料 3. 能够整理会议室	1. 返程工作的服务要求 2. 清退会议文件资料的基本要求 3. 整理会议室的注意事项
二、事务管理	（一）接待	1. 能够按职业要求着装 2. 能够正确接听、拨打电话 3. 能够迎送来访者 4. 能够招待来访者 5. 能够设计、填写接待记录与电话记录表	1. 着装的要求 2. 仪态的要求 3. 接听、拨打电话的基本要求 4. 迎送来访者的礼仪要求 5. 接待的程序及要求 6. 电话记录表的设计要求 7. 接待记录表的设计要求
	（二）办公环境管理	1. 能够维护接待室、会议室等相关公共区域的环境 2. 能够维护上司的办公室环境 3. 能够维护本人的办公环境	1. 公共环境构成的知识 2. 上司办公室环境的要求 3. 个人办公环境的要求 4. 常用个人办公用品的种类 5. 常用公共物品的种类
	（三）办公室日常事务管理	1. 能够安排会议室 2. 能够安排用车 3. 能够处理邮件	1. 会议室登记的要求 2. 用车登记的要求 3. 签收邮件的流程 4. 传阅邮件的要求 5. 寄发邮件的要求
	（四）办公用品与设备的使用和管理	1. 能够发放办公用品 2. 能够使用打印机打印文档 3. 能够使用传真机收、发文件并对结果进行确认 4. 能够使用复印机复印文件 5. 能够使用碎纸机销毁文件	1. 常用办公用品的种类 2. 发放办公用品的手续 3. 打印机的种类及安装知识 4. 传真机的使用与维护常识 5. 复印机的使用与维护常识 6. 碎纸机的日常维护

续表

职业功能	工作内容	能力要求	相关知识
三、文书拟写与处理	(一)文书拟写	1. 能够拟写事项性通知 2. 能够拟写商洽函 3. 能够拟写传真稿 4. 能够拟写备忘录 5. 能够拟写请柬 6. 能够拟写邀请信 7. 能够拟写贺信(电) 8. 能够拟写感谢信 9. 能够拟写各种类型的启事	1. 事项性通知的概念、类型及拟写要点 2. 商洽函的概念、拟写要点及注意事项 3. 传真件的格式 4. 备忘录的格式 5. 请柬的格式 6. 邀请信的写作要求 7. 贺信(电)的写作要求 8. 能够拟写贺信(电) 9. 感谢信的写作要求 10. 启事的概念、种类、特点及写作要求
	(二)收文、发文处理	1. 能够签收文书 2. 能够拆封文书 3. 能够登记文书 4. 能够分发文书	1. 文书签收的要求 2. 文书拆封的要求 3. 文书登记的要求 4. 文书分发的要求 5. 收文、发文处理程序
	(三)文档管理	1. 能够确定归档范围 2. 能够对文书进行立卷归档	1. 档案的概念、特点与种类 2. 立卷、归档、档案收集的含义 3. 归档制度的内容 4. 文书归档的要求 5 档案装订的方法与要求

3.2 四级秘书(附表2)

附表2

职业功能	工作内容	能力要求	相关知识
一、会议管理	(一)会前筹备	1. 能够拟定会议议程、日程 2. 能够提供会议地点备选方案 3. 能够布置会场和安排座次 4. 能够发布会议信息 5. 能够安排会议食宿、车辆 6. 能够邀请嘉宾 7. 能够准备会议资料、会议用品 8. 能够安排会议礼仪服务 9. 能够检查会议常用视听设备是否正常	1. 会议议程、日程的内容 2. 会议地点选择的要求 3. 会议整体布局的要求 4. 主席台座次和场内座次 5. 会议信息发布的内容与方法 6. 安排食宿的常识 7. 邀请嘉宾的要求 8. 会议资料、用品的类型和准备程序 9. 会议礼仪服务的知识 10. 会议常用视听设备检查的内容和要求

续表

职业功能	工作内容	能力要求	相关知识
一、会议管理	(二)会中服务	1. 能够安排会议值班工作 2. 能够联系和接待新闻媒体 3. 能够进行会议记录 4. 能够收集与会人员对会议的意见和建议 5. 能够印发会议简报 6. 能够安排与会人员的集体合影	1. 会议值班工作的内容与要求 2. 接待新闻媒体的工作内容 3. 会议记录的特点 4. 会议记录的注意事项 5. 收集会议信息的要求 6. 会议简报的内容和要求 7. 反馈会议信息的内容与要求
	(三)会后落实	1. 能够收集、整理会议文件资料 2. 能够印发会议纪要 3. 能够结算会议经费 4. 能够收集、反馈会议精神的落实情况	1. 会议文件资料收集、整理的要求 2. 会议纪要的内容和要求 3. 会议经费结算的方法 4. 收集、反馈会议精神落实情况的方法
二、事务管理	(一)接待	1. 能够制定接待工作计划 2. 能够安排迎送来访团体 3. 能够安排来访者食宿、交通、行程 4. 能够安排来访者的参观、娱乐活动	1. 确定接待规格的方法 2. 接待计划的基本内容和要求 3. 中餐宴请礼仪的要求 4. 用车礼仪的要求
	(二)办公环境管理	1. 能够布置办公室 2. 能够检查办公室环境的安全状况 3. 能够对办公室安全隐患提出处理办法	1. 办公室的布置要求 2. 办公室的布置原则 3. 安全检查的内容与要求 4. 安全隐患表的填写要求 5. 设备故障表的填写要求
	(三)办公室日常事务管理	1. 能够编制工作时间表 2. 能够编制、管理工作日志 3. 能够管理印章和介绍信 4. 能够安排值班工作 5. 能够办理现金使用手续 6. 能够办理上司的差旅事务 7. 能够办理上司临时交办的事项 8. 能够完成文字记录工作	1. 工作时间表的内容与编写要求 2. 时间管理的内容、工具与技巧 3. 工作日志的内容与编写要求 4. 管理上司工作日志的方法及注意事项 5. 印章的种类、样式、管理与使用要求 6. 介绍信的使用要求 7. 值班工作的内容、任务与要求 8. 现金提取、使用与报销要求 9. 办理差旅事务的要求 10. 上司临时交办事项的特点、范围 11. 文字记录的方法与要求

续表

职业功能	工作内容	能力要求	相关知识
二、事务管理	(四)办公用品与设备的使用和管理	1. 能够订购、接收、管理办公用品 2. 能够使用数码相机拍摄照片 3. 能够使用扫描仪扫描文件与图片 4. 能够使用光盘刻录机刻录光盘 5. 能够使用投影仪显示图文 6. 能够使用摄像机进行拍摄	1. 订购、接收、管理办公用品的常识 2. 数码相机使用与维护常识 3. 扫描仪的安装与使用常识 4. 光盘刻录机的使用常识 5. 投影仪使用、保养的注意事项 6. 摄像机的使用与维护常识
	(五)信息管理	1. 能够收集信息 2. 能够筛选信息 3. 能够分类信息 4. 能够校核信息 5. 能够用各种方式传递信息 6. 能够登记、编码、排列、保管信息	1. 信息的含义、特征与种类 2. 信息工作的程序 3. 信息收集的方法、渠道与要求 4. 信息筛选的含义与要求 5. 信息分类的含义、方法与要求 6. 信息校核的含义、方法与要求 7. 信息传递的方向、要素、形式、方法及要求 8. 信息存储的载体、方式与要求
三、文书拟写与处理	(一)文书拟写	1. 能够拟写批转或转发性通知 2. 能够拟写报告 3. 能够拟写请示 4. 能够拟写问答函 5. 能够拟写简报 6. 能够拟写意向书 7. 能够拟写各种形式的订货单 8. 能够撰写商品说明书	1. 批转或转发性通知的概念、类型及拟写要点 2. 报告的概念、特点、类型、拟写要点、注意事项 3. 请示的概念、特点、类型、拟写要点、注意事项 4. 报告与请示的区别 5. 问答函的概念、类型、拟写要点 6. 简报的概念、类型与特点、注意事项 7. 意向书的概念、特点、结构 8. 订货单的概念、特点、写作类型 9. 商品说明书的概念、特点、写作及注意事项
	(二)收文、发文处理	1. 能够校对文书 2. 能够缮印文书 3. 能够传阅文书	1. 文书校对的要求 2. 文书缮印的要求 3. 文书传阅的要求
	(三)文档管理	1. 能够进行档案分类 2. 能够编制档案检索工具 3. 能够鉴定档案 4. 能够管理档案库	1. 档案分类的含义、方法与要求 2. 档案检索工作的内容 3. 档案检索工具的含义与类型 4. 档案鉴定的方法 5. 档案保管期限 6. 档案鉴定工作的内容与要求 7. 档案保管工作的内容与要求

3.3　三级秘书(附表3)

附表3

职业功能	工作内容	能力要求	相关知识
一、会议管理	(一)会前筹备	1. 能够拟订各种会议的筹备方案 2. 能够督查会务的筹备情况 3. 能够审核会议文件 4. 能够与上司沟通会议的有关事宜 5. 能够拟订会议的应急方案	1. 会议方案的内容 2. 电话会议及视频会议知识 3. 会务机构的分工 4. 督查会务筹备的内容 5. 会议文件审核的内容及方法 6. 会前与上司沟通的内容 7. 会议应急方案的内容
	(二)会中服务	1. 能够提示会议按计划进行 2. 能够监督会议经费的使用 3. 能够处理会中突发事件	1. 提示会议进程的方法 2. 监督会议经费使用的方法 3. 处理会议突发事件的要求
	(三)会后落实	1. 能够对会议进行总结 2. 能够评估会议工作	1. 会议总结工作的内容和要求 2. 会议评工作的标准
二、事务管理	(一)接待	1. 能够安排涉外礼宾次序 2. 能够安排涉外迎送仪式 3. 能够安排涉外会见、会谈和拜访 4. 能够安排涉外宴请 5 能够选择馈赠礼品	1. 国际礼仪常识 2. 涉外接待的原和要求 3. 涉外迎送仪式的要求 4. 涉外会见会谈和拜访要求 5. 涉外宴请常识 6. 馈赠礼品的要求
	(二)办公环境管理	1. 能够选择办公室模式 2. 能够提出办公室布局方案	1. 办公模式的种类及特点 2. 办公室的布局类型 3. 办公室合理布局的作用
	(三)办公室日常事务管理	1. 能够对办公流程提出改进建议 2. 能够提出预防及应对突发事件的措施 3. 能够督促、检查各项办公室日常事务工作的完成情况 4. 能够制订工作计划 5. 能够确定承办期限 6. 能够进行工作评估	1. 改进办公室日常事务工作流程的基本思路、注意事项 2. 突发事件的种类 3. 处理突发事件的原因 4. 督查工作的内容、特点、原因与方法 5. 工作计划的种类、内容与要求 6. 制订与实施工作计划的注意事项 7. 确定承办期限的要求 8. 工作评估标准 9. 工作评估的要求与方法
	(四)办公用品与设备管理	1. 能够制订办公用品和办公设备的采购程序 2. 能够编制采购办公用品和办公设备的预算方案 3. 能够调配办公资源	1. 采用办公用品和办公设备的程序化要求 2. 编制预算方案的注意事项 3. 办公资源调配与合理利用的基本要求
	(五)信息管理	1. 能够加工、编写信息材料 2 能够提供并利用信息 3 能够反馈信息	1. 信息开发的类型、形式、方法与要求 2. 信息编写的类型 3. 信息利用的方法与要求 4. 信息反馈的形式、方法与要求

《企业人力资源管理师国家职业标准》
(2007年修订)

1.职业概况

1.1 职业名称

企业人力资源管理师。

1.2 职业定义

从事人力资源规划、招聘与配置、培训与开发、绩效管理、薪酬福利管理、劳动关系管理等工作的专业管理人员。

1.3 职业等级

本职业共设四个等级,分别为:四级企业人力资源管理师(国家职业资格四级)、三级企业人力资源管理师(国家职业资格三级)、二级企业人力资源管理师(国家职业资格二级)、一级企业人力资源管理师(国家职业资格一级)。

1.4 职业环境

室内,常温。

1.5 职业能力特征

具有较强的学习能力、沟通能力、信息处理能力、分析综合能力、团队合作能力和客户服务※能力。

(※客户包括内部客户(各职能部门)和外部客户(劳动管理和社会服务部门),客户服务指提供服务、帮助,或与之协同工作。)

1.6 基本文化程度

高中毕业(或同等学力)。

1.7 培训要求

1.7.1 培训期限

全日制学校教育,根据其培养目标和教学计划确定。

晋级培训期限:四级企业人力资源管理师不少于140标准学时;三级企业人力资源管理师不少于120标准学时;二级企业人力资源管理师不少于100标准学时;一级企业人力资源管理师不少于80标准学时。

1.7.2 培训教师

培训教师应当具备人力资源管理的专业知识、相关专业工作经验和教学经验,具有良好的语言表达能力和知识传授能力。培训四级的教师应具有本职业三级及以上职业资格证书或相关专业中级及以上专业技术职务任职资格;培训三级的教师应具有本职业二级及以上职业资格证书或相关专业中级及以上专业技术职务任职资格;培训二级的教师应具有本职业一级职业资格证书或相关专业高级专业技术职务任职资格;培训一级的教师应具有本职业一级职业资格证书或相关专业高级专业技术职务任职资格2年以上。

1.7.3 培训场地设备

标准教室或具备相应条件的会议室,室内配备必要的计算机设备、照明设备、投影仪或多媒体等，室内卫生、光线、通风条件良好。

1.8　鉴定要求

1.8.1　适用对象

从事本职业或准备从事本职业的人员。

1.8.2　申报条件

——四级企业人力资源管理师（具备以下条件之一者）

（1）连续从事本职业工作1年以上。

（2）经本职业四级企业人力资源管理师正规培训达规定标准学时数，并取得结业证书。

——三级企业人力资源管理师（具备以下条件之一者）

（1）连续从事本职业工作6年以上。

（2）取得本职业四级企业人力资源管理师职业资格证书后，连续从事本职业工作4年以上。

（3）取得本职业四级企业人力资源管理师职业资格证书后，连续从事本职业工作3年以上，经本职业三级企业人力资源管理师正规培训达规定标准学时数，并取得结业证书。

（4）取得大学专科学历证书后，连续从事本职业工作3年以上。

（5）取得大学本科学历证书后，连续从事本职业工作1年以上。

（6）取得大学本科学历证书后，经本职业三级企业人力资源管理师正规培训达规定标准学时数，并取得结业证书。

（7）具有硕士研究生及以上学历证书。

——二级人力资源管理师（具备以下条件之一者）

（1）连续从事本职业工作13年以上。

（2）取得本职业三级企业人力资源管理师职业资格证书后，连续从事本职业工作5年以上。

（3）取得本职业三级企业人力资源管理师职业资格证书后，连续从事本职业工作4年以上，经本职业二级企业人力资源管理师正规培训达规定标准学时数，并取得结业证书。

（4）取得大学本科学历证书后，连续从事本职业工作5年以上。

（5）具有大学本科学历证书，取得本职业三级企业人力资源管理师职业资格证书后，连续从事本职业工作4年以上。

（6）具有大学本科学历证书，取得本职业三级企业人力资源管理师职业资格证书后，连续从事本职业工作3年以上，经本职业二级企业人力资源管理师正规培训达规定标准学时数，并取得结业证书。

（7）取得硕士研究生及以上学历证书后，连续从事本职业工作2年以上。

——一级企业人力资源管理师※（具备以下条件之一者）

（※ 试点期间按试点方案规定的内容执行。）

（1）连续从事本职业工作19年以上。

(2)取得本职业二级企业人力资源管理师职业资格证书后,连续从事本职业工作4年以上。

(3)取得本职业二级企业人力资源管理师职业资格证书后,连续从事本职业工作3年以上,经本职业一级企业人力资源管理师正规培训达规定标准学时数,并取得结业证书。

1.8.3 鉴定方式

分为理论知识考试和专业能力考核。理论知识考试和专业能力考核均采用闭卷考试的方式。理论知识考试与专业能力考核均实行百分制,成绩皆达60分及以上者为合格。二级企业人力资源管理师、一级企业人力资源管理师还须进行综合评审。

1.8.4 考评人员与考生配比

理论知识考试和专业能力考核的考评人员与考生的配比为1:15,每个标准教室不少于2名考评人员;综合评审委员不少于3名。

1.8.5 鉴定时间

理论知识考试时间不少于90分钟,专业能力考核时间不少于90分钟,综合评审时间不少于30分钟。

1.8.6 鉴定场所设备

标准教室或具备相应条件的会议室,室内配备必要的计算机设备、照明设备、投影仪或多媒体等,室内卫生、光线、通风条件良好。

2. 基本要求

2.1 职业道德

2.1.1 职业道德基本知识

2.1.2 职业守则

(1)诚实公正,严谨求是。

(2)遵章守法,恪尽职守。

(3)以人为本,量才适用。

(4)有效激励,促进和谐。

(5)勤勉好学,追求卓越。

2.2 基础知识

2.2.1 劳动经济学

(1)劳动经济学的研究对象和研究方法。

(2)劳动力供给和需求。

(3)完全竞争市场条件下的工资水平与工资结构。

(4)就业与失业。

2.2.2 劳动法

(1)劳动法的体系。

(2)劳动法律关系。

2.2.3　现代企业管理

(1)企业战略管理。

(2)企业计划与决策。

(3)市场营销。

2.2.4　管理心理与组织行为

(1)个体心理与行为的分析。

(2)工作团队的心理与行为。

(3)领导行为及其理论。

(4)人力资源管理中的心理测量技术。

2.2.5 人力资源开发与管理

(1)人力资源的基本理论。

(2)人力资源开发。

(3)现代企业人力资源管理。

3. 工作要求

本标准对四级企业人力资源管理师、三级企业人力资源管理师、二级企业人力资源管理师和一级企业人力资源管理师的能力要求依次递进,高级别涵盖低级别的要求。

3.1　四级企业人力资源管理师

职业功能	工作内容	能力要求	相关知识
一、人力资源规划	(一)组织信息采集与处理	1. 能够利用档案记录、调查资料等采集组织信息 2. 能够整理、汇总和分析组织信息,并撰写调研报告	1. 人力资源规划的概念和内容 2. 组织信息管理的原理和要求
	(二)组织结构图绘制	1. 能够根据企业现行组织机构设置情况绘制组织机构分布总图 2. 能够根据设计要求绘制组织职务图、职责图和功能图	1. 现代组织结构的概念和类型 2. 企业组织结构设计基本要求
	(三)工作岗位调查	1. 能够运用面谈、书面调查等方式采集岗位信息 2. 能够运用岗位写实、作业测时、岗位抽样等现场观测方法采集岗位信息	1. 工作岗位研究的基本概念 2. 工作岗位调查的基本方法
	(四)员工与工时统计	1. 能够对员工的人数及结构进行统计分析 2. 能够核算员工工时消耗并分析工时利用情况	1. 员工分类统计的内容 2. 工作时间统计的内容
	(五)劳动定额管理	1. 能够进行工时与产量定额的换算 2. 能够根据工作要求制定劳动定额	1. 劳动定额的基本内容 2. 劳动定额的原理和方法
	(六)人力资源费用预算与核算	1. 能够填报人工成本预算 2. 能够填报人力资源管理费用预算 3. 能够进行人力资源管理费用核算	1. 人工成本的概念及其构成 2. 人力资源管理费用的构成 3. 人力资源管理费用预算和核算的要求

续表

职业功能	工作内容	能力要求	相关知识
二、招聘与配置	(一)招聘需求信息采集与发布	1. 能够采集、整理分析招聘需求信息 2. 能够选择确定人员招聘的具体来源 3. 能够草拟招聘信息并设计招聘广告 4. 能够设计招聘申请表并编写公司简介	1. 人员招聘的概念和内容 2. 招聘需求信息发布的方式 3. 招聘广告和申请表设计要求 4. 公司简介的编写原则和要求
	(二)应聘人员选拔	1. 能够对应聘人员进行初步筛选 2. 能够对应聘人员进行背景调查	1. 人员初步筛选的意义和方法 2. 人员背景调查的内容与原则
	(三)校园招聘	1. 能够编制印刷招聘的宣传材料 2. 能够选择校园招聘的学校和专业 3. 能够起草校园招聘的面试问题 4. 能够撰写校园招聘的工作记录	1. 校园招聘的概念和特点 2. 各类学校专业设置及特点 3. 进行校园招聘的注意事项
	(四)员工录用管理	1. 能够办理录用手续 2. 能够采集整理和保管新员工信息	1. 人员录用的原则和要求 2. 员工信息管理的基本方式
三、培训与开发	(一)培训计划与日常管理	1. 能够提出岗前培训计划草案并进行岗前培训准备工作 2. 能够提出在岗培训计划草案并完成在岗培训准备工作 3. 能够进行脱产培训的日常管理	1. 员工培训的概念和要求 2. 员工培训系统的基本内容 3. 岗前培训的概念和内容 4. 在岗培训的内容和要求 5. 脱产培训日常管理的要求
	(二)培训形式选择	1. 能够进行课堂培训的准备工作 2. 能够进行现场培训的准备工作 3. 能够对员工自学活动进行管理	1. 课堂培训方式的特点和影响因素 2. 现场培训方式的特点和基本内容 3. 自学方式的特点和适用范围
	(三)培训经费核算	1. 能够采集培训成本信息,进行成本核算 2. 能够编制培训经费预算方案,进行成本收益分析 3. 能够核定培训项目收费标准	1. 培训成本的内涵和构成 2. 培训经费预算方案的编制要求
四、绩效管理	(一)绩效管理制度制定	1. 能够起草绩效管理制度草案 2. 能够检查绩效管理制度的执行情况,分析存在的问题,提出改进制度的建议	1. 绩效管理的概念和特点 2. 绩效管理系统的基本内容 3. 制定绩效管理制度的要求
	(二)考评信息管理	1. 能够设计并发放绩效考评表格 2. 能够采集、处理、归档和保管绩效考评数据	1. 绩效考评的类型 2. 绩效考评的内容 3. 绩效考评的方法
五、薪酬管理	(一)薪酬管理信息采集	1. 能够采集岗位评价需要的信息 2. 能够采集薪酬调整需要的信息	1. 薪酬及其管理的涵义和特点 2. 薪酬管理基本程序的知识 3. 岗位分析和评价的内容 4. 薪酬调整需要测算的指标
	(二)员工工资统计分析	1. 能够进行工资核算 2. 能够对有关工资指标进行统计分析	1. 工资形式的内容和种类 2. 工资支付的有关规定 3. 工资统计指标的种类
	(三)员工福利费用核算	1. 能够统计核算企业各种社会保险费 2. 能够建立工资、保险以及福利台账	1. 社会保险的基本内容 2. 员工福利的概念和种类

续表

职业功能	工作内容	能力要求	相关知识
六、劳动关系管理	(一)劳动关系确立	1. 能够办理订立劳动合同的手续 2. 能够检查劳动合同的履行情况	1. 劳动关系、劳动法律关系的涵义 2. 劳动合同的涵义和内容 3. 订立劳动合同的原则 4. 劳动关系的调整方式
	(二)劳动合同管理	1. 能够办理续订、变更、解除、终止劳动合同的手续 2. 能够对劳动合同进行归类存档 3. 能够建立劳动合同账	1. 劳动合同审查的要求 2. 变更劳动合同的原则
	(三)劳动安全卫生管理	1. 能够检查安全技术和劳动卫生规程的执行情况 2. 能够检查女员工与未成年工等特殊保护制度的执行情况	1. 劳动安全技术规程的内容 2. 安全卫生管理制度的内容 3. 劳动特殊保护制度的内容

3.2　三级企业人力资源管理师

职业功能	工作内容	能力要求	相关知识
一、人力资源规划	(一)岗位分析与设计	1. 能够设计岗位调查方案 2. 能够分析处理岗位调查结果,撰写并修改工作说明书 3. 能够运用方法研究进行工作岗位设计与再设计	1. 人力资源规划与企业其他规划的关系 2. 岗位分析的概念和原理 3. 岗位说明书的编写要求 4. 岗位设计的内容和原则
	(二)定员管理	1. 能够运用劳动效率、设备和岗位定员等方法确定技能人员的定员标准 2. 能够运用比例定员、数理定员等方法确定管理和技术人员的定员标准	1. 企业定员及其标准的概念 2. 企业定员管理的基本内容 3. 制定定员标准的基本要求
	(三)制度建设	1. 能够采集处理人力资源管理制度的相关信息 2. 能够根据制度体系表的要求,起草人力资源管理专项制度 3. 能够检查人力资源管理制度的实施情况,分析存在的问题并提出修改建议	1. 人力资源规范化管理的内容 2. 人力资源管理制度体系的结构、特征和要求 3. 制定人力资源制度规划的原则
	(四)人力资源费用审核与控制	1. 能够审核人工成本和人力资源管理费用的预算 2. 能够做出人力资源费用预算并控制费用支出	1. 审核人力资源费用预算的基本要求 2. 控制人力资源费用支出的基本原则

续表

职业功能	工作内容	能力要求	相关知识
二、招聘与配置	（一）招聘实施	1. 能够通过简历、申请表和笔试等方法对应聘人员进行初选 2. 能够运用面试、情景模拟等方法进行人员筛选 3. 能够提出录用候选人名单	1. 笔试的特点及适用范围 2. 面试的内涵及适用范围 3. 心理测试法的基本要求 4. 情景模拟法的注意事项
	（二）招聘评估	1. 能够对招聘活动进行成本效益评估 2. 能够对招聘活动进行数量与质量评估 3. 能够对招聘活动进行信度与效度检验	1. 人员招聘成本的构成 2. 各种评估指标的核算方法 3. 信度和效度的内涵和种类
	（三）人员配置	1. 能够改进完善劳动组织 2. 能够根据计划进行人员配置 3. 能够根据生产经营特点组织工作轮班	1. 人员配置的原理、劳动分工与协作的原则 2. 工作地、工作时间组织及工作轮班的组织形式和设计要求 3. “5S”等现场管理方法
	（四）劳务外派与引进	1. 能够办理劳务外派与引进的手续 2. 能够进行外派劳务管理 3. 能够进行引进劳务管理	劳务外派与引进的内容与形式
三、培训与开发	（一）培训需求分析	1. 能够运用各种方法采集培训需求信息 2. 能够进行培训需求分析，撰写培训需求分析报告	1. 培训需求信息的分类和要求 2. 培训需求分析的内容和作用 3. 撰写需求分析报告的要求
	（二）培训方法选择	1. 能够根据培训的对象、范围和内容，确定培训目标 2. 能够根据培训目标和要求，选择应用培训方法	各种员工培训方法及其特点
	（三）培训制度管理	1. 能够提出培训制度的草案 2. 能够检查培训制度的执行情况，发现问题，提出改进建议	1. 员工培训制度的基本内容 2. 起草修订培训制度的要求
四、绩效管理	（一）绩效系统管理	1. 能够检查绩效管理系统的运行情况 2. 能够发现绩效管理系统存在的问题 3. 能够提出改进绩效管理系统的建议	1. 绩效管理系统的结构和特点 2. 绩效管理系统设计的要求 3. 绩效改进的方法与策略
	（二）员工绩效考评	1. 能够组织和指导行为导向型考评方法的运用，对有关员工进行考评 2. 能够组织和指导结果导向型考评方法，对有关员工进行考评	1. 绩效考评方法的类型和特点 2. 运用绩效考评方法的注意事项

续表

职业功能	工作内容	能力要求	相关知识
五、薪酬管理	（一）薪酬制度设计	1. 能够进行薪酬制度设计的准备工作 2. 能够提出专项薪酬管理制度的草案 3. 能够检查工资奖金制度的执行情况并提出修订建议	1. 薪酬的概念和影响因素 2. 薪酬管理的概念、原则和内容 3. 薪酬制度设计的基本要求
	（二）工作岗位评价	1. 能够设计岗位评价指标及其标准 2. 能够运用各种方法进行岗位评价 3. 能够对评价结果进行处理和分析	1. 岗位评价基本原则和方法 2. 岗位评价要素指标和标准 3. 岗位测量评定误差的分类
	（三）人工成本核算	1. 能够核算人工成本指标 2. 能够运用相关方法确定人工成本	1. 人工成本的概念和构成 2. 人工成本的核算方法
	（四）员工福利管理	1. 能够编制员工福利总额的预算计划 2. 能够核算各类保险金和住房公积金	1. 社会保障的基本概念 2. 福利管理的主要内容
六、劳动关系管理	（一）集体合同管理	1. 能够准备集体合同协商相关资料 2. 能够检查集体合同执行情况	1. 劳动关系和劳动法律关系的特点 2. 劳动关系的转变及其调整方式 3. 订立和履行集体合同的基本原则
	（二）企业民主管理	1. 能够进行员工工作满意度调查与分析 2. 能够借助专家或通过工会组织与员工进行沟通	1. 工作满意度调查的内容和要求 2. 员工沟通的渠道和注意事项
	（三）工时与最低工资管理	1. 能够检查工时制度的执行情况，发现问题，提出改进措施 2. 能够检查企业最低工资标准的执行情况，发现问题，提出改进建议	1. 工作时间的概念和种类 2. 最低工资保障制度的内容
	（四）劳动安全卫生管理	1. 能够编制职业安全卫生项目费用预算 2. 能够建立职业安全卫生防护用品管理台账 3. 能够对员工进行安全生产教育 4. 能够根据伤残评定结果计算工伤保险待遇	工伤事故的分类标准

模块三 人员招聘和测试

学习目标

【知识目标】

1. 了解影响人员招聘的内外部环境因素；
2. 了解如何进行招聘诊断；
3. 了解人员测试的方法和过程。

【能力目标】

1. 掌握面试准备工作；
2. 能熟练使用各种人员测试工具；
3. 制作一份成功的简历或求职信。

案例导入

在一次招聘会上，某著名外企人事经理说，他们本想招一个有丰富工作经验的资深会计人员，结果却破例招了一位刚毕业的女大学生，让他们改变主意的起因只是一个小小的细节：这个学生当场拿出了两块钱。

人事经理说，当时女大学生因为没有工作经验，在面试一关即遭到了拒绝，但她并没有气馁，一再坚持。她对主考官说："请再给我一次机会，让我参加完笔试。"主考官拗不过她，就答应了她的请求。结果，她通过了笔试，由人事经理亲自复试。

人事经理对她颇有好感，因她的笔试成绩最好，不过女孩的话让经理有些失望。她说自己没工作过，唯一的经验是在学校掌管过学生会财务。找一个没有工作经验的人做财务会计不是他们的预期，经理决定收兵："今天就到这里，如有消息我会打电话通知你。"女孩从座位上站起来，向经理点点头，从口袋里掏出两块钱双手递给经理："不管是否录取，请都给我打个电话。"

经理从未见过这种情况，问："你怎么知道我不给没有录用的人打电话？""您刚才说有消息就打，那言下之意就是没录取就不打了。"

经理对这个女孩产生了浓厚的兴趣，问："如果你没被录取，我打电话，你想知道些什么呢？""请告诉我，在什么地方我不能达到你们的要求，在哪方面不够好，我好改进。""那两块钱……"女孩微笑道："给没有被录用的人打电话不属于公司的正常开支，所以由我付电话费，请您一定打。"经理也笑了："请你把两块钱收回，我不会打电话了，我现在就通知你:你被录用了。”

记者问:“仅凭两块钱就招了一个没有经验的人,是不是太感情用事了?”经理说:“不是。这些面试细节反映了她作为财务人员具有良好的素质和人品,人品和素质有时比资历和经验更为重要。第一,她一开始便被拒绝,但却一再争取,说明她有坚毅的品格。财务是十分繁杂的工作,没有足够的耐心和毅力是不可能做好的。第二,她能坦言自己没有工作经验,显示了一种诚信,这对搞财务工作的人来说尤为重要。第三,即使不被录取,也希望能得到别人的评价,说明她有直面不足的勇气和敢于承担责任的上进心。员工不可能把每项工作都做得很完美,我们接受失误,却不能接受员工自满不前。第四,女孩自掏电话费,反映出她公私分明的良好品德,这更是财务工作不可或缺的。”

【案例提示】

1. 坚持、坦诚、责任心、专业这几点都是公司比较欣赏的个人品质,即使对于个人,坚持、坦诚和责任心也是人际交往中很重要的品质。

2. 应聘一个公司,你就需要知道这个公司最注重的是哪个方面,需要仔细考虑来突出自己在公司所需要的方面的特质。

项目一　人员招聘的环境分析与诊断

任务一　环境对人员招聘的影响及分析

人员招聘是指企业为了发展的需要,根据人力资源规划和工作分析的要求,寻找、吸引那些有能力又有兴趣到本企业任职的人员,并从中选出适宜人员予以录用的过程。

一般而言,影响企业招聘的外部环境因素有国家政策、法律法规,社会文化、技术及行业发展状况,劳动力市场状况等。

一、国家政策、法律法规

这些政策和法律法规因素是保障企业生产经营活动的基本条件,同时也对企业的招聘活动起到了一定的限制和约束作用。

二、技术及行业发展状况

这是指企业所处环境中的科技要素以及与该要素直接相关的各种社会现象的集合,包括国家科技体制、科技政策、科技水平和科技发展趋势等。

三、劳动力市场状况

劳动力市场状况包括劳动力市场的地理环境和劳动力市场的供求关系:

(1)劳动力市场地理环境是指根据某一特定类型的劳动力供给和需求的状况,劳动力市场的地理区域可以是局部性的、区域性的,也可以是国家性的和国际性的。

(2)劳动力市场的供求关系。一般来说,当失业率比较高时,在外部招聘人员比较容易,而且招聘职位的价格相对比较低;相反,某类人员的短缺可能引起其职位价格上升迫使企业扩大招聘范围,从而使招聘工作变得错综复杂。

任务二　环境与员工间的相互影响

企业内部环境具体包括企业战略规划、企业经营、管理状况,企业自身的形象,企业的招聘预算,企业的招聘政策等。

一、企业战略规划

企业招聘人员的职位层次、职位类型、员工数量以及员工结构都要服从企业的战略规划,与企业的战略规划相适应,才能服务于企业的战略规划。

二、企业自身的形象

良好的形象会对应聘者产生积极的影响,引起他们对企业空缺职位的兴趣,从而有助于提高招聘的效果。

三、企业的招聘预算

由于招聘活动必然要支出一定的成本,因此企业的招聘预算对招聘活动有着重要的影响。充足的招聘资金可以使企业选择更多的招聘方法,扩大招聘的范围;反之,有限的招聘资金会使企业进行招聘时的选择余地大大缩小,对招聘产生不利的影响。

四、企业的招聘政策

企业的相关政策对招聘活动有着直接的影响,企业在进行招聘时一般有内部招聘和外部招聘两种渠道,至于选择哪个渠道来填补职位空缺,往往取决于企业的招聘政策。

任务三　招聘诊断

企业招聘人员的原因,一般来讲有以下几种情况:

(1)为满足新建企业的战略目标、技术、生产、经营等方面的需求,要招聘在数量、质量和结构上合适的或优秀的员工。

(2)企业现有战略规划的调整、组织结构的改变、业务发展的调整等会出现更多的岗位空缺,需要及时填补。

(3)企业现有岗位上的人员不称职,对企业提高整体绩效有障碍,需要及时补充绩效优秀的人才。

(4)现有职工队伍结构不合理,在裁减多余人员的同时,需要及时补充短缺的专业人才。

(5)企业内部因为原有员工调任、离职、退休或升迁等原因而产生职位空缺,需要弥补职位的空缺,以免造成工作上的延误。

【知识链接】

人才国际化:全球招聘的理想与尴尬

事件1:从2004年6月开始,我国国资委拿出23个央企高管的职位,面向海内外招聘。但最终结果是,出身国企的人选占了绝大多数,报名者中16名具有外国国籍和65名拥有绿卡者全部落选。与此同时,上海市的纳才"网点"遍布法、美、德等七国和香港特别行政区;深圳也以百万年薪全球公聘四家大型国企老总。

9月29日,北京市双鹤药业股份有限公司召开第三届董事会特别会议,在董事会成员意见不一致的情况下强行作出规定,免去来自外企的职业经理人杨维平的总经理职务。杨维平有15年外企总经理的从业经历。

事件2:北京一家人力资源管理机构的最新调查数据显示,跨国公司高层进入中国国企工作,服务期限超过1年的不足4%。

从这两个事件中我们看到,在国际市场上大规模选人,表明传统国企干部管理制度开始发生变化,也表明国企在实践中开始实施中央人才工作会议提出的利用国内和国际两个人才市场的举措。

如何认识人才国际化?人才国际化为何效果不显著?国企老总的能力不行还是体制制约了他们才能的发挥?缺人才还是缺管理平台?国际化首先应当强调的是体制和机制的国际化,国企亟需加强治理结构、管理流程和基础平台的建设。否则,具有国际水准的职业经理人如何在这种管理体制特殊、管理不规范的平台上运作?很难想象仅仅靠引进职业经理就能取得预期效果,至少应该双管齐下。

项目二　招聘渠道和方法选择

任务一　招聘渠道诊断与选择

企业的职位空缺不可能完全通过内部供给解决。企业人员因各种主观和自然的原因退出工作岗位是不可抗拒的规律,这必然需要企业从外部不断补充人员。企业招聘人员的渠道有外部招聘渠道和内部招聘渠道。

一、外部招聘渠道

企业经常采用的外部招聘渠道有以下几种:

（一）劳动派遣机构

这种渠道适用于技工和操作人员。派遣机构的价值就是为招聘企业和求职者提供一个信息交换平台，派遣机构通过将求职者推荐到有需要的企业去应聘，收取求职人员的服务费获利。

（二）人才招聘会

人才招聘会是企业和应聘者进行双向选择的场合。企业参加招聘会，有几个基本原则要把握：第一，高层职位不要选择普通的招聘会，这会降低这个职位的含金量；第二，既然决定参加招聘会就应有始有终，不要迟到早退，这个行为很不好；第三，不要频繁地去参加招聘会，这样会降低企业的信誉。

（三）各类媒体

现在各类媒体是很重要的招聘渠道，各类报纸、杂志都设有招聘专版。选择何种媒体，取决于找什么职位的人才。分析一下目标人才主要聚集在什么地区，然后把目标地区最具影响力的专业刊物找出来，从中选择一个最合适媒体的投放招聘广告。

（四）网络招聘

网络招聘是相当普及的招聘渠道，比较有影响力的网站有前程无忧、中华英才网、中国人才网、南方人才网、智联招聘等。在这些网站上，各类中小型企业发布的中低层职位的招聘信息比较多，应届毕业生应聘时刻选择这样的途径。

（五）猎头公司

猎头公司是新兴起的行业。在选择猎头公司的时候，考察他们的实力和口碑至关重要。一是要了解他们所服务的客户情况，二是了解他们的内部运作，三是要评估猎头顾问的专业水准。

二、内部招聘渠道

（一）内部招聘的来源

（1）下级职位员工，主要通过晋升的方式来填补空缺职位；

（2）同级职位员工，填补空缺职位的方式主要是工作调换或工作轮换；

（3）上级职位员工，主要通过降职的方式来填补空缺职位。

（二）内部招聘的方法

1. **工作公告法** 主要通过企业内部网站或向员工通报现有职位空缺信息，让全体员工了解现有的职务空缺、需要人数及申请人资格限制等信息，鼓励员工积极应聘，目的是吸引有兴趣的员工来申请这些空缺职位，争取更好的工作机会。

2. **档案记录法** 具体是指企业利用人事档案中与技术有关的信息来获取人才，企业在自己的人力资源部建立一个正规的技能数据库，以集合人力资源管理的有关教育、培训、经验、技能、绩效等方面的信息。一旦企业出现突发性的人员短缺时，可以通过技能数据库快速的在内部员工中挑选可能的任职者来填补空缺。（表3-1、表3-2）

表 3-1　内外部招聘渠道选择比较

招聘信息发布渠道	是否随时发布	受众面	求职意向	费　用	影响时间	成　效	适用的企业和职位
招聘会	否	窄	强	较低	短	不定	适用于招聘费用预算少的企业或招聘中层以下和操作性的职位
网络招聘	是	很广	较强	很低	长	不定	适用于技术类和职能管理类职位
报刊招聘	否	较广	强	不定	短	不定	适用于旨在树立企业形象的企业，或高端职位以外的职位
广播电视	否	很广	强	很高	短	不定	适用于招聘预算费用多，并想树立企业形象的企业
劳务派遣	是	较广	较强	较低	较短	较高	适用于有阶段性人才需求的企业
猎头公司	是	较广	不定	很高	较短	很高	适用于有高端职位、稀缺性职位需求或需求紧迫的企业
档案记录法和内部公告法	是	窄	不定	无	长	某些企业较好	适用于企业规模大、有较好的人才梯队建设的企业

表 3-2　内部招聘和外部招聘对比表

招聘方式	优　点	缺　点
内部招聘	1. 了解候选人的长处和弱点 2. 被提升的成员对组织的历史和发展比较了解 3. 可以借此激励被提升的人员更加努力地提高自身工作水平 4. 可以激励组织内其他成员的士气 5. 使其有一个良好的工作情绪和氛围，使组织对成员的培训投资取得回报	1. 当组织内部对未来主管人员的供需缺口较大，且内部人才储备无法满足需要时，坚持从内部提升，会使组织既失去获得一流人才的机会，又会让不称职者占据主管位置 2. 容易造成造“近亲繁殖” 3. 提升的数量有限，容易挫伤没有得到提升的人员
外部招聘	1. 人才来源比较广泛 2. 避免“近亲繁殖”，可以给组织带来新鲜血液，防止僵化 3. 避免组织内部成员因内部竞争带来的不团结 4. 可以节省对主管人员的培训费用	1. 应聘者和组织都一个相互适应的较长的过渡期 2. 仅凭应聘者的简历无法清楚地了解其真正的能力 3. 仅从外部招聘，会导致内部成员与招聘来的人员之间的不合作现象

任务二　常用的招聘工具

一、面试

1. **结构化面试**　所谓结构化面试，是指面试前预先设定好所有的问题，在面试中有准备地按照预先设定的题目进行提问的面试。（结构化面试举例见附录）

2. **非结构化面试**　非结构化面试，是指面试时无固定模式，随意发问。面试者只需掌握组织、职位的基本情况。面试中问的问题是非标准化的问题，对应聘同一岗位的同一位应聘者，不同的考官会提不同的问题。

3. **半结构化面试**　半结构化面试是介于结构化面试和非结构面试化之间的一种面试方法。在面试中，主考官可以根据需要使用部分结构化面试题和进行随机提问。

二、各种量表（工具）测试

各种测试工具很多，包括技能测试、智力测试、身体能力测试、成就（经验）测试、心理测试题等。请参考附录中心理测试题和性格测试题。

三、工作模拟测试

这是效果最好也最为昂贵的测评方式，常用于中高层管理者的提升或选拔。

1. **工作样本模拟**　“过去的行为是将来的行为的最好预测。”工作样本模拟是用来测试求职者实际执行某项工作任务的技能。一般做法是：先选择几项对拟招募职位十分关键的工作任务，要求候选人完成，观察者将其工作表现记录在测试清单上。

当职位要求的具体工作非常清晰、稳定时，这种测试方法明显优于能力测试。这个技术的关键在于是否能确定恰当的候选人工作样本。

2. **评价中心技术**　评价中心技术是一套适合评估经营管理特性的科学技术方法和规范化程序体系，主要用于测试管理人员的有关特性，要求被测试者在模拟情景中履行管理职责，然后对他们的实际表现进行监测评价。

评价中心技术的基本要求是：评价须以确实成功的管理行为特征为依据，采用包括情景模拟、角色扮演等多种主客观评价技术，使用不同类型的工作模拟方法；评价人员应受过专门训练，认识并熟悉评价工作和具体工作行为。其有效性在许多企业和政府部门中已得到广泛认同，特别是在评估管理者潜力方面的预测力比其他人事测评效果更为显著。

四、其他方法

其他方法一般有同事评价法、自我评价法、笔迹学法、推荐人的评价法和背景调查法等（表3-3）。

表 3-3　某公司面试应聘表举例

<table>
<tr><td>应聘岗位</td><td colspan="3"></td><td>应聘时间</td><td colspan="3"></td></tr>
<tr><td>姓　名</td><td></td><td>曾用名</td><td></td><td>性　别</td><td></td><td>民　族</td><td></td></tr>
<tr><td>出生年月</td><td></td><td>婚　否</td><td></td><td>最高学历</td><td></td><td>职　称</td><td></td></tr>
<tr><td>家庭成员</td><td colspan="2"></td><td>身份证号</td><td colspan="4"></td></tr>
<tr><td>家庭地址</td><td colspan="2"></td><td>邮政编码</td><td></td><td>联系电话</td><td colspan="2"></td></tr>
<tr><td>现工作单位</td><td colspan="2"></td><td>邮政编码</td><td></td><td>联系电话</td><td colspan="2"></td></tr>
<tr><td>从何处了解到我公司</td><td colspan="7">□招聘广告　□报刊　□业务联系　□熟人　□中介公司　□其他</td></tr>
<tr><td>是否曾应聘过我公司</td><td colspan="2">□是　□否</td><td colspan="3">是否有亲属在我公司工作</td><td colspan="2">□是　□否</td></tr>
<tr><td colspan="8">学习经历</td></tr>
<tr><td colspan="2">学校名称(从高中起)</td><td colspan="2">起止年月</td><td colspan="2">所学专业</td><td colspan="2">所获学历、学位</td></tr>
<tr><td colspan="2"></td><td colspan="2"></td><td colspan="2"></td><td colspan="2"></td></tr>
<tr><td colspan="2"></td><td colspan="2"></td><td colspan="2"></td><td colspan="2"></td></tr>
<tr><td colspan="2"></td><td colspan="2"></td><td colspan="2"></td><td colspan="2"></td></tr>
<tr><td colspan="2"></td><td colspan="2"></td><td colspan="2"></td><td colspan="2"></td></tr>
<tr><td colspan="8">工作经历</td></tr>
<tr><td colspan="2">原工作单位</td><td colspan="2">起止年月</td><td colspan="4">离职原因</td></tr>
<tr><td colspan="2"></td><td colspan="2"></td><td colspan="4"></td></tr>
<tr><td colspan="2"></td><td colspan="2"></td><td colspan="4"></td></tr>
<tr><td colspan="2"></td><td colspan="2"></td><td colspan="4"></td></tr>
<tr><td colspan="8">培训经历</td></tr>
<tr><td colspan="2">培训项目</td><td colspan="2">起止年月</td><td colspan="4">是否合格/获取的资格证</td></tr>
<tr><td colspan="2"></td><td colspan="2"></td><td colspan="4"></td></tr>
<tr><td colspan="2"></td><td colspan="2"></td><td colspan="4"></td></tr>
</table>

项目三　甄选和测试

任务一　甄选的概念和诊断模型

一、甄选的概念

人员甄选是指通过运用一定的工具和手段对招募到的求职者进行鉴别和考察，区分他们的人格特点与知识技能水平,预测他们的未来工作绩效,从而最终挑选出组织所需要的,填补恰当空缺职位的活动。

这一阶段的工作直接决定组织最后所雇用人员的状况,能否给组织带来重大的经济和战略后果,因而是招聘过程中最重要的决策阶段。同时,这一阶段也是技术性最强的一个环节,需要采用多种测评方法,帮助组织公平、客观地做出正确决策。

理想的高质量录用决策应当同时满足两个要求:既没有录用不符合要求的人员,又没有遗漏符合要求的人员。

二、甄选的诊断模型

如图 3-1 所示,展示出了诊断的模型。

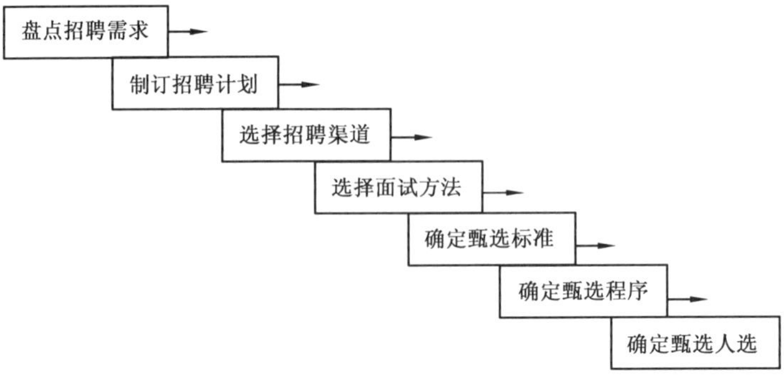

图 3-1 诊断的模型

任务二 甄选标准和程序

一、甄选的标准

作为对应聘者的筛选机制,一个有效的甄选应达到以下几项标准:

1. **甄选标准应该标准化** 要保证每位参加甄选程序的应聘者都经历相同数量和类型的甄选测试和面试。

2. **甄选标准以成本优先的顺序排列** 那些费用较高、大量增加企业成本的程序,比如与企业高层面谈、体检等要放在系统的最后进行,使这些程序只用于那些最有可能被录用的应聘者。

3. **甄选标准要能提供明确的决策点** 决策点指那些能明确做出淘汰或保留的标准,如笔试要设置具体的分数线、体检应以健康为标准等。

4. **甄选标准应能保证充分提供可以确定应聘者是否胜任空缺职位的信息** 一个好的甄选系统不仅要保证不遗漏空缺职位的工作内容,而且还要保证能从应聘者那里收集到与决策有关的充足信息。

5. **甄选标准应对参与甄选的人员的职责分工做出清晰的界定** 此要求是为了防止两个评价人员在了解应聘者背景情况时出现不必要的重复,却同时忽略了重要的问题。

6. **甄选标准应能突出应聘者背景情况中重要的方面**　有效的系统应能按照需要多次核实和检查最重要的情况。

二、甄选的程序

为了保证甄选的效果，除了按照上面所提到的甄选标准之外，甄选工作还要按照下面的程序进行：首先是筛选应聘者的工作申请和简历，然后进行甄选笔试和面试，对通过这两关的人员进行审核，审核应聘者材料的真实性，对审核合格者进行体检。应聘者被录用后还要经过一个试用期的考察，最后才能做出正式录用的决策（图3-2）。

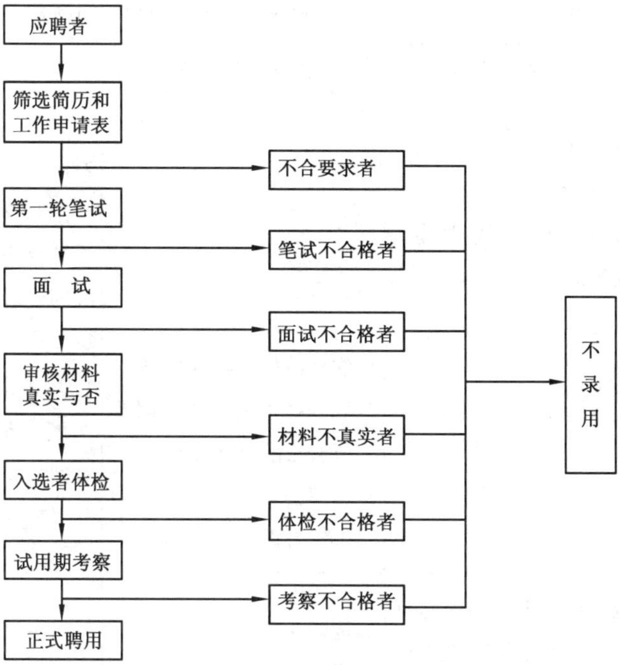

图3-2　甄选的程序

任务三　测试的程序和方法

测试的目的是适应招聘工作的需要，经过测试、评价和比较的方法从备选的应聘者中选出符合组织需要的人员。测试的程序一般有以下五步：

一、通过简历或工作申请表进行初步筛选

根据企业所招聘职位的相关信息，确定简历筛选的关键信息或关键词，建立简历筛选的标准，以保证筛选的效果。

二、通过笔试进行正式筛选

经过初步筛选后，选出一批符合条件的应聘者参加笔试，进一步考察应聘者各项条件是否符合岗位要求。笔试的内容往往包括普通知识、专业知识以及心理测试。一份有价值的试卷，可以较准确地反映出应聘者的能力。

三、通过面试进行决断性筛选

通过笔试的应聘者可以参加企业组织的面试。面试是通过与应聘者之间面对面的交流,深入了解应聘者的素质、能力及求职动机的一种人员甄选技术。它比笔试更为直观、灵活和深入,不仅可以评价出应聘者的学识,还能考察应聘者的能力和个性特征等。

目前更多的企业选择有效性和可靠性更高的结构化面试,事先安排好问题,根据应聘者回答的情况进行评分。测评要素标准化、结构化,使得不同的应聘者之间有可比性。(表 3-4)

表 3-4 某企业某岗位招聘面试测评要素及提问问题表

面试测评要素	测评项目	提问问题举例	评价要点
礼仪风度	1. 仪容、仪表 2. 行为、举止 3. 敲门、走路、坐姿、站姿 4. 问候语		1. 穿着整齐、得体、无明显失态 2. 沉着、稳重、大方 3. 走路、敲门、坐姿、站姿符合礼仪 4. 问候语礼貌
求职动机		1. 您从何处了解本公司的 2. 您选择本公司的原因及所看重的是什么 3. 希望公司如何安排您的工作待遇	1. 是否以公司发展为目标兼顾个人利益 2. 回答完整、全面、适当 3. 语言有说服力
表现力、语言表达能力	1. 能将自己表达的内容有条不紊地、准确地传达出来 2. 语言、语气符合要求 3. 说话时表情、姿态准确	1. 请谈谈您的优缺点 2. 根据您的自我分析,您认为你最适合的工作是什么,为什么	1. 谈话中内容的前后连续性 2. 谈话语言准确、简洁明了 3. 说话语言逻辑清楚、有说服力
社交及人际关系		1. 请您介绍一下您的家庭 2. 您希望在什么样的领导下工作 3. 您认为交友应该最注重什么 4. 请您把朋友对您的看法简单描述一下	1. 自我认识及评价能力 2. 社交能力

续表

面试测评要素	测评项目	提问问题举例	评价要点
判断力、情绪稳定性	1. 准确判断面临的情况 2. 处理突发事件 3. 迅速回答对方问题 4. 处理棘手问题的反应	1. 假如您同时被两个公司录用,您将如何选择 2. 公司工作非常艰苦,您将如何对待 3. 您好像不太适合本公司的工作	1. 理解问题的准确性 2. 判断力 3. 是逻辑判断还是感情判断 4. 有自己独立的见解
协调能力、执行力与工作经验	1. 对自己认定的事情能否坚持 2. 团队合作能力 3. 团队工作的协调能力 4. 组织领导能力 5. 能否更多地从他人的角度理解问题	1. 您从事过何种勤工俭学的工作 2. 您参加过学校的哪些组织活动、您在其中担任何种角色 3. 您对某问题有过何种研究 4. 谈谈您最成功(失败)的一次工作经历	1. 表现力 2. 考虑对方处境和理解力 3. 实践能力 4. 执行能力
责任心、纪律性	1. 勇于承担责任的精神 2. 考虑问题是否全面 3. 对本职工作的要求是否严格 4. 对工作是否能按时完成	1. 您对指派的任务如果不能按时完成,如何处理 2. 对公司的销售策略如何看	1. 自信心 2. 纪律性 3. 意志力
个人性格、品质	1. 有无不良的性格(过分狂妄和过分自卑) 2. 有无偏激的观点 3. 回答问题是否认真、诚实	1. 你认为现在社会中一个人最重要的是什么性格 2. 您能否"受人之托忠人之事"	1. 坦率真诚 2. 人生观 3. 个人信用
专业知识、专业技能	1. 对专业知识的了解程度 2. 在校成绩 3. 过去的业绩 4. 对所从事工作的认识	1. 介绍一下自己的成绩和擅长的专业知识 2. 您有何种特长,具备何种资格 3. 谈谈您从事这项工作的优势或特长 4. 您有什么工作经验	1. 专业知识学识是否符合工作需求 2. 有无特殊技能 3. 有无工作经历

四、评价中心技术

评价中心技术是一个人员甄选的方式,而不是一个机构名称。它是通过评价应聘者在相对隔离的环境中的一系列活动，以团队作业的方式，客观地测定应聘者的管理技术和能力，为企业发展选择和储备所需的人才。评价中心技术被认为是当代管理中识别有才能管理者的最有效工具。其中最常用的方法有：

（一）无领导小组讨论

无领导小组讨论，一般是放在笔试、面试之后进行，将应聘者划分为不同的小组，每组人数 5 ~9 人不等，不指定主持人或召集人，大家地位平等，要求就某些争议性比较大的问题进行讨论，往往没有正确答案，最后要求形成一致意见。评分标准主要分为组织协调能力和专业技术能力两个方面。

（二）文件筐测验

在招聘测验时，企业提供一种具有真实性的模拟情况，要应聘者处理应聘岗位上的公文案例。公文案例包括文件、信件、备忘录、上级指示的电话记录、报告等。通过每人一次 5 ~10 份或者更多份文件，判断应聘者决策能力、协作能力、撰写回信和报告、制订计划和组织安排的能力。（表 3-5）

表 3-5 招聘面试评价记录表

姓　名		应聘部门		应聘岗位	
初试评价记录					
评价项目	评价记录等级				备　注
教育背景	佳	较好	一般	较差	
专业相关性	对口	较对口	相关	无关	
业务能力	很强	较强	一般	较差	
工作经历	吻合	较吻合	相关	无关	
学习能力	很强	较强	一般	较差	
形象举止	佳	较好	一般	较差	
执行力	很强	较强	一般	较差	
团队合作能力	很强	较强	一般	较差	
反应能力	敏锐	灵活	正常	迟钝	
领导潜质	很强	较强	一般	较差	
价值观	吻合	较吻合	认同	抵触	
总体评价					
建议复试考察内容	面试官签名：				
初试结论	□可以试用　□可以复试　□可以考虑　□不予考虑				
复试评价记录					
评价意见	面试官签名：				
复试结论	□建议录用，岗位：__________　□可以试用 □不予考虑				

五、背景调查

在正式录用员工之前，企业还会对拟录用的员工背景调查一下，目的是获得被调查员工背景资料的相关信息，并对获得的信息与被调查者所提供的申请简历上的信息进行对比，成为企业对员工聘用的参考依据，避免因人员招聘不当，给企业带来经济及技术上的损失。

任务四　大学生求职技巧和材料制作

对每一位毕业生来说，求职都是一项系统工程，这其中包含了对个人性格、兴趣爱好、职业发展规划等的定位和思考，同时又是考验个人信心、耐心以及对细节的把握和素质能力等。求职中每一个环节都需要认真仔细对待，这样才能把握住可能到来的机遇。因此，掌握求职面试的技巧显得非常重要。有时它能起到事半功倍的效果，使毕业生在求职择业的过程中少走弯路。

一、毕业生求职面试的技巧

（一）明确求职目标，切忌盲目自卑

某些毕业生在求职面试多次碰壁后容易变得茫然、不知所措，不知道自己能干什么，想干什么，适合干什么，缺乏自我定位。还有些毕业生为了表示自己的诚意，在求职面试时跟招聘者说，我什么都能干，没有工资都行，只要给我一个机会。这使得用人单位哭笑不得。求职面试前要集中时间，先在相关网站查询一下有关信息，进行汇总分析，然后根据自身状况，明确求职目标与努力方向。在当前毕业生大幅度增加的情况下，要切忌把目标定得过高，并不断总结经验教训，锲而不舍地为实现自己的目标而努力。

（二）备好求职材料，切忌面面俱到

毕业生求职时首先必备的是一份简历、一份求职信。一份“推销”自己的简历一两页纸就够了，冗长的简历往往被招聘者随手搁置一旁。简历要突出自己的主要能力，使用人单位在最短的时间里就能了解应聘简历中最主要的内容，切忌面面俱到，没有重点。简历还要避免错字、别字和拼写错误等小毛病。

简历不要花里胡哨，如果是电子简历，最好不要带任何图案来点缀，以免被单位的服务器当作病毒拒收。邮寄简历的同时，应附上一封简要的求职信，概述一下自己的目标和愿望，然后简述自己的经历和能力。

（三）衣着举止得体，切忌不拘小节

国外的一位招聘专家曾说过：“我们很注意观察应聘者的行为举止。当应聘者来到房间后，我会注意观察他是否等我请他坐下时再坐。”

很多毕业生并不知道，招聘者对应聘者衣着和举止言行的观察尤其细致。不能穿一件花衬衣和五颜六色的袜子去面试，尽管西服、领带显得有点严肃，但还是最好的着装。

对小节要予以更大的关注。如说话不能粗鲁、带口头语。站有站相，坐有坐相。比如

一双鞋子,它能反映一个人的个性。如果皮鞋鞋面磨损,灰尘满面,会被看成是不注意整洁和不拘小节的人;如果皮鞋过于新潮,会被当作喜欢引人注目,对求职于需要庄重的政府机关、银行之类的工作岗位就很不利。

(四)发挥应变能力,巧避面试“陷阱”

看人看相,听话听音。某些招聘者在招聘时喜欢给应聘者设下“圈套”,以声东击西的方式,从求职者的回答来判断他的性格、品德、为人处世的原则等方面的信息,最后决定录用与否。因此,对于一个毕业生来说,能否清楚地理解招聘者“言外之音”,并用巧妙的回答拉近与招聘者的距离,赢得最后的胜利便显得尤为重要。如招聘者问:“我上学那会儿某门功课学得不太好,我发现这门功课你的成绩也不太好,你能说说是什么原因吗?”对于这样的问题,如果你顺着他的思路来回答问题,那就大错特错了。因为招聘者问这种问题不是在和你套近乎,很大程度上他是在考验你面对问题时所表现出的态度:是从自身找原因,还是喜欢推卸责任?最好的处理方法是既不推卸责任,也不要一味自责,而是直面现实。

面试过程往往是应聘者与招聘者之间斗智斗勇的过程。一些招聘者可能会问一些极为刁钻的问题或是让人感到尴尬的问题,以检验应聘者的心理素质。有时他们甚至会用一个明显不友好的发问,或是用怀疑、尖锐、单刀直入的眼神,使应聘者的心理防线完全崩溃。如果这个时候你被激怒,或者完全失去了信心,那你就中了圈套了。面对招聘者的咄咄逼人,当你黔驴技穷的时候,别忘了应战绝招:微笑着面对挑战。因为一个真正的智者,无论在什么情况下,都应该永远保持智慧与谦和的微笑,也许这时胜利已经在向你招手了。

(五)考虑应聘细节,做到“八要八不要”

在实际应聘面试中要随机应变,做到“八要八不要”:

(1)不要迟到,要提前到现场。面试如果迟到,会被看做不礼貌、不会安排时间、缺乏条理;提前15分钟,似乎显得无所事事;因此提前三五分钟到达最适宜。在等待的过程中,即便是超过了预约的时间,也不宜表现出不耐烦,否则会被当作易怒暴躁的人。

(2)不要喝咖啡,要保持心情平静。咖啡虽能提神但会增加你的紧张程度,而且还易产生口臭。

(3)不要主动握手,握手要适度。当招聘者招呼你时,伸手不要过于生硬,握手不要有气无力。

(4)不要紧张,要自然大方。面试开始时,招聘者对你实际上已经有了第一印象,过分紧张是无济于事的,你可以望着对方的眉毛或鼻尖,尽可能表现得自然。

(5)不要急于问待遇,要掌握好问的时机和火候。谈论报酬,无可厚非,但要掌握时机和火候,一般是在双方已有意向时才委婉地提出。

(6)不要套近乎,要有自信心。招聘者对于过于自信或过分随意的人都不信任。

(7)话不要说得太多,但要说得得体、有分量。不要过分咨询工作时间的长短,或随意批评你的某一位同学或竞争对手。不宜开玩笑、不宜反复强调自己的应聘动机,也不要让招聘者感到无论什么条件你都要获得这个职位,这些都不利于成功。

(8)不要灰心丧气,要善于表达愿望。这一点很重要,结束面试时,别忘记向招聘者表达你希望能够被录用的愿望,在握手告辞之前,不妨问一句招聘的下一步内容是什么。

二、简历的制作

现在许多毕业生制作简历存在的"通病",就是简历写得太大众化,没有针对性。简历的制作,应针对你所应聘的用人单位的职位需要,突出自己的技能与能力。

(一)语言要言简意赅

招聘的工作人员工作量大,时间宝贵,一份简历最多停留 30 秒,因此言简意赅,流畅简练,令人一目了然的简历,是最受欢迎的,也是对求职者的工作能力最直接的反映。冗长啰嗦的简历不但让人觉得你在浪费他的时间,还能得出求职者做事不干练的结论。

(二)强调成功经验

不要平铺直叙自己过去的工作内容,一定要把自己对实习单位或者担任学生干部时对学校的贡献强调出来,短短一份"成就纪录",远胜于长长的"工作经验"。要多用论据来证明你是优秀人才,如销售类的可用数据来表现你的业绩,文职类的可以用上司对自己的评价来表现自己的写作才能或者展现你发表的文章的成果都可以证明你成功的经验。

(三)简历内容要真实

写好简历最基本的要求就是确保内容真实。有许多初次求职者,为了能让公司对自己有一个好的印象,往往会给自己的简历造假。这是最不可取的。

(四)内容应重点突出

求职者应根据企业和职位的要求,巧妙突出自己的优势,给人留下鲜明深刻的印象,但注意不能简单重复,这方面是整份简历的点睛之笔,也是最能表现个性的地方,应当深思熟虑,不落俗套,写得精彩、有说服力,而又合乎情理。

项目四　附录

任务一　招聘测试试题举例

[**例** 1]

心理测试题

这份心理测试是由中国现代心理研究所以著名的美国兰德公司(战略研究所)拟制的一套经典心理测试题为蓝本,根据中国人心理特点加以适当改造后形成的心理测试题,目前已被一些著名大公司,如联想、海尔公司作为对员工心理测试的重要辅助试卷。现在已经有人建议将来作为对公务员的必选辅助心理测试推广使用。

注意:每题只能选择一个答案,应为你第一印象的答案,把相应答案的分值加在一起即为你的得分。

1. 你更喜欢吃那种水果?

A. 草莓 2 分　　B. 苹果 3 分　　C. 西瓜 5 分

D. 菠萝 10 分　　E. 橘子 15 分

2. 你平时休闲经常去的地方

A. 郊外 2 分　　B. 电影院 3 分　　C. 公园 5 分

D. 商场 10 分　　E. 酒吧 15 分　　F. 练歌房 20 分

3. 你认为容易吸引你的人是?

A. 有才气的人 2 分　　B. 依赖你的人 3 分　　C. 优雅的人 5 分

D. 善良的人 10 分　　E. 性情豪放的人 15 分

4. 如果你可以成为一种动物,你希望自己是哪种?

A. 猫 2 分　　B. 马 3 分　　C. 大象 5 分

D. 猴子 10 分　　E. 狗 15 分　　F. 狮 20 分

5. 天气很热,你更愿意选择什么方式解暑?

A. 游泳 5 分　　B. 喝冷饮 10 分　　C. 开空调 15 分

6. 如果必须与一个你讨厌的动物或昆虫在一起生活,你能容忍哪一个?

A. 蛇 2 分　　B. 猪 5 分　　C. 老鼠 10 分

D. 苍蝇 15 分

7. 你喜欢看哪类电影、电视剧?

A. 悬疑推理类 2 分　　B. 童话神话类 3 分　　C. 自然科学类 5 分

D. 伦理道德类 10 分　　E. 战争枪战类 15 分

8. 以下哪个是你身边必带的物品?

A. 打火机 2 分　　B. 口红 2 分　　C. 记事本 3 分

D. 纸巾 5 分　　E. 手机 10 分

9. 你出行时喜欢坐什么交通工具?

A. 火车 2 分　　B. 自行车 3 分　　C. 汽车 5 分

D. 飞机 10 分　　E. 步行 15 分

10. 以下颜色你更喜欢哪种?

A. 紫 2 分　　B. 黑 3 分　　C. 蓝 5 分

D. 白 8 分　　E. 黄 12 分　　F. 红 15 分

11. 下列运动中挑选一个你最喜欢的(不一定擅长)?

A. 瑜伽 2 分　　B. 自行车 3 分　　C. 乒乓球 5 分

D. 拳击 8 分　　E. 足球 10　　F. 蹦极 15 分

12. 如果你拥有一座别墅,你认为它应当建立在哪里?

A. 湖边 2 分　　B. 草原 3 分　　C. 海边 5 分

D. 森林 10 分　　E. 城中区 15 分

13. 你更喜欢以下哪种天气现象?

A. 雪 2 分　　B. 风 3 分　　C. 雨 5 分

D. 雾 10 分　　E. 雷电 15 分

14. 你希望自己的窗口在一座 30 层大楼的第几层?

A. 七层 2 分　　B. 一层 3 分　　C. 二十三层 5 分

D. 十八层 10 分　　E. 三十层 15 分

15. 你认为自己更喜欢在以下哪一个城市中生活?

A. 丽江 1 分　　B. 拉萨 3 分　　C. 昆明 5 分

D. 西安 8 分　　E. 杭州 10 分　　F. 北京 15 分

答案:

180 分以上:意志力强,头脑冷静,有较强的领导欲,事业心强,不达目的不罢休。外表和善,内心自傲,对有利于自己的人际关系比较看重,有时显得性格急躁,咄咄逼人,得理不饶人,在不利于自己时顽强抗争,不轻易认输。思维理性,对爱情和婚姻的看法很现实,对金钱的欲望一般。

140 ~ 179 分:聪明,性格活泼,人缘,善于交朋友,心机较深。事业心强,渴望成功。思维较理性,崇尚爱情,但当爱情与婚姻发生冲突时会选择有利于自己的婚姻。金钱欲望强烈。

100 ~ 139 分:爱幻想,思维较感性,以是否与自己投缘为标准来选择朋友。性格显得较孤傲,有时较急躁,有时优柔寡断。事业心较强,喜欢有创造性的工作,不喜欢按常规办事。性格倔强,言语犀利,不善于妥协。崇尚浪漫的爱情,但想法往往不合实际。金钱欲望一般。

70 ~ 99 分:好奇心强,喜欢冒险,人缘较好。事业心一般,对待工作,随遇而安,善于妥协。善于发现有趣的事情,但耐心较差,敢于冒险,但有时较胆小。渴望浪漫的爱情,但对婚姻的要求比较现实。不善理财。

40 ~ 69 分:性情温良,重友谊,性格踏实稳重,但有时也比较狡黠。事业心一般,对本职工作能认真对待,但对自己专业以外事物没有太大兴趣,喜欢有规律的工作和生活,不喜欢冒险,家庭观念强,比较善于理财。

40 分以下:散漫,爱玩,富于幻想。聪明机灵,待人热情,爱交朋友,但对朋友没有严格的选择标准。事业心较差,更善于享受生活,意志力和耐心都较差,我行我素。有较强的异性缘,但对爱情不够坚持认真,容易妥协。没有财产观念。

[**例 2**]

性格测试题

这是一个目前很多大公司人事部门实际采用的测试。回答时要依照现在的您,不要依照过去的您。

1. 你何时感觉最好?

(a)早晨　　(b)下午及傍晚　　(c)夜里

2. 你走路时是……

(a)大步的快走　　(b)小步的快走

(c)不快,仰着头面对着世界 (d)不快,低着头

(e)很慢

3. 和人说话时,你……

(a)手臂交叠的站着 (b)双手紧握着

(c)一只手或两手放在臀部 (d)碰着或推着与你说话的人

(e)玩着你的耳朵、摸着你的下巴、或用手整理头发

4. 坐着休息时,你的……

(a)两膝盖并拢 (b)两腿交叉

(c)两腿伸直 (d)一腿卷在身下

5. 碰到你感到发笑的事时,你的反应是……

(a)一个欣赏的大笑 (b)笑着,但不大声

(c)轻声的咯咯地笑 (d)羞怯的微笑

6. 当你去一个派对或社交场合时,你……

(a)很大声地入场以引起注意 (b)安静地入场,找你认识的人

(c)非常安静地入场,尽量保持不被注意

7. 当你非常专心工作时,有人打断你,你会……

(a)欢迎他 (b)感到非常恼怒

(c)在以上两极端之间

8. 下列颜色中,你最喜欢哪一颜色?

(a)红或橘色 (b)黑色

(c)黄或浅蓝色 (d)绿色

(e)深蓝或紫色 (f)白色

(g)棕或灰色

9. 临入睡的前几分钟,你在床上的姿势是……

(a)仰躺,伸直 (b)俯躺,伸直

(c)侧躺,微卷 (d)头睡在一个手臂上

(e)被盖过头

10. 你经常梦到你在……

(a)落下 (b)打架或挣扎

(c)找东西或人 (d)飞行或漂浮

(e)你平常不做梦 (f)你的梦都是愉快的

做完了题目,现在将所有分数相加,再对照后面的分数进行分析。

1. (a) 2 (b) 4 (c) 6

2. (a) 6 (b) 4 (c) 7 (d) 2 (e) 1

3. (a) 4 (b) 2 (c) 5 (d) 7 (e) 6

4. (a) 4 (b) 6 (c) 2 (d) 1

5. (a) 6 (b) 4 (c) 3 (d) 5

6. (a) 6 (b) 4 (c) 2

7. (a) 6 (b) 2 (c) 4

8. (a) 6 (b) 7 (c) 5 (d) 4 (e) 3 (f) 2 (g) 1

9. (a) 7 (b) 6 (c) 4 (d) 2 (e) 1

10. (a) 4 (b) 2 (c) 3 (d) 5 (e) 6 (f) 1

分析：

低于21分：内向的悲观者。人们认为你是一个害羞的、神经质的、优柔寡断的，是须人照顾、永远要别人为你做决定、不想与任何事或任何人有关。他们认为你是一个杞人忧天者，一个永远看到不存在的问题人。有些人认为你令人乏味，只有那些深知你的人知道你不是这样的人。

21～30分：缺乏信心的挑剔者。你的朋友认为你勤勉刻苦、很挑剔。他们认为你是一个谨慎的、十分小心的人，一个缓慢而稳定辛勤工作的人。如果你做任何冲动的事或无准备的事，你会令他们大吃一惊。他们认为你会从各个角度仔细地检查一切之后仍经常决定不做。他们认为对你的这种反应一部分是因为你的小心的天性所引起的。

31～40分：以牙还牙的自我保护者。别人认为你是一个明智、谨慎、注重实效的人。也认为你是一个伶俐、有天赋、有才干且谦和的人。你不会很快、很容易和人成为朋友，但是一个对朋友非常忠诚的人，同时要求朋友对你也有忠诚的回报。那些真正有机会了解你的人会知道要动摇你对朋友的信任是很难的，但相等的，一旦这信任被破坏，会使你很难熬过。

41～50分：平衡的中道。别人认为你是一个新鲜的、有活力的、有魅力的、好玩的、讲究实际的、而永远有趣的人；一个经常是群众注意力的焦点，但是你是一个足够平衡的人，不至于因此而昏了头。他们也认为你亲切、和蔼、体贴、能谅解人；一个永远会使人高兴起来并会帮助别人的人。

51～60分：吸引人的冒险家。别人认为你是一个令人兴奋的、高度活泼的、相当易冲动的个性；你是一个天生的领袖、一个做决定会很快的人，虽然你的决定不总是对的。他们认为你是大胆的和冒险的，会愿意试做任何事至少一次；是一个愿意尝试机会而欣赏冒险的人。因为你散发的刺激，他们喜欢跟你在一起。

60分以上：傲慢的孤独者。别人认为对你必须“小心处理”。在别人的眼中，你是自负的、自我中心的、是个极端的有支配欲、统治欲的。别人可能钦佩你，希望能多像你一点，但不会永远相信你，会对与你更深入的来往有所踌躇或犹豫。

[**例**3]

结构化面试试题举例

一、简单寒暄

1. 您怎么过来的？交通还方便吧！

2. 从(待定)到惠州要多长时间？路途辛苦吗？

3. 以前来过惠州吗？对这里的印象如何，跟你所在的城市有何不同的感受？

4. 这几天的(或这边的)天气较(待定),您还能适应吧?

5. 您来自哪里?(简单与面试者聊聊他出身地的特点)

二、观或听

1. 衣着整齐度。

2. 精神面貌。

3. 行、坐、立动作。

4. 口头禅、礼貌用语等。

三、口头表达能力(注意语言逻辑性、用语修辞度、口头禅、语言波幅等)

1. 请您先用3~5分钟的时间介绍一下自己吧!

2. 您先说说您最近服务的这家公司(由简历而定)的基本情况吧(规模、产品、市场)!

3. 您在目前工作岗位中主要有哪些工作内容?主要的顾客有哪些?

4. 请您简要介绍一下自己的求学经历。

5. 请您简要介绍一下自己的成长历程。

四、工作经历

1. 除了简历上的工作经历,您还会去关注哪些领域(或者有没有其他潜在的兴趣,或者是否想过去尝试、从事其他的职业)?

——(若有,继续发问)您觉得这跟您目前要从事的职业有哪些利、弊关系?

——(若无,继续发问)您不觉得您的知识结构有些狭窄或兴趣较贫乏,说说未来的改善计划?

2. 您在选择工作中更看重的是什么?(可能是成长空间、培训机会、发展平台、薪酬等答案)

——(若薪酬不排在第一,可问)您可不可以说说你在薪酬方面的心理预期?(待回答完毕后,问)那您刚才的意思也可以这样理解:薪酬方面可以适当低于您的心理预期,对吗?

——(若薪酬显得不太让步,可问)有人说挣未来比挣钱更为重要,您怎样理解?

3. 您觉得您在以前类似于我司提供的这个岗位上的工作经历中,有哪些方面做得不足?

——(若答有,可问)您打算在以后的工作中采取哪些改善措施?(待回答完毕后,问)您再想想,如果到我们公司来任职还有没有补充改善措施?

——(若答无,可问)您好像不太连续去追求卓越,您认为您能胜任我们提供给您的这份工作吗?

五、兴趣爱好(知识广博度)

1. 您工作之余有哪些兴趣爱好?兴趣中有没有比较拿手的?

2. 您在大学所设的专业课中最感兴趣的是哪一门?(待回答完毕,问)谈谈您对这门课的相关看法。

3. 您是怎样理解自然科学(比如数学)与社会科学(比如政治经济学)之间的关系的,或者说两者有何异同?

4. 就您个人的理解，说说您对我们公司所处行业（电子产品制造业）的前景和生存途径。

5. 谈谈您目前想去学习或弥补的知识。

6. 如果让您重新选择一次，您对自己的专业领域会有所改变吗？

六、情绪控制力（压力承受力）

1. 我们的工作与生活历程并不是一帆风顺的，谈谈您的工作或生活或求学经历中出现的挫折或低潮期，您是如何克服的？

——（如果回答无此经历，问）您的生活是不是太过于顺畅，成长中往往伴随着失败，您觉得自己的成长来自于哪些方面？

2. 请您举一个您亲身经历的事例来说明您对困难或挫折有一定的承受力。

3. 假如你的上司是一个非常严厉、领导手腕强硬、时常给您巨大压力的人，您觉得这种领导方式对您有何利、弊？

4. 您的领导给您布置了一项您以前从未触及过的任务，您打算如何去完成它？（如果有类似的经历说说完成的经历。）

5. 您有没有过失业或暂时待业的经历，谈谈那时的生活态度和心情状态。

6. 您有没有过在感情上的失败或不顺利经历，它对您那时和现在的生活有什么样的影响？

7. 假如您喜欢上了一个人，但您对他（她）表白后遭到拒绝并说你们是不可能的，拒绝的原因是她已有男朋友，但她也并不讨厌你，接着您将采取什么行动？

8. 假如在公众场合中，有一个人有意当众揭您的短处或您的隐私，您怎样去处理？

9. 谈谈您以往职业生涯中最有压力的一两件事，并说说是如何克服的。

10. 谈谈您以往职业生涯中令您有成就感的一两件事，并说说它给您的启示。

七、上进心与自信心

1. 谈谈您求学经历中令您感到成功的事例及成功的因素。

2. 说说您对成功的看法。

3. 您认为自己有什么资格来胜任这份工作？

4. 说说您未来 3 ~ 5 年的职业定位计划。

5. 您如何看待学校的学习与工作中的学习的区别。

6. 谈谈您最近的充电经历，并说说它对您的益处。

7. 您怎样看待游戏中的输赢。

8. 谈谈您认真追求过的一件事或一个人，并说说过程和结果。

9. 有人说：满足感 ÷ 欲望 = 幸福或成功，即幸福是个人偏好的满足程度。举例来说，一个儿孙满堂、子女孝敬的老人，他认为自己与李嘉诚有同样的成功感，您怎样理解。

八、责任感与归属意识

1. 请描述一下您以往所就职公司中，您认为最适合自己的企业文化的特点。

2. 您的下属未按期完成您所布置的任务，如果您的上司责怪下来，您认为这是谁的责任，为什么？

3. 描述一下您对上司所布置任务的完成思想与过程。

4. 当您所在的集体处于竞争劣势时,您有什么想法和行动?

5. 在跨组织的任务中,往往由于涉及过多成员,最后易形成“责任者缺位”现象。如果您身处其境,会是什么心态?

6. 您每一次离职时有没有失落感? 您跟过去就职过的公司的一两个上司或同事还有联系吗? 并说说他们目前的处境。

九、管理能力

(一)领导与指挥

1. 请问您在求学经历中参加过哪些社团组织或参加过哪些公益活动,您在其中扮演什么角色?

2. 课堂上您对老师的讲解有所疑惑,您是采取何种方式去消除这种疑惑的?

3. 在长途旅行的火车或飞机上,您不认识周围的人,大家都在沉默,您是如何去适应这种陌生环境的?

4. 工作中,您发现上司的管理方式有些不妥,并且您有自己的想法,您此时如何去做?

5. 在您以往的工作中是如何去约束部属的,又是如何去调动他们的积极性的?

6. 假如您是足球队队长,而队中有两名队员有些不和,他们都是主力队员,而此时有一场重要比赛,您如何去协调和处理?

7. 您认为上司对部属做些什么更利于他们的成长?

8. 工作中,您发现自己的实施结果与事先计划出现较大的偏差,你将如何去行动?

9. 您觉得自己的个性适合井然有序的工作环境,还是灵活自如的工作环境? 或者是其他任何形式的?

10. 说说您对下属布置的任务在时间方面是如何要求的?

11. 说说您在完成上司布置的任务时,在时间方面是如何要求自己的?

(二)决策

1. 您在逛超市时,碰到了一件十分符合您审美意识的物品,尽管这件物品目前对您来说没有多大的实用价值,您此时会有什么行动?

2. 假如您现在的月收入是 3 000 元人民币,您在商场看上了一件非常符合您审美意识的西装,价格 2 800 元人民币,您倾向于怎么做?

3. 假如您目前的处境不算太好,而此时你一位十分要好的朋友跟您借相当于您 10% 的财产且归还期较长,您会如何去做?

4. 您在购买您所需要的一件重要物品时,是如何去实施的?

5. 您对一个紧急决策项目收集了八成信息,您下一步倾向于如何去做?

6. 说说您是怎样理解决策方案中的“最优”与“更优”的关系,它们对您的决策思想有怎样的影响?

(三)授权与激励

1. 假如您是部门领导,请设想您在每半月一次的会议议程中该如何去部署会更好? (可提示回答方向:是直奔主题,还是先给部属打气?)

2. 您跟您部属在一个月里业余沟通的频率是多少？您目前有几个部属？（待回答完后，问）简单说说他们各自的优缺点？

3. 您以往在领导岗位中，一个月内分别有哪些主要的工作任务？（可提示回答方向：开会、跨组织协调、日常事务管理、审核资料、策划方案、实施方案等）它们占用您的时间比例是怎样的，或者说各自的频率是怎样的？

注：

1. 本题库前八个提问项适合所有应聘者，第九项适合中层以上管理人员；

2. 本题库所涉及的每个提问项中至少要提一个问题，并对已提的问题在序号前打"√"；

3. 结构化面试时间控制在30～45分钟；

4. 结构化面试完毕后，若时间充足可进行非结构化面试（灵活提问）；

5. 面试完毕后，一定要留出5～15分钟时间给面试者提问。

任务二　求职材料范本举例

［**例1**］

背景资料：

××省物流产业集团有限公司为了抓住国务院2009年产业调整和振兴规划的机会，扩大公司业务，先后在××省人才网、××市人才网都发布了招聘员工的信息。假设你是一位物流管理专业的应届毕业生，获知该公司的招聘信息后，可拟写一封求职信。

求职信

尊敬的人事部经理：

您好！

我是×××大学物流管理专业的一名应届毕业生。近期获知贵公司正在招聘人才，我自信能胜任这一职位，所以特意写了这封信。感谢您能在百忙中翻阅我的求职信。经过四年物流专业的学习，我熟练掌握与现代物流相关的知识，并于××××年取得国家物流师职业资格证书。

四年的大学校园和社会实践生活使我不断地挑战自我、开拓创新，为实现自身价值打下了坚实的基础，在校期间得到了老师和同学们的一致肯定。作为一名物流管理专业应届毕业生，我期望从一线职位做起，把所学到的专业知识与实际工作情况相结合，快速积累最基础的工作经验。所以工作初期阶段，本人期望从事物流实际操作。

本人在校成绩最好的是物流市场营销，这是由本人的爱好所决定的，物流管理与市场营销都是我最喜欢的专业，所以我期望从事二者的结合体——物流市场营销。在大学期间，我参加过多次社会实践活动，并曾在多家公司做过兼职工作。正因为此，使我积累了丰富的实践经验，而且更加注重团队合作精神和集体观念，更加明确了我的人生目标。

我坚信，生活需要自己来描绘，不一样的方式就有不一样的人生，未来的事业更要靠自己去探索和拼搏。请您相信我对工作认真负责的态度，如果能得到您的欣赏，我将会用实际行动来回报您的信任。谢谢。

我很期望能进入贵公司,并为公司的发展贡献自己的一份力量。祝您工作顺利,身体健康。

此致

敬礼!

求职者:×××

2009年10月17日

[**例2**]

背景资料:

××经贸大学国际经济与贸易专业的学生小韩,明年即将毕业,他准备在今年秋天××人才招聘会上大展身手,下面是他的求职简历。

求职简历

[个人信息]				照片
姓　名	韩××			
民　族	汉族	政治面貌	共青团员	
户籍所在地	××市	身高	176 cm	
现居住地	××市			
[教育经历]				
学　历	本科	毕业年度	2010年	
所学专业	国际经济与贸易			
毕业院校	××财贸大学			
外语及水平	英语(四级)			
学习简历	2005.9—2009.7　××财贸大学(国际经济与贸易专业)			
[培训实习情况]				
实习经历	2009.4—2009.6 在×××外贸公司(办公室文员兼职实习) 2010.4—2010.6 在×××外贸公司(报关员实习)			
个人技能及特点	大学四年担任学习委员,善于与同学交流沟通。办事效率高,沟通能力强,工作认真负责,思想敏锐,富有年轻人独有的激情及创新,敢于迎接新挑战			
成果及获奖情况	略			
[求职意向]				
求职意向	报关员;市场/营销策划人员;行政/人事人员;文秘/高级文员			
期望工作地点	××市			
薪酬要求	1 500~2 000元	工作方式	全职	
[联系方式]				
联系电话	151××××××	住宅电话		
E-Mail	×××@163.com	个人主页		
通讯地址	××××××			

【思考题】

1. 影响招聘工作的内外部环境因素有哪些?
2. 招聘过程中有哪些测试方法?
3. 内部招聘和外部招聘的优缺点各有哪些?

案例实训题

天洪公司是一家发展中的公司,创立15年来拥有10多家连锁店。在过去的几年中,从公司外部招聘来的中高层管理人员大约有50%的人不符合岗位的要求,工作绩效明显低于公司内部提拔起来的人员。在过去的两年中,从公司外聘的中高层管理人员中有9人不是自动离职就是被解雇。

从外部招聘来的商业二部经理因年度考评不合格被免职之后,终于促使董事长召开了一个由行政副总裁、人力资源部经理出席的专题会议,共同分析这些外聘的管理人员频繁被更换的原因,并试图得出一个全面的解决方案。

首先,人力资源部经理就招聘和录用的过程作了一个回顾,公司是通过职业介绍所,或者在报纸上刊登招聘广告来获得职位候选人的。人员挑选的工作包括申请表的填写、三份测试题(一份智力测试和两份性格测试)的测试、有限的个人资历检查以及必要的面试。

行政副总裁认为,他们在录用某些职员时犯了判断上的错误,他们的履历表看上去挺不错,他们说起话来也头头是道,但是工作几个星期之后,他们的不足就明显地暴露出来了。

董事长则认为,根本的问题在于没有根据工作岗位的要求来选择适用的人才。"从表面上看,几乎所有我们录用的人都能够完成领导交办的工作,但他们很少在工作上有所作为,有所创新。"

人力资源部经理提出了自己的观点,他认为公司在招聘时过分强调人员的性格特征,并不重视应聘者过去在零售业方面的记录。例如在7名被录用的部门经理中,有4人是来自与其任职无关的行业的。

行政副总裁指出,大部分被录用的职员都有某些共同的特征。例如他们大都在30多岁,经常跳槽,多次变换自己的工作;他们都雄心勃勃,并不十分安于现状;在加入公司后,他们中的大部分人与同事关系不是很融洽,与直属下级的关系尤为不佳。

会议结束的时候,董事长对人力资源部经理提出要求:"彻底解决公司目前在人员招聘上存在的问题,采取有效措施从根本上提高公司人才招聘的质量!"

问题:

1. 天洪公司管理人员的招聘有什么问题? 造成这些问题的原因是什么?
2. 您对该公司管理人员的招聘有哪些更好、更具体的建议?
3. 请您为该公司的人员招聘制订一份较为合适的方案。

模块四 培训和开发

学习目标

【知识目标】

1. 了解员工培训和开发的背景和程序；
2. 了解进行员工培训开发需求分析的方法。

【技能目标】

1. 掌握员工培训和开发的具体步骤；
2. 培养进行员工培训开发的技能；
3. 掌握进行员工培训开发的程序和步骤。

案例导入

张经理的苦恼

H单位是一家以供电配电为主业、高度计划体制下的企业。自从1999年8月根据上级供电局的要求对人员结构从年龄、学历层次上进行调整更新之后，迫在眉睫的任务就是进一步提高员工的整体素质。前不久才上任的人力资源部经理小张深感责任重大，与其说提高员工责任素质是当务之急，还不如说这是一项长期的、带有战略性的重要举措。小张决定把他考虑的一套培训与开发计划送给单位一把手吴所长过目，争取吴所长在领导班子工作会议上决定今年与明年的培训方案。

这份培训计划送到吴所长手里后，吴所长立即召开了副所长、书记、副书记、工会主席、各部门负责人、团委书记联席会议。大家普遍认为，培训是必需的，但怎样培训，谁来培训和培训谁却要慎重考虑。

有半数以上的与会者认为本年度的步伐太快，他们倒不怕没钱投入，所里经济效益非常好，而是怕投入大量经费却收不到预期效果。再者，所里新上任的年轻干部、技术骨干平时忙得不可开交，正常的工作已经繁重不堪了，而这些培训项目似乎太多太全，他们没有足够的时间来学习，培训不能冲击主业。而包括小张经理在内的少部分与会者认为，“时间不够”只是借口，最根本的原因是思想认识与学习动力的问题，没有认识到培训对提高全所的整体素质的重要性和对单位未来发展的意义，以及对个人的价值……另外，有人认为,这样的培训是"上面要求学",主观愿望好,实际很难推动……

总体而言,对于该计划,反对者甚众,支持者不多。小张经理为自己的方案据理力争,试图说服众人,一时间会上争得不可开交。吴所长决定对此计划推迟讨论。

张经理苦等了三天,还没有得到有关领导对他的三年培训计划的反馈意见,不禁有些焦急。他想,自己在国外某大学进修管理学课程达8个月,又在上海交大学习了EMBA课程,为什么根据这些先进的教学计划、教学大纲与教材设置的培训课程得不到领导的支持呢?

小张经理陷入苦恼,他期待着找到答案……

【案例提示】

员工培训能够提高员工的职业能力,从而提高企业整体绩效,同时满足员工实现自我价值的需要,所以越来越多的企业开始关注培训、关注培训效果。为了提高培训的有效性,必须进行有效的培训需求分析,确定培训的目标,并制订合理的培训计划。

项目一　培训和开发概述

任务一　培训和开发的关系

员工培训与开发是指组织创造环境,使员工能够在这一环境中获得或学习特定的与工作要求密切相关的知识、技能、能力和态度或行为发生相对持久的变化。

培训与开发两个术语有时可以混用,但实际上两者是有差异的。培训是指企业为员工提供目前工作所需的知识和技能所设计的活动,它是以满足当前工作需要为目的的一个短期过程。开发是指企业为提高员工的知识和技能所设计的活动,但它关注的是企业未来发展的需要,为的是能使员工和企业的发展保持同步,因此开发是一个长期的过程。然而,随着人力资源管理的战略地位在企业中日益凸显,员工的培训和开发将越来越重要,培训与开发的界限已日益模糊(表4-1、表4-2)。

表4-1　培训与开发的内涵比较

维　度	培　训	开　发
关注的焦点	当前现状,短期性	未来发展,战略性
持续的时间	持续短,具有集中性和阶段性	持续长,具有分散性和长期性
目　标	为当前工作做好准备	为未来变化做好准备
参　与	强制性参与	自愿参与

表 4-2　培训与开发的对象比较

培训与开发对象	传统的	现代的
高层决策管理者	开　发	培训与开发
中层管理者	开　发	培训与开发
专业技术人员	培　训	培训与开发
基层员工	培　训	培训与开发

任务二　培训和开发需求分析

培训和开发需求分析又称需求评价，主要是分析和评估组织中存在的问题和原因，进而明确需要哪些培训、哪些人需要培训、在哪些方面需要培训，从而确定有无必要组织培训项目，为确定培训目标做好准备，有的放矢地施行培训，确保所提供培训与开发的项目内容与组织和员工所需要的东西相一致。

培训和开发需求分析对企业是否需要进行培训来说是非常重要的，它包括组织分析、任务分析与人员分析三项内容。培训需求分析是确定是否需要培训的一个过程，图 4-1 表明了培训需求分析的原因及其所产生的结果。

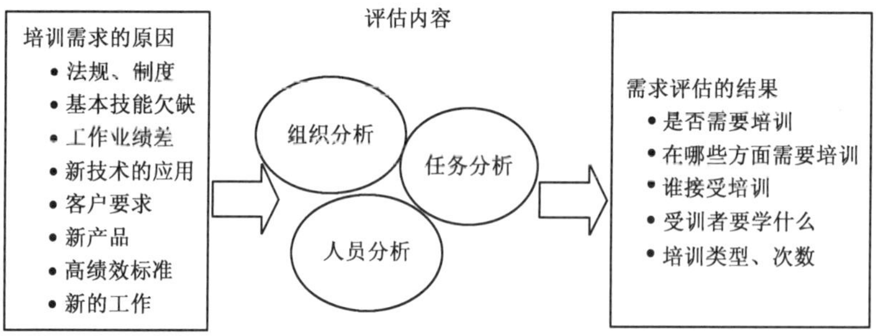

图 4-1　培训需求分析模型

一、组织分析

组织分析，即在组织的长期目标、经营战略、经营计划对员工提出新的知识和技能需求而员工素质相对不足时，决定组织中哪些岗位的员工素质相对不足以及在哪些方面素质不足的一种培训需求分析。

组织需求分析可以从两方面进行：组织的外部环境和内部环境。组织的外部环境会影响企业发展的战略和目标，组织的内部环境同样会影响企业发展的战略和目标。表 4-3 反映了企业不同经营战略与员工培训的重点。

表 4-3　不同经营战略与员工培训内容的关系

战略	管理重点	实现途径	关键工作	培训内容(或重点)
集中战略	1. 提高市场份额 2. 减少运营成本 3. 开拓市场并维持市场定位	1. 提高产品质量 2. 提高生产率或革新技术流程 3. 按需要制造产品或提供服务	1. 技术交流 2. 现有劳动力开发	1. 团队建设 2. 交叉培训 3. 特殊培训项目 4. 在职培训
内部成长战略	1. 市场开发 2. 产品开发 3. 革新 4. 合资	1. 销售现有产品/增加分销渠道 2. 拓展全球市场 3. 调整现有产品 4. 创造新的或不同的产品 5. 通过合伙发展壮大	1. 创造新的工作任务 2. 革新	1. 培养创造性思维、综合分析能力 2. 对管理者进行反馈与沟通方面的培训 3. 工作中的技术能力 4. 冲突、沟通技巧培训 5. 企业文化培训
外部成长战略	1. 横向联合 2. 纵向联合 3. 发展组合	1. 兼并处于产品市场链上相同的经营阶段的公司 2. 兼并为企业经营提供原料或购买产品的企业 3. 兼并不同领域的企业	1. 整合富余人员 2. 重组	1. 判断被兼并企业员工的能力 2. 整合培训系统 3. 培训合并公司的方法和程序 4. 新团队建设
收缩战略	1. 节约开支 2. 转产 3. 剥离 4. 债务清算	1. 降低成本 2. 减少资产 3. 创造新的利润点 4. 重新制定目标 5. 卖掉全部资产	1. 效率 2. 裁员与分流	1. 革新、目标设置、时间管理、压力管理、交叉培训 2. 领导技能培训 3. 人际交往能力培训 4. 寻找工作技能的培训

组织分析包括组织的发展目标分析、组织的人力资源需求分析、组织的培训资源分析、相对于期望的效率和质量指数评价来培训的组织环境等内容。

二、任务分析

任务分析，也称操作分析或工作活动分析，包括查看职务描述和职务说明书、确定某工作岗位的业绩产出标准、员工获得这些产出所必须完成的任务以及完成这些任务所需要的知识、技术、行为和态度等，其最终的结果是决定所培训的内容。（表 4-4）

表 4-4　销售人员的岗位说明书

岗位名称	超市理货员	岗位编号	
所属部门	超市销售部	直接上级	店长
工作摘要	1. 说明主要工作:商品管理与顾客服务		
	2. 工作关系: (1)向谁报告:工作任务与相关问题向店长汇报 (2)负责督导:无督导责任		
工作职权/职责	主要工作时间的分配比例	1. 店面商品整理与上架　35% 2. 顾客服务　30% 3. 收银机操作与结账　25% 4. 清洁工作　10%	
绩效标准	收银机结账误操作、发票误写每天不能超三次		
工作条件	工作全职/兼职:兼职 工作时间:每天 15:00～23:00 工作地点:×××超市连锁店 工作福利:享有店员购物折扣 工作薪资:15 元/天		
工作规范	工作经验:不限 教育程度:大专以上 性格特征:个性活泼开朗、有团队合作精神 工作要求:做事认真负责,能独立完成一件工作,工作勤奋,不迟到早退,主动与顾客打招呼,能微笑迎客		

以岗位说明书和工作考核情况为依据,对工作任务进行分解和分析,通过岗位资料分析和员工现状进行对比,分析寻找实际工作绩效与应有工作绩效之间的差距,得出对工作任务的培训需求。(表 4-5)

表 4-5　工作绩效差距分析汇总表

考核指标	理想绩效标准	实际完成情况	有无差距	具体差距描述
1				
2				
3				
4				
5				
…				

三、人员分析

人员分析，即分析员工的现状，主要目的是确定需要接受培训的对象和接受培训的内容。主要内容有以下四点：

(1)对员工个人绩效进行评价，分析工作绩效不令人满意的原因是否缘于员工知识、技术、能力的欠缺。

(2)分析员工职位变动后，其是否具备新职位所要求的素质，确定培训需求。

(3)分析预测员工是否能应对未来新技术的挑战，以确定培训开发需求。

(4)分析员工受训准备情况。

表 4-6 员工工作绩效差距的提问表

1	需要改进的工作是什么？
2	对改进工作的具体期望是什么？
3	谁担任该项工作？
4	问题发生在什么时候？发生在哪里？
5	问题影响如何？问题发展情况如何？
6	该项工作最好的员工与最差的员工之间有什么差别？
7	该项工作可以向哪些人进一步获取信息？
8	应当给予什么培训或组织支持？

大量研究表明，员工以及管理者对培训的支持是非常关键的。培训成功与否的关键在于受训者的上级、同事对其受训活动是否持有积极态度，并同意向受训者提供关于任何将培训所学的知识运用于工作实践中去的信息和机会。

四、培训需求分析方法

1. **观察法** 通过对员工工作过程的观察得到有关工作环境的资料，并将需求分析活动对工作的干扰降到最低；它对观察者的水平要求较高；员工的工作行为因为被观察而有一定的影响。

2. **调查问卷法** 该方法费用低廉，培训者可从大量人员那里收集到数据，易于对数据进行归纳总结；但它需要的时间长，有时会出现问卷的回收率低或答案不符合要求以及答案不够具体等问题。

3. **阅读技术手册和记录方法** 这种方法有利于收集有关工作程序信息，而且目的性强，尤其是有关新职业和在生产过程中新产生任务信息的收集；但是有时有些材料可能记录过时。

4. **访问专家** 这种方法有利于培训者发现培训需求的具体问题及其原因和解决办法；但该方法比较费时，而且分析难度大，需要访问者的水平较高才有效。因此，培训者应综合运用多种方法进行培训需求分析。

任务三 学习理论在培训开发中的应用

了解成人学习的一般特征,研究掌握成人学习理论,并进行合理的培训组织,对提高员工培训效果是大有裨益的,这样才能帮助员工充分发挥自己的全部潜能,提高组织绩效。

1975年,美国著名学者诺尔斯创建了成人教育学理论。自此以后,成人学习理论获得长足的发展,并且在许多国家和地区的众多领域,尤其是在企业的人力资源管理与开发中得到广泛的实践,取得了很好的效果。

国内外许多专家对成人学习原理进行了研究。美国管理学家汤姆·戈特博士在其著作《第一次做培训者》中,总结了关于成人学习的16条原理。该理论的具体内容如下:

1. **成人是通过干而学的** 通过动手干具体的工作,不但能给学员留下深刻的感性认识,还能激发学员的学习积极性。

2. **运用实例** 成人学习总是习惯于利用熟悉的参考框架来促进当前的学习。

3. **成人是通过与原有知识的联系、比较来学习的** 成人倾向于集中注意那些他们了解最多的东西,因而应多利用成人丰富的背景和经验来影响学习。

4. **在非正式的环境氛围中进行培训** 这点是提醒培训组织者设法使学员在心情轻松的环境下接受训练,避免严肃古板的气氛。

5. **增添多样性** 在培训中,通过灵活改变进度、培训方式、教具或培训环境等方式帮助学员增加学习兴趣,取得良好的培训效果。

6. **消除恐惧心理** 反馈结果最好通过非正式渠道传递,以减轻学员担心学习成绩和个人前途的恐惧心理。

7. **做一个推动学习的促进者** 成人学习要避免单项讲授,灵活有效的培训方式能大大促进学习的进程。

8. **确定学习目标** 有了明确的目标,学员才能经常注意自己是否走在成功的道路上。

9. **反复实践,熟能生巧** 实践是帮助学员完成规定学习目标的有效手段。

10. **引导启发式的学习** 通过启发式的教学,使学生主动投入到学习中,进而完成任务,这才是培训所期望的最终效果。

11. **给予信息反馈** 及时的学习信息反馈会成为学员积极学习的动力。

12. **循序渐进,交叉训练** 某一阶段的学习成果在另一阶段中得以应用和加强,可使学员的能力逐步得到加强和提高。

13. **培训活动紧扣学习目标** 紧扣学习目标将使培训中的所有活动沿着预期的轨道进行。

14. **良好的初始印象能吸引学员的注意力** 培训初始给学员的印象非常重要,好的开始能引起学员的充分重视,从而影响培训效果。

15. **要有激情** 一个充满激情的培训师能感染学员,引导他们投入学习的角色中。

16. **重复学习,加深记忆** 这是遵循重复记忆的原理,最好通过不同的方式重复所学内容三次,以加深认识。

这些原理被许多企业所应用,并经实践证明其能有效促进培训工作取得成功。

从以上成人学习原理中,我们得知成人学习有如下特点:

(1)成人在接受学习任务之前要知道他们学习的原因;

(2)成人有对自己的决定和自己的生活负责的自我概念,有强烈的自我指导式学习的心理愿望;

(3)成人带有大量的、不同的个人经验,因为成人的工作实践及生活经历使其积累了一定的生活经验和社会阅历,已有的知识、经验是其继续学习的基础和依托;

(4)成人总是准备学习能够解决其现实生活中具体问题的东西,是问题中心、任务中心或生活中心的学习;

(5)成人学习的内在激励因子是自身的成长和发展;

(6)成人具有强烈的参与学习意识,乐于参与对话式教育、互动式学习,在培训中通过交流与沟通,实现经验的分享、知识的建构;

(7)成人需要在一个安全的、被接纳的、具有支持力的环境中学习,他们与培训者之间是一种合作关系。

大量的成人公共管理培训实践表明,成年人的学习是学习者对自己经验主动改造的过程,学习者各有自己的学习方式,教学过程必须与之相适应,甚至成人培训的后勤管理也应适应成年人学习特点的需要。

项目二　培训和开发项目的设计与实施

任务一　培训和开发项目设计的模型

有效的培训和开发系统是员工培训工作的重要保障,因此要精心设计员工培训系统。员工的培训系统包括培训需求的确定、培训目标的设置、培训方法、培训的实施、培训成果的转化及培训评价和反馈等几个环节(图4-2)。

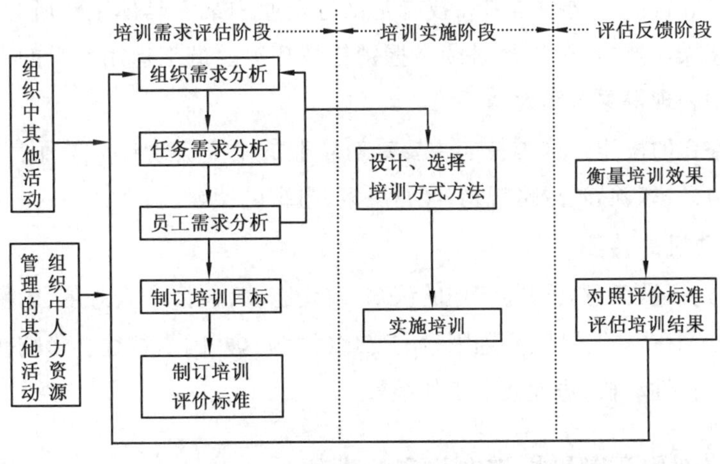

图4-2　培训和开发项目设计模型

任务二 培训和开发项目目标的确立

经过培训和开发需求分析,明确培训和开发需求之后,即可确定培训目标和计划。培训目标的确定为培训提供了方向和框架,培训和开发项目的制订则可使培训目标变为现实。企业根据培训需求,结合本企业的战略目标制订培训和开发的项目。培训和开发的项目主要包括设定培训目标,确定培训人员、培训方法和形式以及培训预算等。

每个培训开发项目都应当确定自身的切实可行的总体目标和具体目标。有了建立在培训需求分析基础上的培训目标,才能为培训计划提供方向、指针、构架和信息输入,才能将对象、内容、时间方法和教师等要素有机结合,还能为衡量培训效果提供评估依据。

一、培训和开发项目的目标及内容类别

培训和开发的主要目标在于提高绩效。企业在制订培训计划时,必须明确通过培训企业所期望达到的效果。企业的培训目标可以分为三大类:

(一)提高员工在企业中的角色意识

只有当员工完全融入企业,才能充分履行其职能,这点对于新员工尤为重要。如何使新员工尽快熟悉企业的各个方面,消除陌生感,以一种良好的方式开始工作,在企业与员工之间建立默契与承诺,决定了新员工导向培训在企业培训工作中的重要作用。

(二)获得知识,提高技能

通过培训,提高员工在工作中必需的知识、技能水平。这些知识与技能分为以下几种:

1. **基本知识,如语言、数学等** 对某些工作而言,这些知识是必需的,如对会计工作来说,必须掌握一定的数学知识。

2. **人际关系技能** 这些技能主要指工作中普遍需求的技术与技能,如沟通技巧、合作能力等。

3. **专项知识和技能** 这些知识和技能是做好企业中某一具体工作所必需的,如机床工必须掌握机床操作技能,销售员必须掌握销售技巧等。员工运用所学的专项知识和技能在实际工作中表现得更有绩效。

4. **高层次整合的技能** 这类技能主要针对企业的中高级管理人员而言,要求其能适应复杂变化的情景,如领导、战略规划、经营决策、组织设计等。

(三)态度动机的转变

通过培训,提高员工对公司与工作的认知,改变态度,包括个人态度、动机、忍耐力、价值观和顾客定位等在内的情感、心理因素的变化(因为这些因素往往会影响或决定个人的行为意志),形成良性动机,进而改善工作绩效。

二、设置培训和开发目标需要注意的事项

(1)设置培训和开发目标要与组织宗旨相统一,要与组织资源、员工基础、培训条件相

协调，要尽可能量化、细致化并实现可行。应当注意的是，设置目标需同组织长远目标相吻合，并且一次培训的目标不宜过多。

(2)设置培训和开发目标要有一个合理的期限，还要考虑到是否有足够的时间让员工完成实践，达到这些目标。目标不宜过大，可将其分解成几个小目标，以使其在不同的培训课程中实现。

任务三　培训和开发项目的实施：师资、场地、资金、过程管理

一、培训和开发的师资

(一)培训师资的来源

培训师资的来源一般有两个渠道：一是外部渠道，一是内部渠道。从这两个渠道选择培训师资各有利弊，表4-7就是对各自利弊的一个简单比较。

表4-7　两种不同渠道培训师资比较表

渠　道	优　点	缺　点
外部渠道	• 培训老师比较专业，具有丰富的培训经验 • 没有什么束缚，可以带来新的观点和理念 • 与企业没有直接关系，员工比较容易接受	• 费用比较高 • 对企业不了解，培训的内容可能不实用 • 责任心可能不强
内部渠道	• 对企业情况比较了解，培训更有针对性 • 责任心比较强 • 费用较低 • 可以与受训人员进行更好的交流	• 可能缺乏培训经验 • 受企业现有状况的影响比较大，思路可能没有创新 • 员工对培训老师的接受程度可能比较低

由于从这两种渠道选择培训师资都存在着一定的风险，因此企业应当根据培训的内容、培训的对象等具体情况来选择恰当的培训者。现在，也有很多企业将这两种方法结合起来使用，具体做法就是从外部长期聘用固定的培训师资或培训顾问，这样就在一定程度上弥补了从单一渠道选择培训师资的缺陷。

(二)对培训师资的要求

企业在选择培训师资时，应当从以下几个方面来对培训者进行考察：

(1)深厚的理论知识、过硬的教学经验和实战经验；

(2)激励他人的能力；

(3)卓越的沟通能力；

(4)诊断问题并找出解决方法的能力。

二、培训和开发的场地

培训场地的选择，最主要取决于培训的方式，应当有利于培训的有效实施。例如，如

果采取授课法,就应当在教室进行;如果采取讨论法,就应当在会议室进行;而如果采取游戏法,则应当选择有活动空间的地方。此外,培训地点的选择,还应当考虑培训的人数、培训的成本等因素。同时,培训的场地要适应成人学习的特点,需要具备良好的培训环境。如大小适中的房间,强弱适中的光线,冷暖适中的温度,舒适的、易移动的坐椅,数量充足、易移动的桌子,有用的茶点、休息的空间。总之,选择和准备培训场所应以培训效果为目的。

三、培训和开发中的资金

培训资金的投入对企业竞争力的形成和增长更具有明显的效果,无论是美国、日本还是欧洲的企业发展都证明了这一点。在当代世界,“投资于培训”已成为许多大企业和公司的战略共识和投资重点,许多国际著名企业,如摩托罗拉、通用电器、麦当劳、海尔等都建立了自己的培训大学。

大量资金的投入,不仅改善了培训的硬件设施和条件,诸如培训的设备、工具、场地、环境等,使员工在参加培训时更能够集中精力、更加有效,而且可以引进国外、国内先进的培训课程、软件和教材以及管理方法,引进和吸引高水平的讲师和管理人才,不断提升培训的品质和管理水平,为企业的发展提供源源不断的动力。

四、培训和开发的过程管理

在培训开发工作的组织管理过程中,培训开发部门的管理责任和任务是制定支持经营战略达成的培训开发战略;分析和明确公司各类职位、各级各类人员的培训开发需要;形成如何满足这些需要的建议和计划;制订企业年度培训计划,并检查执行情况;制订年度培训开发预算,并定期汇报费用使用情况;明确外部培训开发资源;实施各类培训开发计划;提供帮助和指导;与人力资源部门合作,搞好职工培训开发的档案管理;维护训练场地和设施,充分开发与利用各类培训开发资源。

管理层在培训开发管理过程中的责任是关注下属员工的职业生涯发展,给员工提供发展能力的机会。

项目三 培训和开发方法的选择

要使员工培训更为有效,适当的培训方法是必要的。培训方法大致可分为三类:演示法、专家传授法和团队建设法。下面介绍各种培训方法及其优缺点和适应范围,为培训者提供设计和选择培训方法的建议。

任务一 演示法

演示法是指将受训者作为信息的被动接受者的一些培训方法,主要包括传统的讲座法、远程学习法及视听法。

一、讲座法

讲座法是指培训者用语言表达其传授给受训者的内容，这是员工培训中最普遍的方法。讲座法的成本最低、最节省时间；有利于系统地讲解和接受知识，易于掌握和控制培训进度；有利于更深入地理解难度大的内容；而且可同时对许多人进行教育培训。

二、远程学习法

远程学习通常被一些地域上较为分散的企业用来向员工提供关于新产品、企业政策或程序、技能培训以及专家讲座等方面的信息。远程学习包括电话会议、电视会议、电子文件会议以及利用个人电脑进行培训。

三、视听法

视听教学法是利用幻灯、电影、录像、录音等视听教材进行培训。录像是最常用的培训方法之一，被广泛运用在提高员工沟通技能、面谈技能、客户服务技能等方面。

任务二　专家传授法

专家传授法是一种要求受训者积极参与学习的培训方法。这种方法有利于开发受训者的特定技能，并将理解技能和行为应用于工作当中，使受训者亲身经历一次工作任务完成的全过程。下面分别介绍几种主要的方法。

一、在职培训

在职培训是指新员工或没有经验的员工通过观察并效仿同事及管理人员执行工作时的行为而进行的学习。在职培训在材料、培训人员工资或指导上投入的时间或资金相对较少，因此是一种很受欢迎的方法。在职培训的方法多种多样，主要有学徒制与自我指导培训法两种。

（一）学徒制

学徒制是一种既有在职培训又有课堂培训，且兼顾工作与学习的培训方法。该方法是选择一名有经验的员工对受训者进行关键行为的示范、实践、反馈和强化，以达到培训的目的，这些受训者被称为“学徒”。一些技能行业，如管道维修业、电工行业、砖瓦匠业等企业多采用“师带徒”的方法。

（二）自我指导培训法

自我指导培训法指受训者不需要指导者，而是按自己的进度学习预定的培训内容，即员工自己全权负责的学习方法。培训者不控制或指导学习过程，只负责评价受训者的学习情况及解答其所提出的问题。

二、情景模拟法

情景模拟是一种代表现实中真实生活情况的培训方法，受训者的决策结果可反映如果其在被“模拟”的工作岗位上工作会发生的真实情况,该方法常被用来传授生产、加工技能及管理和人际关系技能。该培训方法的有效性关键在于,模拟器对受训者在实际工作中使用设备时遇到的情形的仿真程度,即模拟器应与工作环境的因素相同,其反应也要与设备在受训者给定条件下的反应完全一致。

三、商业游戏

商业游戏是指受训者在一些仿照商业竞争规则的情景下收集信息并将其进行分析、作出决策的过程,它主要用于管理技能开发的培训中。参与者在游戏中所作决策的类型涉及各个方面的管理活动,包括劳工关系(如集体谈判合同的达成)、市场营销(如新产品的定价)、财务预算(如购买新技术所需的资金筹集)等。

四、个案研究法

个案研究法是将实际发生过或正在发生的客观存在的真实情景,用一定视听媒介,如文字、录音、录像等方式描述出来,让受训者进行分析思考,学会诊断和解决问题以及决策。它特别适应于开发高级智力技能,如分析、综合及评价能力。

五、角色扮演

角色扮演法是设定一个最接近现状的培训环境,指定受训者所扮演的角色,借助角色的演练来理解角色的内容,从而提高积极地面对现实和解决问题的能力。角色扮演有助于训练基本技能,有利于培养工作中所需素质和技能,有利于受训者态度、仪容和言谈举止的改善与提高。

六、互联网培训

互联网是一种广泛使用的通信工具,既是一种快速廉价收发信息的方法,也是一种获取和分配资源的方式。

任务三　团体建设法

团队建设法是用以提高团队或群体成员的技能和团队有效性的培训方法,它注重团队技能的提高以保证进行有效的团队合作。这种培训包括对团队功能的感受、知觉、信念的检验与讨论,并制订计划以将培训中所学内容应用于工作当中的团队绩效上。团队建设法包括团队培训和行为学习两种。

一、团队培训

团队培训是通过协调在一起工作的不同个人的绩效从而实现共同目标的方法。团队培训方法多种多样,可以利用讲座或录像向受训者传授沟通技能,也可通过角色扮演或仿真模拟给受训者提供讲座中强调的沟通性技能的实践机会。团队培训的主要内容是知识、态度和行为。团队行为是指团队成员必须采取可以让他们进行沟通、协调、适应且能完成任务以实现其目标的行动。

二、行动学习

行动学习即给团队或工作群体一个实际工作中所面临的问题，让团队队员合作解决并制订出行动计划，再由他们负责实施该计划的培训方式。一般来说，行动学习由6～30个员工组成，其中包括顾客和经销商。团队构成有许多构成形式：第一种构成是将一位需要解决问题的顾客吸引到团队中；第二种构成是群体中包括牵涉同一个问题的各个部门的代表；第三种构成是群体中的成员来自多个职能部门又都有各自的问题，并且每个人都希望解决各自问题。

以上介绍的各种方法其适应范围、培训效果等均有所不同，作为管理者或培训者，在实际工作中如何选择正确的、有效的培训方法显得至关重要。

项目四　培训和开发的类型、规划制定的步骤与方法

任务一　培训和开发的类型

培训和开发的分类分为以下几种：

（1）按时间期限划分，可分为长期培训和短期培训。长期培训一般计划性较强，有较强的目的性。

（2）按培训和开发的方式划分，可分为在职培训和脱产培训两种。

（3）按培训和开发的体系划分，可分为组织内培训体系和组织外培训体系两种。

①组织内培训体系包括基础培训、适用性培训、日常培训、个别培训和目标培训等；

②组织外培训体系如果按教育机构划分，可分为三类：

- 全日制的大中专院校和成人高等院校；
- 地方政府和行政部门举办的教育培训机构；
- 社会力量办学。

任务二　培训和开发规划制定的步骤与方法

企业培训和开发涉及多项工作和多种知识、技能，它们之间有着密切的关系，对任何一项活动的遗漏都会使整个培训工作出现薄弱环节。因此，培训和开发规划的制定是个复杂的过程。

一般来说，一个比较完备的培训和开发规划应当包括七个方面的内容，即培训的目标、培训的内容、培训的对象、培训者、培训的时间、培训的地点以及培训的实施、培训的方式方法和培训的费用。

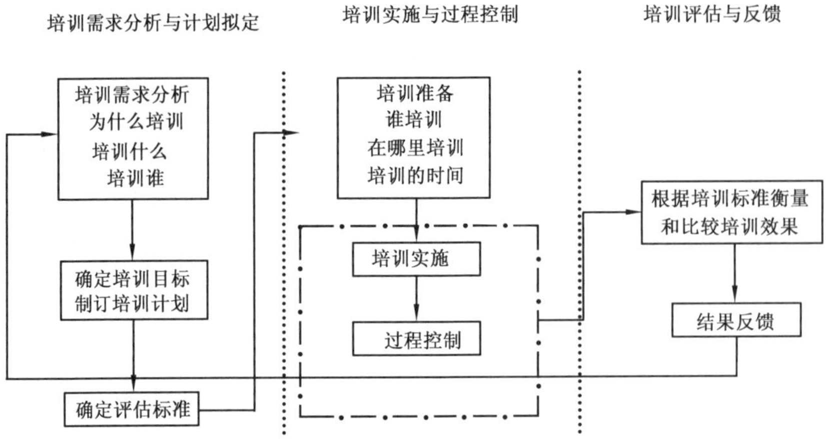

图 4-3 培训和开发规划步骤图

项目五 培训和开发效果评估

任务一 培训和开发效果评估

培训和开发效果评估是指针对特定的培训开发计划,系统地搜集资料,并给予适当的评价,以作为筛选、采用或修改培训开发计划等决策判断的基础。

培训和开发效果评估是一个收集培训成果以衡量培训是否有效的过程,包括事前评估与事后评估。事前评估是指改进培训过程的评估,即获得定性数据,如对培训计划的看法、信任和感觉等信息,如何使计划更理想的信息。事后评估指用以衡量受训者参加培训计划后的改变程度的评估,即受训者是否掌握了培训目标中确定的知识、技能、态度、行为方式或是其他成果,事后评估还包括对公司从计划中获取的货币收益(也称作投资回报)的测量。事后评估通常应用测试、行为打分或绩效的客观评价标准,如销售额、事故发生次数或开发专利项目来评价。

任务二 培训和开发效果评估方法

培训和开发效果评估量化是一项十分复杂的工程。通过对培训效果的具体测定与量比,可以了解员工培训所产生的收益,把握企业的投资回报率;也可以对企业的培训决策及培训工作的改善提供依据,从而更好地进行员工培训与开发。

一、培训和开发效果测定

关于培训和开发效果的测定问题,有不少学者对其进行了研究。美国著名学者 D. L. 柯克帕特里克教授提出的四层次评价标准框架体系就是其中一种(表 4-8)。该体系认为培训效果测定可分成四个层次:第一是反应层次测评,即测定受训者对培训项目的反应。

如果受训者对所学内容不感兴趣就不会认真学习，培训效果也不会好。表4-9就是一份培训效果评估反馈例表，用来对培训对象进行反应层面的评估，以便评估该培训在培训对象中的接受程度。第二是学习层次测评，即测定受训者对所学的内容掌握的程度。第三是行为层次测评，即测定受训者在参训后，与工作相关的行为发生了哪些变化。如果受训者把学到的知识运用于工作中，提出更多的合理化建议，改进了工作方法，工作效率明显提高，就说明培训是有效的。第四是结果层次测评，即有多少与成本有关的行为后果，通过评价企业业绩提高程度，评测培训的影响力。

表4-8　柯克帕特里克的四层次评价标准框架

层　次	标　准	重　点
1	反　应	受训者满意程度
2	学　习	知识、技能、态度、行为方式方面的收获
3	行　为	工作中行为的改进
4	结　果	受训者获得的经营业绩

表4-9　培训和开发效果评估反馈表

说明：我们希望通过此评估，了解您在此次培训过程中体验到的一切，以此作为日后培训工作的参考和借鉴。我们珍视您的每一项意见，衷心感谢您的合作，并请您详细填写。以下每项评估的问题均分为五个等级，对应分值为0～10分，请您根据实际培训情况在相应的空格里打"√"即可。

一、参训人员基本信息：

姓　名(可不填写)：__________

产业公司：__________　　　　部　门：__________

岗　位：__________　培训课程：__________　培训时间：__________

培训地点：__________　培训机构：__________　培训讲师：__________

二、评估：依据此表格进行评估：

评估项目	评估内容	评分等级	最低分特征	最低得分	最高分特征	最高得分
课程评估	课程组织及教材准备	□10分　□8分 □6分　□3分 □0分	组织凌乱、教材基本没有		组织有序教材充分	
	课程内容深度	□10分　□8分 □6分　□3分 □0分	课程太浅没用或太深根本无法接受		课程深浅度适中	
	课程内容专业性、实用性	□10分　□8分 □6分　□3分 □0分	专业性不贴切，与工作毫无关系，未来也不会相关		专业性强、与工作紧密相关	
	课程内容时间安排	□10分　□8分 □6分　□3分 □0分	时间太短/太长		时间适中	

续表

评估项目	评估内容	评分等级	最低分特征	最低得分	最高分特征	最高得分
讲师评估	讲师的授课态度	□10 分 □8 分 □6 分 □3 分 □0 分	敷衍,不够认真、仔细		认真仔细,有耐心	
	讲师的语言表达能力	□10 分 □8 分 □6 分 □3 分 □0 分	根本无法听明白		表达清晰易懂	
	讲师的授课思路	□10 分 □8 分 □6 分 □3 分 □0 分	思路混乱,没有条理		思路清晰,条理顺畅	
	沟通及激发学员参与	□10 分 □8 分 □6 分 □3 分 □0 分	没有沟通,无法激发学员参与		沟通能力很强,学员踊跃参与	
	讲师的仪容仪表	□10 分 □8 分 □6 分 □3 分 □0 分	不修边幅,不尊重学员		仪容仪表良好,举止得体,尊重学员	
总体评价		□10 分 □8 分 □6 分 □3 分 □0 分	课程组织/课程内容/讲授过程无法接受,对我没有任何帮助		课程组织、课程内容及讲授过程全部接受,对我有很大帮助	
合 计						

三、您通过此次培训最大的收获是什么?

四、培训结束后您会针对工作做何种改进?改进工作何时开展?(至少一项)

五、您认为此次培训有哪些需要改进的地方?

二、培训和开发效果测定方法

投资回报率是一个重要的培训成果量化指标。下面介绍员工培训的成本收益分析方法,即通过财务会计方法决定培训项目的经济收益的过程。要确定培训的经济收益就是要确定培训的成本和收益。

(一)确定成本

培训成本包括直接成本与间接成本。可根据企业员工培训系统模型,对培训的不同阶段(培训项目设计、实施、需求分析、开发和评价)所需的设备、设施、人员和材料的成本进行核算。这种方法有助于比较不同培训项目成本的总体差异;还可以将培训不同阶段所发生的成本用于项目间的比较。另外可用会计方法计算成本。一般的,员工培训共有以下费用需要计算(表4-10)。

表4-10　员工培训成本构成表

费用类型	项目名称	内　容
直接成本	薪金、福利	受训者、培训者、顾问、培训方案设计者的工资、奖金、福利等
	材料费	向教师与学员提供的原材料费用及其他培训用品
	设备、硬件费	培训过程中使用教室、设备和硬件的租赁费或购置费
	差旅费	教师与学员及培训部门管理人员的交通、住宿费及其他差旅费
	外聘教师费	从企业外部聘请教师所支付的授课费、差旅费与住宿费
	项目开发或购买	员工培训项目的开发成本或购买的员工培训项目
间接成本	设施费	一般性的办公用品、办公设施、设备以及相关费用
	薪　资	培训部门管理人员与工作人员的薪资以及支持性管理人员和一般人员薪资
	培训部门管理费	培训部门组织实施培训计划所发生的费用
	间接费	学员参加培训而损失的生产费(或当受训者接受培训时代替其工作的临时工成本)
其他费		无法计入培训项目的差旅费及其他费用

(二)确定收益

企业应分析培训的原因,如培训是为了降低生产成本或额外成本等。有许多方法可以确定收益:一是运用技术、研究及实践与特定培训计划有关的收益。二是在公司大规模投入资源前,通过实验性培训评价一部分受训者所获得的收益;还可以通过对成功的工作者的观察,确定其与不成功工作者绩效的差别。

成本—收益分析还有其他的方法。如效用分析法,即根据受训者与未受培训者之间的工作绩效差异、受训者人数、培训项目对绩效影响的时间段,以及未受培训者绩效的变化来确定培训的价值。这种方法需利用培训前测与后测方案。还有一种是经济分析,即对培训为企业或政府带来经济效益而进行的评价。主要通过计算直接和间接成本、政府对培训的奖励津贴、培训后受训者工资的提高、税率和折扣率进行评价。

项目六 附录:培训和开发的规划书与协议书举例

附录1

××公司中青年经营管理人员工商管理培训和开发规划书

一、培训目标

“十五”期间,企业经营管理人员工商管理培训,要认真贯彻党的十四届三中全会和十五届四中、五中全会精神,按照中央《2001—2005年全国干部教育培训规划》(中发〔2001〕4号)和《“十五”期间全国企业经营管理人员培训纲要》的要求,全面落实国务院批转的《国有大中型企业建立现代企业制度和加强管理的基本规范》和WTO基本规则的有关内容。通过培训,改变企业经营管理人员的知识结构、能力指向,使之能驾驭企业在市场竞争中立于不败之地。

二、培训对象

××股份有限公司人事部选派的中青年经营管理人员。

三、学制与学时

采取半脱产培训的方式。学习时间约5个月。每周学习一天半,培训课程共12门,并设有关专题,总计200学时左右。

四、课程设置和讲师

根据国家经贸委“十五”期间工商管理培训指导性教学方案,结合××××股份有限公司的具体情况,开设相关课程,具体情况见下表:

工商管理培训课程设置

序 号	课程名称	课 时	考核形式	讲 师
1	管理经济学	20	考试	
2	公司组织与流程再造	16	考查	
3	营销管理与市场策划	16	考查	
4	企业经营战略	16	考查	
5	财务报表信息分析与应用	20	考查	
6	财务管理	16	考试	
7	组织行为	16	考查	
8	人力资源开发与绩效评估	16	考试	
9	经济法与现代企业制度	12	考试	
10	生产与运行管理	16	考查	
11	企业国际化经营	16	考查	
12	企业文化与公共关系	16	考查	
13	WTO专题	12		
合 计		208		

五、教学方式

(一)坚持理论联系实际,注重学以致用的原则。

(二)运用案例教学、研讨交流等方式,突出重视实际操作能力的培养。

六、考核办法

(一)严格考核制度。12 门课程的考核形式分两种:考试、考查(其中 4 门为考试课,8 门为考查课)。

(二)考试课程的成绩评定,采用四级记分:优、良、及格、不及格。考查课程的成绩评分,采用两级记分:合格、不合格。

(三)课程缺课时数超过总课时的 1/2 者,应予重修。

(四)考核不及格(或不合格)者,准予补考一次。

七、结业与发证

(一)学员修完教学计划规定的全部课程,经考核全部课程成绩合格,即为结业。结业学员,由本院发给国家经贸委统一印制的"工商管理培训证书",作为任用企业领导人员的重要依据之一。

(二)学习期间,每个学员要作学习鉴定,填写"企业领导人员工商管理培训登记表",送企业(存入本人档案)和企业上级组织人事部门和有关人才库。

八、培训费用

每人学费 1 200 元,教材资料证书费 300 元,合计培训费 1 500 元。

九、时间安排和上课地点

(一)定于××××年××月××日开学至××月××日结束。逢周三下午、周六全天上课。

(二)上课地点:××市××街××号。

××企业管理顾问工作室

××××年××月××日

附录 2

V 天津市大海实业发展有限公司培训协议书

为了提高员工基本素质及职业技能,公司鼓励并支持员工参加职业培训。为确保员工圆满完成培训学业,并按时返回公司工作,公司与受训员工订立如下协议:

甲方:天津市大海实业发展有限公司

乙方:____________________　身份证号码:____________________

甲乙双方依据平等自愿的原则,达成以下培训协议,本协议与劳动合同具有同等法律作用。

一、甲方的权利与义务:

1. 根据乙方自愿申请或公司相关部门的推荐,甲方同意乙方参加由甲方组织的培训学习。

2. 本次培训甲方为乙方提供培训学习费用预算__________元人民币(大写)(费用包括入学报名费、学费、实验费、书杂费、实习费、资料费及人事部认可的其他费用)。

3. 培训期间,甲方按照现有工资标准发放乙方工资。

4. 甲方为乙方提供参加培训必要的条件。

二、乙方的责任与义务:

1. 乙方自愿参加由甲方组织的培训学习,自愿接受甲方所提供的条件与费用,并遵守本协议的所有内容及甲方的培训管理制度。

2. 培训期间,乙方需努力掌握培训的相关知识并达到培训目标的要求,作好认真详细的记录。

3. 培训期间,乙方必须服从培训组织领导的工作、学习安排,遵守公司、主办单位及委托培训单位的各项管理制度、积极维护公司的形象和利益。如果由于自己不慎或故意行为导致公司利益受损的,所有赔偿均由乙方承担。

4. 乙方参加培训完成后,必须服从甲方的安排,并到指定的工作岗位上工作。

5. 乙方需严格遵守公司的保密制度,培训期间的所有技术资料均交由公司人力资源部保存。

三、甲乙双方其他约定:

1. 乙方在接受甲方组织安排的进修培训、职业资格考试后,其在公司的服务期限应按如下约定实施执行:

(1)脱产培训3个月以上及关键岗位技术证书的员工,服务期为2年;参加职业资格考试并获得证书的员工,服务期限为1年。

(2)接受培训但成绩不合格或参加职业资格考试但没有获得证书,乙方需半额补偿甲方支出的培训费用。

(3)在接受培训的过程中,乙方提出离职或中止培训,乙方需全额补偿甲方支出的培训费用。

(4)乙方在约定服务期限内辞职、解除劳动合同的,均应全额补偿甲方支付的培训费用。

2. 乙方在培训结束后,且在约定的服务期限内,不得以任何借口拒绝为甲方服务,如因个人特殊原因,按照培训制度予以处理。

3. 乙方在培训期间,如出现违反有关规定,未能通过培训考核或达到培训要求,或因自己原因中途退出培训等情况的,所发生的费用均由乙方自己承担。

4. 乙方在培训结束后,且在约定服务期限内,由于自身原因,违反公司管理制度,由甲方解除劳动合同的,乙方需全额补偿甲方支出的培训费用。

5. 乙方在培训结束后,在服务期限内自愿为公司服务,超过服务期限,乙方有权选择留职或离开公司,并不需补偿甲方支出的培训费用。

6. 乙方在培训结束后,有义务将接受的涉及部门管理及专业知识的培训内容在本部门内部实施再培训加强部门的梯队建设。

7. 未尽事宜，由双方协商解决。

8. 本协议一式两份，甲乙双方各执一份，协议自签订之日起生效。

甲方（签字或盖章）：　　　　　　　　乙方（签字或盖章）：

______年______月______日　　　　　　______年______月______日

【思考题】

1. 什么是员工的培训与开发？它们有何异同？

2. 员工培训的内容有哪些？

3. 员工培训的方法有哪些？各有何优缺点？

4. 在实施员工培训过程中，应重点做好哪些方面的工作？

案例实训题

R集团公司是一家生产电动控制和通讯设备的大型企业，主要由电动控制子公司和通讯设备子公司组成，集团公司总部设在北京。公司共有12 000多名员工，其中有约一半人在总部工作，其他员工服务于公司设在深圳、海口、烟台和丹东的大型工厂。此外，由于部分设备销往国外，该公司在古巴和澳大利亚墨尔本还设有服务机构。集团公司对员工培训和开发工作一直很重视，不过公司过去的培训形式比较单一，都以课堂教学方式进行，主讲人员是公司内部的12名培训师。公司在培训方面遇到的一个大问题是不在总部的员工很难有机会参加这些培训。同年，还有28%的人在报名参加培训后却因培训时间与业务工作冲突而取消了培训。为了能使更多的人接受培训，集团公司负责员工学习和发展的部门开始考虑增加与外部培训机构的合作，并且在培训方法上进行改革。培训部门通过考察外企成熟的培训经验，建立了自己的培训流程，并借鉴了业界最流行的培训项目，课程和师资也开始正规化管理。一段时间后，培训的反响却并不理想：公司的培训投入太大；参训人员普遍感觉现场培训效果较好，但是实际能力却不见提高；也有员工反映培训学到的东西和业务联系不大，很少有应用的机会甚至根本无处可用；另外，一些员工总是对公司提供的培训提不起兴趣，认为公司组织培训完全是出于公司的利益考虑，对个人能力提升和职业发展帮助不大。

问题：

1. R公司的培训开发体系为什么没能取得所期待的效果？

2. 问题的根源在哪里？

3. 请你为该公司的制订一份培训开发的计划？

模块五　绩效评估和管理

20 世纪 70 年代后期，企业管理的研究者们在探索提升企业竞争能力的一系列实践中发现：仅仅靠组织结构调整和人员匹配分析并不能够真正地改善组织绩效的水平，所有的绩效源泉都指向了人——企业中最重要的资源。如何有效地开发人力资源、提升绩效能力、优化团队协作进而实现组织的战略目标成为人力资源管理理论和实践研究的新课题。绩效评估和管理的理论和方法正是在这样的背景中产生和发展的。

项目一　绩效管理与评估：概念、关系及先期环节

学习目标

【知识目标】

1. 了解绩效、绩效评估及绩效管理的相关概念；
2. 理解绩效管理与绩效评估的区别与联系；
3. 熟悉绩效管理的循环及流程的各个环节。

【能力目标】

1. 理解绩效管理在人力资源管理中的地位及其与人力资源管理其他工作的关系；
2. 熟悉绩效管理的循环及流程各环节的工作内容；
3. 能够开展绩效计划及绩效实施工作。

案例导入

李强是某公司公认的销售状元，凭着自己的勤奋，他从一般的销售人员晋升到客户经理、办事处副主任，最后成为华东地区办事处一把手，看起来李强的发展顺风顺水。不过，最近他异常烦恼，因为公司年度销售统计表显示全公司 7 个办事处，除自己负责的办事处外，其他办事处的销售绩效全面看涨，唯独自己办事处的业绩曲线呈波动下降趋势。回想一年来自己身先士卒，亲率 20 名下属努力奋战，把最困难的片区留给自己，经常给下属传授经验可到头来事与愿违，李强非常失望。

更让他烦心的是公司年中才开始推行的“绩效管理”工作到年末了也要提交相应的评估结果。李强对此颇有意见:“天天讲管理,天天谈管理,市场还做不做。管理是为市场服务,不以市场为主,这管理还有什么意义。又是规范化,又是考核,办事处哪有精力去抓市场。考来考去,考的主管精疲力竭,考的员工垂头丧气,销售怎么可能不下滑。不过,还得要应付,否则,公司一个大帽子扣过来,自己吃不了还得兜着走。”因此,李强只是通过内部电子流系统给每位员工发送了一份评估表,要求他们尽快完成自评工作。同时自己根据员工一年来的总体表现,利用排队法将所有员工进行了排序。排序是件非常伤脑筋的工作,时间过去那么久了,下属又那么多,自己不可能一一都那么了解,谁好谁坏确实有些难以区分。不过,好在公司没有什么特别的比例控制,特别好与特别差的,自己还是可以把握的。排完队,员工的自评差不多也结束了,李强随机选取5名下属进行了短暂的绩效沟通。OK,公司要求的程序一个也没少,问题总算解决了,绩效评估又是遥远的下个年度的事情了,每个人又回到“现实工作”中去。

【案例提示】

1. 这样的绩效评估能够准确衡量绩效吗?为什么?
2. 案例中李强的工作流程算不算是绩效管理?
3. 你认为绩效管理对于员工、部门、组织具有怎样的意义?

任务一 了解绩效、绩效管理与评估的概念

一、绩效的含义

传统意义而言,绩效也称业绩或效绩,反映的是人们从事某一种活动所产生的成绩获成果。但随着管理实践的深度和广度的增加,人们对绩效认知的立场和角度的改变,绩效的概念和内涵也出现了多元化的解析。目前在理解绩效的内涵上主要有三种观点:结果论、过程论和潜能论。这些观点的差异主要在于对绩效认知的关注点不同,而更为重要的是由此带来的在实践应用领域的不同界定。绩效是一个多义的概念,是员工自身的多种素质因素在特定条件下,通过行为过程转化而来的综合反映,也是员工的工作任务、工作技能、工作态度和工作环境、工作条件等因素相互作用的结果。

二、绩效评估的含义

绩效考核(Performance Appraisal)通常也称为业绩考评或“考绩”,它是考核主体根据岗位工作说明书和绩效考核标准,运用各种科学的方法,针对企业中每个员工所承担的工作、行为的实际效果及其对企业的贡献或价值进行周期性的考核和评价。它是对员工的绩效、能力、岗位适应度、任务完成情况、员工发展情况等进行全面评估,并将评定结果反馈给员工的过程。

一般而言,员工绩效考核要从员工工作的数量和质量两个方面进行系统的描述,它涉及观察、判断、反馈、度量、组织介入以及人们的情感等因素,因此,是一个复杂的过程。另外,无论组织和个人都必须以系统和发展的眼光来理解绩效考核,应综合时间、结果、行为方式(过程)的三维要素综合考虑,如果只从一个层面静止地、孤立地、直线地去考察,就会忽略对个人、团队和组织绩效的起伏变化的波动性特征的认识和把握。

三、绩效管理的含义

就本质而言,绩效管理是理念和思想的统一,它应该贯穿于整个管理流程的所有环节,渗透到企业管理的各个方面,包括企业战略、人力资源管理、企业文化、统计与控制等,因此要全面准确地定义绩效管理是不容易的。从人力资源管理的角度而言,绩效管理是指通过持续开放的监控和沟通过程来开发团队和个体的潜能,从而实现组织目标所预期的利益和产出的管理思想和具有战略意义的、整合的管理流程及方法。

任务二　理解绩效管理与评估的区别与联系

系统的绩效管理理论认为,人力资源绩效管理是由绩效计划、绩效追踪、绩效考核、绩效反馈和绩效考核结果的应用五个相互联系、相互依存的部分组成的循环系统。显然,绩效评估只是这一系统中的一个环节。绩效评估是事后评估工作的结果,而绩效管理是事前计划、事中管理和事后评估所形成的三位一体的系统,对企业的人力资源管理而言,二者是不能等同和替代的。绩效评估成功与否不仅取决于评估本身,很大程度上还取决于与评估相关联的整个绩效管理过程。有效的绩效评估有赖于整个绩效管理活动的成功开展,而成功的绩效管理也需要有有效的绩效评估来支撑。

对于传统的绩效评估而言,企业人力资源管理的目的往往关注于通过一系列制度、指标和标准来评判不同员工的劳动支出、努力程度和贡献份额,有针对性地支付薪酬、给予奖励,最大限度地利用人力资源来实现组织目标。而对于完整地绩效管理过程而言,这样的认识是片面的。由于人们经常将绩效评估从完整的绩效管理中割裂开来,从而会误导绩效管理的目的。绩效管理的目的包括三个方面,即战略目的、管理目的和开发目的。一个有效的绩效管理系统首先要根据公司的战略目标制定各部门和员工的目标,成为落实公司战略的手段。其次,绩效管理系统应贯彻指导、评估、区分、激励、沟通等管理措施,使管理有效。最后,绩效管理应着眼于人力资源的开发,使员工持续成长,绩效持续改善。

任务三　理解绩效管理在人力资源管理中的地位

图 5-1 清晰地展示了绩效管理体系与人力资源管理体系的关系。

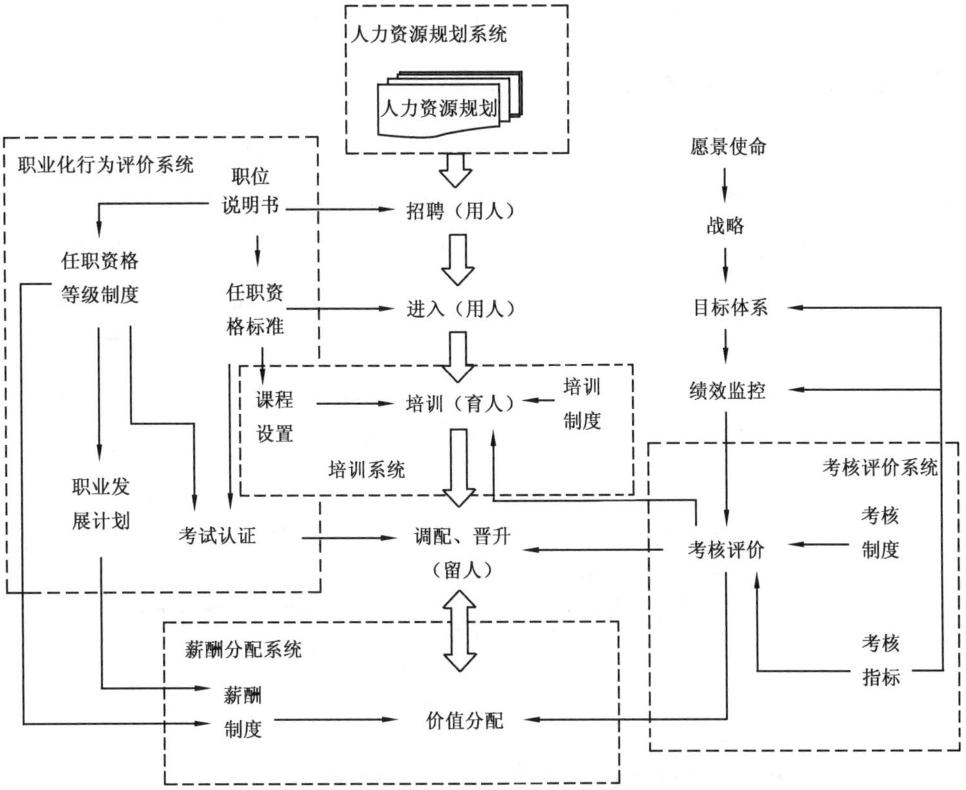

图 5-1　绩效管理体系与人力资源管理体系关系图①

一、绩效管理在人力资源管理中的地位

由上图可以清晰地看到，企业战略要借助于人力资源管理中的各个系统和环节来具体实施。战略的实现，需要企业招聘到需要的人，把他们安排到合适的岗位上去，并按他们的工作表现来分配报酬从而激励他们更加有效地工作。因此，绩效管理在企业的人力资源管理这个有机系统中占据着核心的地位，发挥着重要的作用，并与人力资源管理系统中的其他模块实现了很好的对接。

二、绩效管理与人力资源管理其他工作的关系

企业的人力资源管理体系基本上包括人力资源规划系统、职业化行为评估系统、培训开发系统、考核评估系统、薪酬分配系统。从绩效的角度去理解人力资源管理，人力资源管理实际上需要完成两个任务：第一，使企业员工具有创造高绩效的能力。对员工的选拔、培训就是在完成这个任务。第二，使企业员工处于高绩效的状态。对员工的激励、控制、培训、创造员工满意度等都是在完成这一任务。绩效管理体系与人力资源管理体系在考核评估环节发生交叉。应该说，两者存在着非常紧密的关系。

总体来说，绩效管理涉及人力资源管理的各个方面，包含了大量的管理技巧，企业人

---

① 彭剑峰. 人力资源管理概论[M]. 上海：复旦大学出版社，2003(11)：32.

力资源管理最终要致力于提高员工的绩效水平和管理员工的绩效能力。

任务四　熟悉绩效管理的循环流程

绩效管理通常被看作是一个循环系统,其基本流程包括绩效计划、绩效实施、绩效评估、绩效反馈和评估结果应用五个环节,它们相互联系,相互促进,进而实现组织整体绩效的提升。通常绩效管理循环系统始于组织战略目标的分解,达成绩效计划;在组织运转过程中,绩效实施保障计划的落实;通过绩效评估反映目标的实现程度;反馈是绩效提升的关键环节;最后,应用绩效结果改善组织的整体管理水平和发展状况。(图5-2)

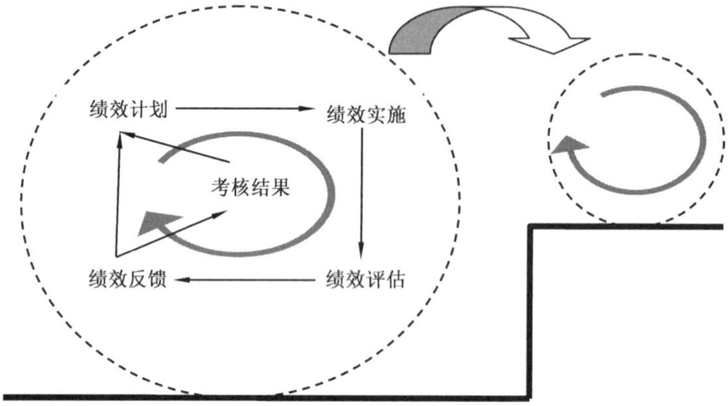

图5-2　绩效管理系统循环图①

一、绩效计划

制订绩效计划的主要依据是工作目标和工作职责。在绩效计划阶段,管理者和被管理者之间需要在对被管理者绩效的期望问题上达成共识。在共识的基础上,被管理者对自己的工作目标做出承诺。绩效管理是一项协作性活动,由工作执行者和管理者共同承担。绩效管理的过程是连续的过程,而不是在一年内只进行一两次的活动。

二、绩效实施与管理

制订了绩效计划之后,被评估者就开始按照计划开展工作。在工作的过程中,管理者要对被评估者的工作进行指导和监督,对发现的问题及时予以解决,并对绩效计划进行调整。绩效计划并不是在制订了之后就一成不变,随着工作的开展会根据实际情况不断调整。在整个绩效期间内,都需要管理才能不断地对员工进行指导和反馈。

三、绩效评估

在绩效考评结束的时候,依据预先制订好的计划,主管人员对下属的绩效目标完成情况进行评估。绩效评估的依据就是在绩效考评开始时双方达成一致意见的关键绩效指

① 根据林筠所著《绩效管理》,西安交通大学出版社出版,2006年第9页图1-3改编而成。

标，同时，在绩效实施与管理过程中，所收集到的能够说明被评估者绩效表现的数据和事实，可以作为判断被评估者是否达到关键绩效指标要求的证据。

四、绩效反馈面谈

绩效管理的过程并不是绩效评估时打出一个分数就结束了，主管人员还需要与下属进行一次面对面的交谈。通过绩效反馈面谈，使下属了解主管对自己的期望，了解自己的绩效，认识自己有待改进的方面。同时，下属也可以提出自己在完成绩效目标中遇到的困难，请求上司的指导。

五、评估结果应用

绩效评估结果的应用范围很广，可以供管理人员为人力资源管理的决策提供信息，还可以用于员工个人在绩效改进、职业生涯发展方面提供借鉴。我们可以把它们分成"管理应用"和"开发应用"。管理应用，指的就是将绩效考核的结果应用于人力资源管理中计划、招聘、甄选、薪酬、晋升、调配、辞退等各项具体的人力资源决策中；开发应用，考虑的是绩效考核可以提供员工优劣势的信息，据此帮助员工识别如何在现有的岗位上提高其工作业绩，如何加强员工的学习和开发，以及为员工的职业生涯设计提供建议等。

任务五　掌握绩效计划的工作内容与方法

绩效计划是管理者和员工合作，对员工在下一年应该履行的工作职责、各项任务的重要性等级和授权水平、绩效的衡量、经理提供的帮助、可能遇到的障碍及解决的办法等一系列问题进行探讨，并达成共识的过程。绩效计划是绩效管理的第一个环节，它是绩效管理过程的起点，是一个确定组织对员工的绩效期望并得到员工认可的过程。

制订员工绩效计划的过程强调评估者和被评估者（各级员工和直接上级）之间进行充分沟通，明确关键绩效指标、工作目标及相应的权重，参照过去的绩效表现及公司当年的业务目标设定每个关键绩效指标的目标指标及挑战指标，并以此作为决定被评估人浮动薪酬、奖惩、升迁的基础。同时，绩效计划还帮助员工设定一定的能力发展计划，以保证员工绩效目标的实现。

需要注意的是，绩效评估指标的权重是绩效指标体系的重要组成部分，通过对每个被评估者职位性质、工作特点及对经营业务的控制和影响等因素的分析，确定每类及每项指标、工作目标设定整体及其中各项在整个指标体系中的重要程度，赋予相应的权重，以达到考核的科学合理。

绩效计划可以有多种形式，表 5-1 是其中常见的一种被称之为绩效合约的绩效计划。

表 5-1 营销经理绩效协议示例

受约人:张三 职 位:营销经理		发约人:王五 职 位:公司总经理		合同有效期: 2007.1.1—2007.12.31		
指标类型	绩效标准	单 位	权 重	绩效目标	实际完成值	得 分
财务/效益	净营运资产贡献率 责任成本 欠费率	% 万元 %	15% 25% 10%	根据上下级沟通的实际情况而定		
服务/经营	客户满意度 大客户收入/总收入	评分 %	15% 10%			
学习成长	核心员工管理 劳动生产率	人 万元/人	10% 15%			
扣分指标	重大投诉 安全生产	件 件	扣分 扣分			
受约人签名:				发约人签名:		

任务六 掌握绩效实施的工作内容与方法

绩效实施过程主要包括两方面的内容,一个是绩效沟通,另一个是员工数据、资料、信息的收集与分析。绩效管理的循环从绩效计划开始,以绩效反馈和面谈导入下一个绩效周期。在这个过程中,决定绩效管理方法有效与否的就是处于计划与评估之间的环节——持续的绩效沟通和绩效信息的收集与分析。

一、持续的绩效沟通

持续的绩效沟通就是管理者和员工共同工作,以分享有关信息的过程,这些信息包括工作进展情况、潜在的障碍和问题、可能的解决措施以及管理者如何才能帮助员工等。持续绩效沟通的目的是使一个绩效周期里的每一个人,无论是管理者或是员工,都可以随时获得有关改善工作的信息,并就随时出现的变化达成新的承诺。

(一)绩效沟通包括的内容

工作的进展情况包括:员工和团队是否在正确的达成目标和绩效标准的轨道上运行?如果有偏离方向的趋势,应该采取什么样的行动扭转这种局面?哪些方面的工作进行得好,哪些方面遇到了困难或障碍?面对目前得情境,要对工作目标和达成目标的行动作出哪些调整?管理人员可以采取哪些行为来支持员工?

(二)持续绩效沟通的方式

绩效沟通的方式包括书面报告、定期面谈、管理者参与的小组会议或团队会议、非正式沟通。表 5-2 列出了不同沟通方式的优缺点。

表 5-2　不同沟通方式的优缺点

沟通方式	优　点	缺　点
书面报告	1. 节约了管理者的时间 2. 解决了管理者和员工不在同一地点的问题 3. 培养员工边工作边总结,进行系统思考 4. 培养员工的书面表达能力可以在短时间内收集大量的信息	1. 信息单向流动,从员工到管理者容易流于形式,使员工厌烦写报告 2. 适用性有限,不适合以团队为工作基础的组织,信息不能共享
定期面谈	1. 沟通程度较深 2. 可以对某些不便公开的事情进行沟通 3. 员工容易对管理者产生亲近感,气氛融洽 4. 管理者可以及时对员工提出问题进行回答和解释,沟通障碍少	面谈容易带有个人感情色彩,难以进行团队间的沟通
团队会议	1. 便于团队沟通 2. 缩短了信息传递的时间和环节	1. 费时长,难以取得时间上的统一性 2. 有些问题难以在公开场合进行讨论,容易流于形式,走过场 3. 大家对会议的需求不同,对信息会有选择性的过滤
非正式沟通	1. 形式多样,时间地点灵活 2. 及时解决问题,办事效率高 3. 提高员工满意度,起到很好的激励作用 4. 增强员工与管理者之间的亲近感,利于沟通	1. 缺乏正式沟通的严肃性 2. 并非所有情况都可采用非正式沟通

任何一种沟通方式都有其优点和局限性,因此中小企业在选择自己的沟通方式的时候要因地制宜,以最大限度地发挥沟通的效果为原则,采取多种形式的沟通,达到考核者与被考核者充分的交流,实现提高被考核者绩效的目的。

二、信息的收集与分析

信息的收集与分析是绩效管理的必要条件,没有准确必要的信息就无法使整个绩效管理循环不断进行下去,并对组织产生良好的影响。它是一种有组织的、系统的收集有关员工、工作活动和组织绩效的方法。

(一)收集信息的内容

需要收集的信息包括:目标和标准达到(或未达到)的情况,员工因工作或其他行为受到的表扬和批评情况,证明工作绩效突出或低下所需要的具体证据,对你和员工找到的问题(或成绩)原因有帮助的其他数据,你同员工的绩效问题进行谈话的记录,问题严重时还应让员工签字。

(二)收集信息的渠道和方法

信息的收集可以是企业中的所有员工。通过员工自身的汇报和总结,同事的共事与观察,上级的检查和记录,下级的反映和评估。总之,如果一个企业的信息渠道畅通,信息来源全面,那么该企业的绩效考核就更客观,绩效管理就更有效。

【知识链接】

1. 绩效,单纯从语言学的角度来看,绩效包含有成绩和效益的意思。用在经济管理活动方面,是指社会经济管理活动的结果和成效;用在人力资源管理方面,是指主体行为或者结果中的投入产出比;用在公共部门中来衡量政府活动的效果,是一个包含多元目标在内的概念。

2. 绩效评估应遵循与企业文化和管理理念相一致、有侧重且不评估无关内容的原则。

3. 随着人力资源管理理论的拓展及绩效考核技术的发展,对于"绩效"之一概念的理解和认识也出现了多角度和多层次的趋势,图 5-3 所显示的模型主要是基于以空间结构和时间结构为依据分解的绩效概念来构建的绩效考核系统模型。

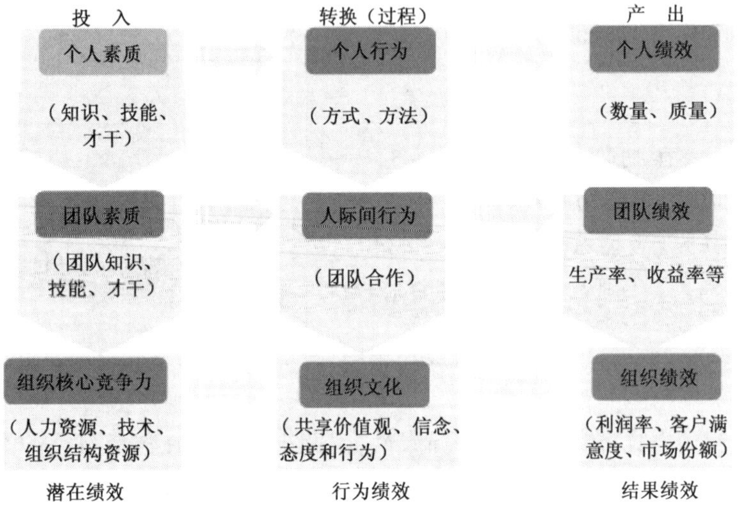

图 5-3 基于绩效结构的绩效评估模型

能力训练

1. 阅读下面的案例,分析 M 的绩效管理工作中存在的问题。

M 是某企业财务部门的主管,今天他终于费尽心思地完成了对下属人员的绩效评估并准备把评估表格交给人力资源部。绩效评估表格标明了工作的数量和质量以及合作态度等情况,表中的每一个特征,都分为五等:优秀、良好、一般、及格和不及格。

所有的职工都完成了本职工作。除了 O 和 N,大部分还顺利完成了 M 交给的额外工作。考虑到 O 和 N 是新员工,他们两人的额外工作量又偏多,M 给所有员工的工作量都打了"优秀"。F 曾经对 G 做出的一个决定表示过不同意见,在"合作态度"一栏,F 被记为"一般",因为意见分歧只是工作方式的问题,所以 M 没有在表格的评估栏上记录。另外,

H 家庭比较困难，M 就有意识地提高了对他的评估，他想通过这种方式让 H 多拿绩效工资，把帮助落到实处。此外，B 的工作质量不好，也就是迄到及格，但为了避免难堪，M 把他的评估提到"一般"。这样，员工的评估分布于"优秀"、"良好"、"一般"，就没有"及格"和"不及格"了。M 觉得这样做，可以使员工不至于因发现绩效评估低而产生不满；同时，上级评估时，自己的下级工作做得好，对自己的绩效评估，成绩也差不了。

2. 表 5-3 为"阳光送水店"的职位设置及其绩效评估指标。请从绩效管理的角度分析该店在岗位设置、人员职责、工作流程等人力资源管理中可能存在的问题。

表 5-3 "阳光送水店"的职位设置及其绩效评估指标

职　位	关键绩效指标
接线员	需求信息准确性
调度员	车辆效率　送水及时性
送水员	车辆效率　送水及时性　客户满意度
业务员	新客户开发　客户满意度　回款

【思考题】

1. 分析不同组织环境中不同职位应使用的绩效观。
2. 哪些因素可能会影响员工的绩效？请举例说明。
3. 完整的绩效管理系统设计流程有哪些特点？
4. 为成功推进绩效管理系统应注意哪些问题？
5. 简述绩效管理在人力资源管理系统中的地位与作用。
6. 举例说明绩效管理结果作为人力资源管理活动的参照效标作用。
7. 谁将参与到绩效计划的制订过程中？他们分别扮演了什么角色？
8. 设定绩效目标时，要考虑哪些方面的因素？
9. 绩效沟通包括哪些内容？分别可以实现什么功能？
10. 收集绩效信息的渠道有哪些？他们分别可以提供何种信息？

项目二　绩效评估的内容和方法

学习目标

【知识目标】

1. 了解绩效评估的内容及基本原则；
2. 了解绩效评估的主体及其特点；
3. 熟悉常见的绩效评估方法。

【能力目标】

1. 正确地运用绩效评估的基本原则；
2. 根据绩效评估的内容选择合适的评估指标；
3. 能正确地选择和运用常见的绩效评估方法。

案例导入

ABC 公司在高速发展的同时，十分注重管理水平的提升。该公司近期计划对中层干部进行绩效评估，于是仿照同行业领先的企业建立了一套员工绩效管理制度，这套制度目前正在试运行，并计划根据员工反馈进行修正，形成新的方案。这套方案是细化传统的德能勤绩几项指标，同时突出工作业绩的一套考核办法。其设计的重点是将德能勤绩几个方面内容细化延展成考核的 10 项指标，并把每个指标都量化出 5 个等级，同时定性描述等级定义，考核时只需将被考核人实际行为与描述相对应，就可按照对应成绩累计相加得出考核成绩，这套方法操作起来简单易行。(表 5-4、表 5-5)

表 5-4 中层管理人员考核要素与权重

序号	考核要项	满分权重
1	政治思想素质	10
2	品德素质	10
3	专业能力与学识水平	10
4	事业心与责任感	10
5	工作业绩	18
6	工作效率	10
7	组织与协调能力	12
8	创新能力	10
9	口头与书面表达能力	5
10	团队协作能力	5

表 5-5 具体考核标准量表(摘选)

6. 工作效率				
10 分	8 分	6 分	4 分	2 分
守时惜时，处理事务迅速，准确，效率高	处理事务比较迅速，工作效率高	工作有时需要催促，工作效率一般	工作效率较低	工作中办事拖拉，经常需要催促，工作效率低
8. 创新能力				
10 分	8 分	6 分	4 分	2 分
善于创新，勇于探索，改革设想的实践效果显著	尚能创新和探索，实践效果不显著	有一定的创新意识，但缺乏改革实践	思想比较保守，工作安于现状	思想保守，工作因循守旧

但人力资源部经理在考核中也发现了一个奇怪的现象:原先工作比较出色和积极的职工考核成绩却常常排在多数人后面,一些工作业绩并不出色的人和错误较多的人却都排在前面。还有就是一些管理干部对考核结果大排队的方法不理解并有抵触心理。

【案例提示】

1. 你认为业绩出色的人评估成绩排序落后的原因是什么?

2. 你认为 ABC 公司的绩效考核指标内容有哪些问题?

3. 结合企业实际,用什么样的评估形式来评估干部更科学?

任务一　明确绩效评估的内容

绩效评估内容体现了企业对员工的基本要求。评估内容是否科学、合理,直接影响到绩效评估的质量。由于绩效的多因性导致绩效的量度内容也颇为复杂。通常多数企业从以下四个方面进行绩效评估。

一、行为评估

工作行为评估主要是对员工在工作中表现出的相关行为进行考核和评估,衡量其行为是否符合企业规范和要求。

二、业绩评估

工作业绩评估是对企业人员工作的结果或履行职务的结果的考核与评估。它是对企业员工贡献程度的衡量,是所有工作绩效评估中最本质的评估,直接体现出员工在企业中的价值大小。

三、能力评估

能力评估是评估员工中职务工作中发挥出来的能力。根据被评估者在工作中表现出来的能力,参照标准或要求,对被评估者所担当的职务与其能力是否匹配进行评定。

四、工作态度的评估

工作态度评估是对员工在工作中的努力程度的评估,即对其工作积极性的衡量。不同的工作态度将产生不同的工作结果。

在进行工作绩效评估时,应注意客观性评估和主观性评估的结合,硬指标和软指标的结合,这样才能全面公正地评估员工的工作绩效。

任务二　确定绩效评估的主体

组织在进行绩效评估体系设计时将什么人作为评估主体将对被评估员工的行为起到引导作用。一般情况下,绩效评估系统中可能的评估主体有上级管理者、同事、员工本人、下属以及顾客、供应商等组织外部的人员。

一、上级

员工直属上级通常是最熟悉下属工作情况的人，而且他们对评估的内容通常比较熟悉，因此，上级评估方式在实践中被广泛应用。对于直接管理者而言，绩效评估为他们提供了一个引导和监督员工行为的手段，从而帮助他们促进部门或团队工作顺利进行。

二、同事

同事在绩效评估过程中与上级管理者往往有不同的看待角度，而这种角度对于全方位地评估一个人的绩效是非常有价值的。同事评估可以作为上级管理者评估的有效补充。

三、被评估者本人

如果员工理解了他们所期望取得的目标以及将来评估他们所采用的标准，则他们在很大程度上处于评估自己业绩的最佳位置。自我评估最好用于绩效反馈阶段的前期，以帮助员工思考一下他们自己的绩效，从而将绩效面谈集中在上级和下级之间存在的分歧的地方。

四、下级

作为被监督者，下属是最有权利评估他们的上级管理者是如何对待他们的。一般而言，下级评估法主要有利于提高管理者的管理技巧，而不是为了对实际的工作业绩进行评估。

五、顾客

员工所从事的工作需要直接为顾客提供服务，或者需要为客户联系在公司内部所需要的其他服务。这样，顾客评估就成为公司的市场营销战备与人力资源活动及政策联系在一些的服务工具。

六、外部的顾问及专家

外界专家或顾问有考绩方面的专门技术与经验，理论修养也深；而且他们在公司中无个人瓜葛，较易做到公允，在各部门所用的考绩方法与标准是一致的，具有可比性，而且较为合理。只是成本较高，而且他们对所考核的专业可能不内行。

七、360 度评估

360 度绩效评估法是让多位不同的评估者（上级、同事、下属、顾客、供应商、外聘专家、公众）对一位人员的绩效进行评估。表 5-6 展示了一份为 360 度反馈系统设计的评估问卷中所含有的技能和问题类型。在这张表中,"就信息和想法进行沟通"是对管理者的行为进行评估的一个维度。通常情况下,评估者要对被评估者的每一项特定内容方面的优秀程度做出评估。

表 5-6　从一个 360 度反馈系统中选取的维度及内容

就信息与想法进行沟通
此人有效地说服了一位有抵触心理的听众
此人善于在公共场所进行演说
此人善于向他人传递信息
此人有着良好的写作能力
此人能够撰写出通俗易懂的备忘录

有效的 360 度评估系统往往表现出以下几个方面的特征:所提供的评估是可靠的并且是一致的;评估者的机密性得以维护;被评估的行为或技能都是与工作相关的;系统很容易被使用;被评估者不仅能够得到信息反馈而且能够根据反馈采取行动。

任务三　掌握常见的绩效评估方法

根据目前所出现的评估技术的系统性,可以将评估方法分为系统性评估技术和非系统性的评估技术。关于个体绩效评估的非系统性技术非常多,在这里,我们仅把一些常用的方法汇总如下:

一、比较法

所谓的比较法就是对评估对象进行相互比较,从而决定其工作绩效的相对水平。比较法通常是对一个人的绩效进行某种全面的评估,并设法对在同一个工作群体中工作的所有人排定一个顺序。常见的比较法又分为排序法、配对比较法及强制分布法。

(一)排序法

排序法,亦称排列法、排队法、排名法。顾名思义,就是将员工按工作绩效从好到坏的顺序进行排列,从而得出评估结论的方法。排序法主要有两种类型:

1. 简单排序法　又称直接排序法,评估者经过通盘考虑后,以自己对评估对象的工作业绩的整体印象为依据进行评估,要求管理者将本部门的所有雇员从绩效最高者到绩效最低者进行排序(表 5-7)。

表 5-7　简单排序法

顺序	等　级	员工姓名
1	最好	张三
2	较好	李四
3	好	王二
4	差	赵一

2. 交替排序法 亦称为个体排序法、排队法，是根据绩效评估的要素对员工从绩效最好的人到绩效最差的人进行排序。通常来说，从被考核者中看挑出最好的和最差的，要比绝对地对他们绩效进行评估要容易得多。交替排序法是一种运用得非常普遍的工作绩效评估方法。其操作方法是：①将需要进行评估的所有被评估者名单列举出来，然后将不是很熟悉因而无法对其进行评估的人名字划去；②在被评估的某个方面，挑出最好的和最差的；③在剩下的被考核者中再挑出次好的和次差的。依此类推，直到所有必须被评估的对象都被排列在表格中为止（表 5-8）。

表 5-8 交替排序法

顺序	等　级	员工姓名	顺序	等　级	员工姓名
1	最好	张 × ×	3	差	钱 × ×
2	较好	王 × ×	2	较差	孙 × ×
3	一般	赵 × ×	1	最差	李 × ×

排序法能够有效地避免宽大化倾向、中心化倾向以及严格化倾向。但这种方法主观性过强，随着性强，评估结果容易引起争议。尤其，当几个人的绩效水平相近时，难以进行排列，容易发生晕轮效应。

（二）配对比较法

配对比较法是由排序法衍生而来的。它的操作程序是要求管理者将所有评估对象进行相互比较，根据比较结果排出名次。如表 5-9 所示，其中标明所预备评估的员工的姓名。当评估不是针对整体印象而是某个确定的评估要素时还要注明所要评估的要素。表中，“0”表示两者绩效水平一致，“ + ”表示横栏上的人比纵栏上的人绩效水平高，“ - ”的含义与“ + ”相反。将每一名员工得到的“ + ”相加。得到的“ + ”越多，对该员工的评估越高。

表 5-9 配对比较法

	赵	钱	孙	李	王
赵	0	+	+	-	-
钱	-	0	-	-	-
孙	-	+	0	+	-
李	+	+	-	0	+
王	+	+	+	-	0
对比结果	中	最好	中	差	差

配对比较法能够有效地避免宽大化倾向、中心化倾向和严格化倾向，设计和使用均比较容易。但这种方法依然具有主观性过强的缺点。没有明确的评估指标和评估尺度，当

评估对象差异较小时很难加以区分，并且不适合人数较多时采用。

（三）强制分布法

强制分布法也称硬性分布法或强迫分配法。假设员工的工作行为和工作绩效整体呈正态分布，那么按照正态分布的规律，员工的工作行为和工作绩效好、中、差的分布存在一定的比例关系，在中间的员工应该最多，好的、差的是少数。强制分布法就是按照一定的百分比，将被评估的员工强制分配到各个类别中。表 5-10 所示的例子就是某公司将部门绩效和员工个人绩效结合在一起，将员工分别放入每一不同绩效类别之中去的。

表 5-10　根据部门绩效确定目标员工的绩效等级分布

	部门绩效评估等级					
员工绩效评估等级	等级类型	卓越（%）	优秀（%）	高标准（%）	有改进余地（%）	无法接受（%）
前 5%	相对	8	6	5	2	1
前 20%	相对	20	17	15	12	10
突出	绝对	71	75	75	78	79
很好	绝对					
好	绝对					
最差的 5%	相对	1	2	5	8	10
无法接受	绝对					

采用这种方法，可以避免评估者过分严厉或过分宽容的情况发生，这样克服了平均主义。当然，如果员工的能力呈偏态分布，该方法就不适合了。强制分布法只能把员工分为有限的几种类别，难以具体比较员工类别，也不能在诊断工作问题时提供准确可靠的信息。

二、关键事件法

关键事件法也称重要事件法。利用一些从一线管理者或员工那里收集到的有关工作表现的特别事例进行评估。在某些工作领域内，员工在完成工作任务过程中，有效的工作行为则导致了成功，无效的工作行为则导致失败。关键事件法的设计者将这些有效或无效的工作行为称之为“关键事件”，评估者要记录和观察这些关键事件，因为他们通常描述了员工的行为以及工作行为发生的具体背景条件。这样，在评定一个员工的工作行为时，就可以利用关键事件作为评估的指标和衡量的尺度。一旦关键事件选定了，所应用的特别方法也就确定下来了。关键事件法一般有如下几种：

（一）年度报告法

这种方法的一种形式是一线监督者保持考核期内员工关键事件的连续记录。其中特别好的或特别差的事例就代表了员工在考核期内的绩效。在考核期内没有或很少记录的员工所做的工作处于平均绩效水平。表5-11运用关键事件法对工厂助理管理人员进行工作绩效评估举例。

表5-11 关键事件法工作绩效评估

负有的职责	目　标	关键事件
安排工厂的生产计划	充分利用工厂中的人员和机器；及时发布各种指令	为工厂建立了新的生产系统；上个月的指令延误率降低了10%；上个月提高机器利用率20%
监督原材料采购和库存控制	在保证充足的原材料供应前提下，使原材料的库存成本降低到最小	上个月使原材料库存成本上升了15%；"A"部件和"B"部件的定额富余了20%；而"C"部件的定购却短缺了30%
监督机器的维修保养	不出现因机器故障而造成的停产	为工厂建立了一套新的机器维护和保养系统；由于及时发现机器部件故障而阻止了机器的损坏

(二)关键事件清单法

关键事件法也可以开发一个与员工绩效相联系的关键行为的清单来进行绩效考核。这种考核方法对每一个工作要给出20到30个关键项目。并且，不同的项目赋予不同的权重，以表示某些项目比其他项目重要。考核者只简单地检查员工在某一项目上是否表现出众。出色的员工将得到很多检查记号，这表明他们考核期表现很好。一般员工只得到很少的检查记号，因为他们仅在很少的某些情况下表现出众。

(三)不良事故考核法

使用不良事故考核法来进行评估，即通过预先设计的不良事故清单对员工行为进行考核以确定员工的绩效水平。现实中，经常会发现组织中存在这样一类工作现象。即当一些常规性例行的工作被很好地完成时，可能不会被列为重要的绩效考核指标，一旦这些工作出了差错，却可能给整个组织带来很大的损失。这就需要针对这些不良事故进行设计考核，加以规避。在设计不良事故清单时，除了罗列需要严正提醒员工必须避免的错误之外，还必须相应的监督预案、查处程序及处理规定，这样，该方法才具有可操作性。

关键事件法对事不对人，以事实为依据，评估者不仅要注重对行为本身的评估，还要考虑行为的情境，可以用来向员工提供明确的信息，使他们知道自己在哪些方面做得比较好，而又在哪些方面做得不好。

三、行为锚定等级评估法

行为锚定法(BARS)，也称行为定位法，它也是在关键事件法的基础上发展而来的。它将关键事件法和等级评价有效地结合在一起(图5-4)

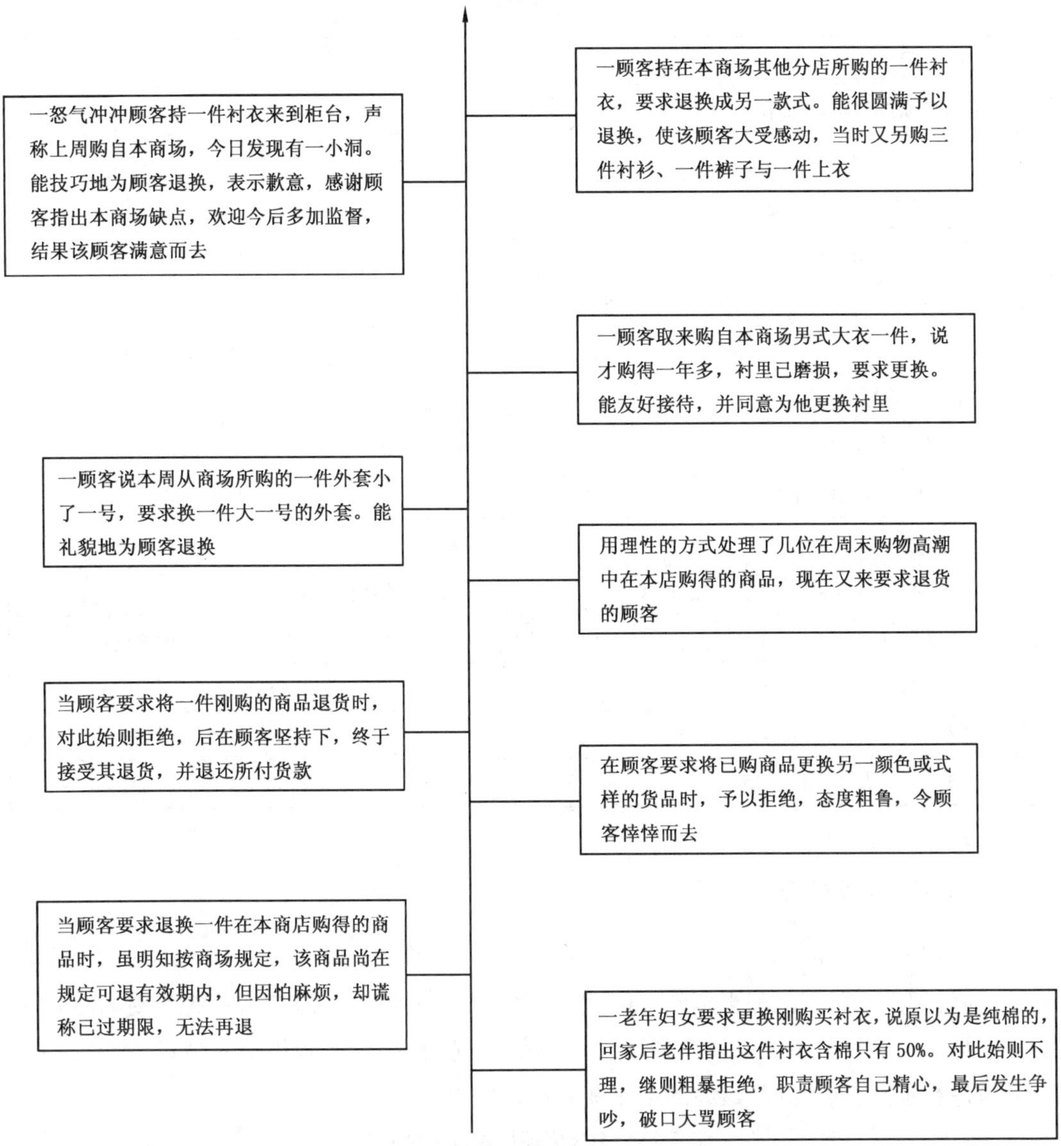

图 5-4　行为锚定法图

考评者运用行为锚定法进行实际评估就有了评分尺度。此外，附有具体行为描述性的文字，也有助于被考评者较深刻地了解自己的工作现状，找到具体改进的目标。

四、行为观察法

行为观察评估法也是从关键事件中发展而来的一种绩效评估方法。行为观察法中包含了许多构成有效绩效或无效绩效的必要行为，管理者根据员工在评估期表现出来的每一种行为的频率进行评估，最后将所得评估结果进行平均之后得出总体的绩效评估等级。

表 5-12 列举了一个行为观察法的例子。

表 5-12 行为观察法评估举例

克服变革的阻力						
(1) 向下属描述变革的细节						
几乎从来不	1	2	3	4	5	几乎常常如此
(2)解释为什么必须进行变革						
几乎从来不	1	2	3	4	5	几乎常常如此
(3)与员工讨论变革会给员工带来何种影响						
几乎从来不	1	2	3	4	5	几乎常常如此
(4)倾听员工的心声						
几乎从来不	1	2	3	4	5	几乎常常如此
(5)在推动变革成功的过程中请求员工的帮助						
几乎从来不	1	2	3	4	5	几乎常常如此
(6)如果有必要,会就员工关心的问题定一个具体的日期进行变革后的跟踪会谈						
几乎从来不	1	2	3	4	5	几乎常常如此
						总分数 =

很差	尚可	良好	优秀的	出色的
6 ~ 10	11 ~ 15	16 ~ 20	21 ~ 25	26 ~ 30

五、图尺度评估法

表 5-13 是一种典型的评估尺度表。它列举了一些绩效构成要素如质量、生产率、工作知识,同时列举了跨越范围很宽的工作绩效等级。在进行绩效评估时,首先针对每一位下属员工从每一项评估要素中找出最能符合绩效状况的分数,然后将每一位员工所得的所有分值进行加总,即得到其最终的工作绩效评估结果。

表 5-13 图尺度评估法应用举例 1

姓 名		职 位		所在部门	
绩效评估原因:	年度例行评估	晋升	绩效不佳	工资	试用期结束 其他
说明:请根据员工所从事工作的现有要求仔细地对员工的工作绩效加以评估。并参照尺度表中所标明的等级来核定员工的工作绩效分数,如绩效等级标准不合适,请用 N 字标标明。最终的工作绩效结果通过将所有分数进行加总和平均而得出 评估等级说明: O:杰出。所有各方面的绩效都十分突出,并且明显地比其他人的绩效优异得多 V:好。是一种称职的和可依赖的工作绩效水平,达到了工作绩效标准的要求。 I:需要改进。在绩效的某一方面存在缺陷,需要进行改进。 U:不令人满意。工作绩效水平总的来说无法让人接受,必须立即加以改进。 N:不做评估。在绩效等级表中无可以利用的标准或因时间太短而无法得出结论。					

续表

一般性工作绩效评估要素	评估尺度	评估事实依据或评语
1. 质量:所完成工作的精确度彻底性和可接受性	□O　100~90 □V　90~80 □G　80~70 □I　70~60 □U　60 以下	分数
2. 生产率:在某一特定的时间段中所生产的产品数量和效率	□O　100~90 □V　90~80 □G　80~70 □I　70~60 □U　60 以下	分数
3. 工作知识:实践经验和技术能力以及在工作中所运用的信息	□O　100~90 □V　90~80 □G　80~70 □I　70~60 □U　60 以下	分数

许多企业在图尺度法的应用上不仅停留在对一般性工作绩效因素的评估层面上,他们还对工作职责作进一步分解,根据每种职责的重要性赋予不同的权重。对评估内容事先规定评估尺度,由评估人作一般性说明后,给出评估等级选项(表 5-14)。

表 5-14　图尺度评估法应用举例 2

姓　名:____________ 职　位:____________ 评估期间:______至______ 评估者姓名:____________ 评估者职位:____________ 部　门:____________	评估尺度定义 1. 未能达到工作要求 2. 基本达到工作要求 3. 全部达到工作要求 4. 很好地达到了工作要求 5. 超过了工作要求
被评估的职位:行政秘书	
A:打字速度　　权重:30%	评估等级:1　2　3　4　5 □　□　□　□　□
以每分钟 60 个单词的速度按照适当的格式准确地将来自以下各个方面的指令打印成文件:口头指示、录音内容、总经理的手写材料等。打印通知、会议议程和其他内部材料	评语:

续表

B:接待　　　　　　权重:20%	评估等级:1　2　3　4　5 □　□　□　□　□
当面或通过电话核订已经签订的合同,热心地帮助来电者和来访者;回答打进来的电话,转达消息,提供信息或直接将客人引到相应的办公室或个人处;作为主人在客人等待期间提供临时服务;操纵自动应答设施;与来电者及来访者保持一种合作态度	评语:

【知识链接】

1. 确定绩效指标有一个重要的原则,即 SMART 原则。S 代表的是 specific,意思是指“具体的”;M 代表的是 measurable,意思是指“可度量的”;A 代表的是 attainable,意思是“可实现的”;R 代表的是 realistic,意思是“现实的”;T 代表的 time-bound,意思是“有时限的”。

2. 绩效评估主体应该做好的 5 个角色:合作伙伴、辅导员、记录员、公证员、诊断专家。

3. 绩效评估的信度与效度:

(1)信度是指考核结果的一致性和稳定性程度,即用同一考核方法和程序对员工在相近的时间内所进行的两次测评结果应当是一致的。

(2)效度是指考核结果与真正的工作绩效的相关程度,即用某一考核标准所测到的是否是真正想测评的东西。

绩效考核过程中不可避免地存在这样或那样的偏差,一定程度上影响着绩效考核的公正性、客观性。因此,要克服近因效应、光环效应、暗示效应等干扰,全面、客观、公正地对被考评者的工作进行评价,同时要进行必要的培训,以减小偏差,使考核的有效性最大化。

能力训练

1. 阅读下面的案例,请指出前两个步骤使用了哪些绩效评估方法,分析这些评估方法的不足之处,并针对这些不足提出改进建议。

某企业的绩效管理主要采用以下步骤和方法:

第一步,对于部门主管以上领导干部,年终由主管领导召集其下属员工开会。共同听取其述职报告,再由员工及上级领导根据其一年来的表现填写“年度领导干部考核评议表”。该表汇总后将分数按“领导、部门内同事、下属”(2:3:5的权重)加权平均得出总分。

第二步,全体员工共分四组排序:一般员工、主管、部门经理、高层领导。每组按评估结果分五个等级,每一等级所占比例如下表所示:

等　级	A	B	C	D	E
比　例	10%	30%	54%	5%	1%

第三步，评估结果运用：A 等级范围的人有机会获得晋升，而 E 等级的将被淘汰或降级。

2. 以评选班级先进个人或先进宿舍为例，分别运用排序法、配对比法、强制分配法进行绩效评价，并比较各种评估方法结果是否一致，如果有差异，请简要分析差异原因。

【思考题】

1. 分析不同组织环境中不同职位应使用的绩效观。
2. 哪些因素可能会影响员工的绩效？请举例说明。
3. 完整的绩效管理系统设计流程有哪些特点？
4. 为成功推进绩效管理系统应注意哪些问题？
5. 简述绩效管理在人力资源管理系统中的地位与作用。
6. 举例说明绩效管理结果作为人力资源管理活动的参照效标作用。
7. 谁将参与到绩效计划的制订过程中？他们分别扮演了什么角色？
8. 设定绩效目标时，要考虑哪些方面的因素？
9. 绩效沟通包括哪些内容？分别可以实现什么功能？
10. 收集绩效信息的渠道有哪些？他们分别可以提供何种信息？

项目三　绩效评估的诊断与面谈

学习目标

【知识目标】

1. 了解绩效评估诊断的内容；
2. 了解绩效评估面谈的类型及基本工作流程；
3. 了解绩效改进的工作内容。

【能力目标】

1. 掌握绩效评估诊断的工作流程及工作方法；
2. 掌握不同类型绩效评估面谈的侧重点及相应的工作技巧；
3. 掌握拟定绩效改进方案的流程。

案例导入

陈冰在某知名电器公司客服部已供职 3 年，凭着自己极强的敬业精神和钻研精神，他逐渐在同一级别员工中脱颖而出，被任命为部门经理。但下属反映他缺乏领导能力，对工作事必躬亲，缺乏授权意识，也不注重于下属员工的沟通，这些问题直接影响了陈冰的年终绩效成绩。总经理在看了陈冰的绩效评估成绩及人力资源部提供的绩效诊断报告后与陈冰做了一次深入的沟通，在对陈冰成绩肯定的同时启发他分析自己在工作中的问题，并鼓励他改善工作方法，提高工作效率。随后，总经理指导陈冰制订了个人绩效改进计划：

个人绩效改进计划

姓名：陈冰　　职位：客服部经理　　部门：客服中心

直接上级姓名：王翰　　制订计划时间：2009年12月8日

有待改进的项目	目前水平	期望水平	改进措施及所需资源	评估时间	取得的成果
领导力	2.5	3.5	1. 参加人力资源部组织的"领导力培训" 2. 阅读管理技巧类书籍，学习授权的理念和方法 3. 定期或不定期召开部门会议，听取下属员工想法	2010年7月	1. 已参加领导力培训，并写心得3篇 2. 下属反映授权问题有改善 3. 每周有定期部门内部会议和不定期部门组织休闲活动
决断力	2	3	1. 参加"解决问题与制定决策培训" 2. 减少不必要的请示，增加自己做决策的练习	2010年9月	1. 已参加相关培训，学会一些实用的决策技术 2. 在工作中有意识地多承担决策责任，但效率有待提高

随着改进计划的逐步推进，陈冰在部门管理方面日渐成熟，在授权与监控方面找到了平衡，工作效率也很快得到了提高。

【案例提示】

1. 完善的绩效反馈面谈及改进方案是绩效管理有效循环的关键环节。

2. 现代绩效管理是将员工能力的不断提高以及绩效的持续改进和发展作为其根本目的，这与传统绩效考核的将评估结果作为确定员工薪酬、奖惩、晋升或降级的标准目的有很大的不同。

任务一　了解绩效评估的诊断

所谓绩效诊断就是分析引起各种绩效问题的原因，通过沟通寻求支持与了解的过程；绩效诊断的作用在于帮助员工制订绩效改善计划，作为上一循环的结束，和下一循环的开始，连接着整个绩效管理循环，使之不断循环上升。

一、绩效诊断的类型

绩效诊断包括直接绩效诊断与间接绩效诊断。直接绩效诊断是指对绩效管理活动中的各个环节以及相关因素进行全面分析判断的过程。间接绩效诊断是在绩效诊断活动中，找出绩效管理存在问题的同时，及时发现企业组织上存在着的各种各样的问题。绩效诊断无论是对企业还是对员工个人都是十分重要的，通过诊断分析，既有利于改进企业总体系统，也有利于提高员工的素质和工作质量。

二、绩效诊断的内容

（1）对企业绩效管理制度的诊断；

（2）对企业管理体系的诊断；

（3）对绩效考评指标和标准体系的诊断；

（4）对考评者全面全过程的诊断；

（5）对被考评者全面全过程的诊断；

（6）对企业组织的诊断。

三、绩效诊断的流程

绩效诊断是一种正式的绩效确认与改进制度，它通过系统的方法、原理来检验员工在职务上的工作行为和工作效果，它是企业管理者与员工之间进行管理沟通的一项重要活动。它的最终目的是改善员工的工作绩效，在实施企业经营目标的同时，提高员工的满意度和未来的成就感，最终达到企业和个人发展的双赢。

（一）绩效评估结果的比较分析

在对员工绩效进行评估时，不但要对员工绩效计划的实施情况进行评价，分析其工作行为、工作结果，计划目标实现的程度，还要找出其工作绩效的差距和不足，具体方法有：

1. **目标比较法**　它是将绩效评估期内员工的实际工作表现与绩效计划的目标进行对比，寻找工作绩效的差距和不足的方法。例如，某下属绩效计划的目标是在本期内市场销售额达到100万元，实际只完成了80万元，实际与计划相比，有20万元的差距。

2. **水平比较法**　它是将考评期内员工的实际业绩与上一期（或去年同期）的工作业绩进行比较的方法。例如，某个员工上个季度考评时，一次产品抽查的不合格率为3%，而本季度该员工的一次产品抽查的不合格率为5%，比上个季度超出2个百分点。

3. **横向比较法**　为了查找工作绩效上的差距和不足，除了可以采用上述的目标比较法和水平比较法之外，还可以在各个部门或单位之间、各个下属成员之间进行横向的对比，判断其对组织贡献的优劣次序、任务完成情况，以发现组织与下属员工工作绩效实际存在的差距和不足。

（二）通过绩效沟通确认产生差距的原因

在找出员工工作绩效的差距之后，各级主管还应当会同被考评者，一起查找和分析产生这些绩效差距的真正原因，因为绩效管理的目标是要不断地改进工作，提高组织与员工的业绩水平。

影响和制约工作绩效的因素是多方面的，既有员工主观的因素也有企业客观的因素，既有物质的影响因素也有精神的影响因素，特别是员工的工作行为和工作表现受到多种因素的影响表5-15。

表 5-15 影响和制约工作绩效的原因

主观因素	客观因素
设定无法达成之目标 缺乏专业知识或技能 训练不足 缺乏支持 工作态度不积极 欠缺调整弹性 缺乏自制能力 展现不道德行为	企业目标不明确 绩效制度不完善 外部市场环境不佳 设备损坏或过时 资源不足 工作环境条件差 时机点不佳

（三）形成绩效诊断报告

根据绩效评估结果的比较及对绩效差距原因的分析可以形成相应的绩效诊断报告，以书面的形式直观地反映工作绩效的表象及成因，差距及原因，改进及方向，从而为绩效改进方案的拟定提供依据。

任务二　实施绩效评估面谈

一、面谈前的准备工作

（一）明确面谈的目标及内容

在绩效面谈之前，评估者必须明确本次绩效面谈的目的、内容和要求，即需要明确本次面谈交流和沟通的主题是什么？通过面谈要达到什么目的？解决什么问题？凡事预则立，不预则废。要保证绩效面谈的质量，不但评估者要有充分的思想准备，被评估者也应当有充分的准备。

（二）确定面谈的时间及地点并提前通知面谈对象

评估者应在面谈的一至两周之前，以文字通知的形式预先告知被评估者，具体说明绩效面谈的内容、会见的时间和地点。在时间安排上，应选择一个双方都比较方便的时间进行面谈，以便为整个面谈过程留出一段充足时间。同时，面谈地点应当因人而宜，事先加以选择。表 5-16 提供了一些可供参考的意见。

表 5-16 谈话地点的选择

地　点	特　点	适用范围
办公室	严肃、重要	犯有错误的人；对性格外向、喜欢交际的人
家　中	亲切、平等	目的是沟通思想、增进双方的了解，密切双方的关系；或者劝导难度较大时
路上、室外	随　便	对性格内向、胆小怕事、敏感多心的人；屡教不改的人
公园、林荫路	平等、非正式	对那些情绪低落、消沉的人

(三)整理、分析各种与绩效有关的信息资料

绩效面谈的质量与效果不但取决于评估者与被评估者事先的准备程度,更重要的是取决于双方所提供展示的数据资料的翔实和准确程度。在绩效面谈中主管要列举确凿的数据说服下属,下属也要列举足够的事实来证明自己,因此,面谈双方都要对工作绩效评估的资料进行整理和分析。

二、绩效面谈的开展

绩效面谈是一个双向沟通的过程,是在对过去工作绩效回顾和评估的基础上对未来绩效的期望与规划。因此,面谈的过程应重视建立双方的信任关系,多协商少命令,为拟定绩效改进方案奠定基础。表 5-17 是某企业绩效面谈实施进程表,可以参考使用。

表 5-17　绩效面谈的开展

面谈实施步骤	内　容	人　员	面谈实施要点
暖　场	创造良好的谈话氛围	主　管	1. 慰问并感谢员工的辛勤工作 2. 建立真诚、信任的气氛,让员工放松 3. 说明面谈的目的
面谈正式阶段	告知评估结果	主　管	1. 从诉说员工优点开始对其工作表现进行点评 2. 对员工绩效表现不足之处进行分析 3. 肯定员工的进步与努力
	鼓励员工发表意见	主管、员工	1.(主管)多采用开放式的问题 2.(主管)多用肯定或赞美的语气 3.(主管)认真倾听
	双方沟通	主管、员工	1.(主管)了解员工对此次评估的意见 2. 双方对评估结果进行再次确认,若有偏差之处,主管可做好记录,之后解决
	绩效改进	主管、员工	1. 共同制订绩效改进计划 2. 初步确定员工下一阶段的工作计划目标
结束阶段	总　结	主　管	1. 上述内容的总结与确认 2. 企业对员工的期望 3. 整理面谈记录

任务三　拟定绩效改进的方案

绩效改进是绩效管理过程中的一个重要环节。现代绩效管理是将员工能力的不断提高以及绩效的持续改进和发展作为其根本目的,这与传统绩效考核将评估结果作为确定员工薪酬、奖惩、晋升或降级的标准目的有很大的不同。拟定绩效改进方案并落实的基本流程如下:

一、确定绩效改进目标

绩效改进目标的确定主要包括两方面：工作绩效改进目标和个人能力提升目标。工作绩效改进目标的达成依赖于个人能力提升目标的实现。

在确定绩效改进目标时要注意：

(1)目标要具体，难度要适当，要切实可行；

(2)改进计划要有明确的时间性，并得到上下级的认可；

(3)容易改的先改，容易见效的先改。

二、拟订具体的行动方案

为了达成提升个人能力目标，需要确定具体的行动方案，其主要形式有：

(1)阅读指定的书籍、报刊和杂志等；

(2)参加脱产的培训和经验交流活动；

(3)参加在职培训活动；

(4)实际观摩与指导活动等。

三、明确资源方面的保障

为了使行动方案落到实处，企业在资源方面要给予保障：

(1)组织与上级要给员工创造条件和机会；

(2)选择合适的培训教师和课程；

(3)通过建立完善的企业培训制度等进行保障和管理。

四、改进绩效的指导

1. 分析绩效改进指导需求

(1)明确绩效改进项目的先后次序；

(2)各绩效改进项目的关键点；

(3)各绩效改进项目的最佳时机。

2. 拟订指导计划

(1)评估下属的学习风格；

(2)选择学习活动；

(3)准备指导计划。

3. 执行指导计划

(1)与下属保持深入沟通，发挥下属的绩效改进的主动性；

(2)营造有利的学习环境，包括管理者的指导技巧、员工的学习条件和他人的有效配合等。

4. 评估绩效指导成效

【知识链接】

1. 人类绩效技术是解决人的绩效问题或寻求改进人的绩效的机会的一套方法和过程。它可运用于个人、小组或大型组织的不同层面。人类绩效技术使用从其他学科（行为心理学、教学系统设计、组织发展、人力资源管理等）引入的各种问题解决方案，来解决组织中的绩效问题。它强调对绩效的期望状态和实际状态进行严格分析，进而识别引发绩效差距的原因，并提供多种问题解决方案，对变革过程进行管理，并对变革的结果进行评价（国际绩效改进协会，ISPI）。

2. 经典的系统化绩效改进工具：

（1）波多里奇的卓越绩效标准。此绩效标准是在企业组织经营成果的顾客、产品或服务、财务、人力资源和组织的有效性这五个方面来建立绩效管理的框架，为企业的绩效改进从以上五个方面提供标准。

（2）六西格玛管理。六西格玛管理强调全员参与，通过建立一个由倡导者、黑带主管、黑带、绿带主管、绿带和项目团队构成的组织框架，让大家都参与到绩效改进的过程中来。

（3）ISO 管理体系。ISO 质量认证体系是一个产品（服务）符合性模式，企业通过建立这样一个完整的、标准化的过程控制体系，对绩效进行管理，以实现绩效的不断改进。

（4）“标杆超越”（Benchmarking）法。“标杆超越”法是由美国施乐公司首创的，它通过与同行业的先进企业进行对比，对本企业的产品、服务、过程等关键的成功因素进行改进和变革，使之成为同行业最佳的系统性过程。

3. 表 5-18 提供了常用的面谈策略。

表 5-18　面谈策略

员工的类型	绩效特点	面谈策略
贡献型	好的工作业绩 + 好的工作态度	予以奖励　更高要求
冲锋型	好的工作业绩 + 坏的工作态度	沟通　信任　辅导　改善
安分型	差的工作业绩 + 好的工作态度	重点改进　严格考核
堕落型	差的工作业绩 + 差的工作态度	澄清事实　重申目标

能力训练

1. 请设计一份绩效访谈提纲。

你是公司行政部的经理，年初刚刚上任。李红是你上任前半年调到你的部门的，目前负责 A 项目的行政支持和服务。你的前任告诉你，李红是公司最早的员工之一，人缘极好，大家都喜欢她。李红上年度的绩效评估是良好。你接手的这几个月中，发现李红的确人很好，为人热心，且积极参加组织各种员工活动，如郊游、慰问希望小学等。她几乎认识公司的每一个人，有时别人办不了的事情她都能办。你同时也发现李红的专业技能很差，外语和计算机都远不能达到她现在的工作要求，甚至她的有些报告需要别人帮忙来做。她对业务的了解也非常肤浅，基本不能向你汇报项目的状况。最重要的是她好像并未意识到这些问题，仍花费大量时间在其他事情上。你决定提前就她的绩效表现与她谈谈，她5分钟后就会到你的办公室。

2. 作为人力资源管理人员，请对表中所列员工的绩效表现做一个诊断，并尝试为他们的绩效改进拟定方案。

某公司年底考评工作刚刚结束，人力资源部对销售部门员工的绩效差距进行了分析。该部门共有员工25名，其中销售员22名，销售主管3名，其中部分员工的工作情况和绩效表现如表5-19所示。

表5-19 部分员工的工作情况和绩效表现

员工姓名	职 位	工作情况	绩效表现
王 波	销售员	应届大学毕业生，工作时间不长，业务较为生疏，在工作中频频出现小失误，但勤奋好学，工作态度很积极	刚刚签了一个52万元的销售合同，销售业绩（销售员排名）从第19名跃升为第3名，综合考评结果为良好
张 蕊	销售员	公司的老员工，工作表现一直很优秀，有很强的计划能力和执行能力，市场开拓能力很强，愿意将自己的销售技巧与同事们分享	销售业绩为该部门销售员的第一名，连续三年的综合考评结果为优秀
李 勇	销售主管	猎头公司推荐的资深销售人员，在面试的过程中获得了一致好评，但进入公司一年以来，经常迟到早退，有离职倾向，也不愿意和其他同事合作	销售业绩几乎为零，综合考评结果为不合格

【思考题】

1. 简要描述绩效诊断的流程。
2. 影响绩效水平的因素有哪些？
3. 绩效评估面谈的类型有哪些？
4. 不同类型绩效评估面谈的侧重点是什么？
5. 为保证绩效评估面谈的效果，在面谈过程中应注意哪些问题？
6. 绩效评估面谈的基本工作流程是什么？
7. 拟定绩效改进方案的流程包括哪些环节？

项目四 新型绩效评估方法:MBO、KPI、BSC

学习目标

【知识目标】

1. 了解目标管理法的理念及基本的工作流程;
2. 了解关键绩效指标法的理念及基本的工作流程;
3. 了解平衡计分卡的理念及基本的工作流程。

【能力目标】

1. 能够协助绩效管理主管开展目标管理法;
2. 能够协助绩效管理主管开展关键绩效指标法;
3. 能够协助绩效管理主管开展平衡计分卡。

案例导入

Q公司是一家生产塑料机械的大型国有企业,2001年初开始实施平衡记分卡,但不到一年便宣告流产。

回忆起当初的实施情况,Q公司人力资源总监S无奈地说:他是在国外参加培训的时候知道了平衡记分卡的,当时的第一感觉是眼睛一亮。他以为,有了这样的工具,公司一直以来为混乱的考核指标而发愁的现象就会迎刃而解。从美国回来以后,S立即将在国外的学习情况向领导汇报,并着重介绍了平衡记分卡的先进理念,力主在企业内全面予以实施。

在公司行政的强力推动下,S先后多次组织召开各二级单位、部门负责人会议,大力宣讲平衡记分卡在企业应用的好处。同时组织人力资源部全体员工,深入二级单位和各部门调研、协商、沟通、加班加点地忙活了几个月,终于初步达成共识,制定了较为完整的四大考核指标——财务、客户、业务流程和学习与发展指标。人力资源部还为此制作了大量表格下发到各单位,并对相关人员进行了培训。

让S没有想到的是,项目一开始实施,问题便接踵而来。比如,营销部门的客户指标要求营销人员如实填报拜访客户情况,但这个要求不仅营销人员感到烦琐,就连人力资源部人员也感到困惑,因为指标的真伪虚实根本无法考证,更无法监控。再比如,员工的学习与发展指标如何制定又如何量化?要求员工每月读几本书、参加几次培训?但结果如何,意义又何在?

Q公司是一家大企业,部门及二级单位加起来有几十个,每个单位提几个意见加起来就是一大堆。S回想起那段时间,感慨万千地说:人力资源部就像是消防队,不断接到投诉,不断地去救火。结果指标越调越乱,部门抵触情绪越来越大,员工怨声载道。

S说:企业虽然建立了基于平衡记分卡的考核指标,但由于指标分解制定得不科学,因而也就无法建立行之有效的监控体系。而对如何制订科学有效的考核指标,S一脸茫然。最终,Q公司的平衡记分卡业绩管理体系不了了之,各部门仍沿用过去的以财务指标为核心的考核体系开展工作。

【案例提示】

1. 为何Q公司的平衡记分卡失灵了?
2. 你是否还了解其他系统化的绩效管理方法,诸如MBO和BSC?
3. 你认为国外先进的绩效管理系统方法在我国是否存在水土不服的问题,如何避免?

任务一 掌握MBO

绩效管理实质是管理者确保员工的工作活动和工作产出与组织的目标相一致的手段及过程。绩效评估体系作为绩效管理系统的一个重要的子系统,对组织目标的实现起到重要的支撑作用。因此,为了更好地实现绩效管理的目标,组织在进行绩效评估体系设计时,应紧紧围绕组织的战略目标,在确定组织绩效评估指标的基础上,层层分解出各岗位和个人的评估内容和标准。

目标管理法(management by objective,MBO)是由美国管理专家彼得·德鲁克于1954年在《管理的实践》一书中提出的,根据德鲁克的观点,管理必须遵循一个原则:每一项工作都必须为达到总目标而展开。在这里,目标管理法指的是目标管理理论在绩效评估中的运用。因此,目标管理法在绩效评估中的应用也必须根据目标管理的循环实行。目标管理循环如图5-5所示:

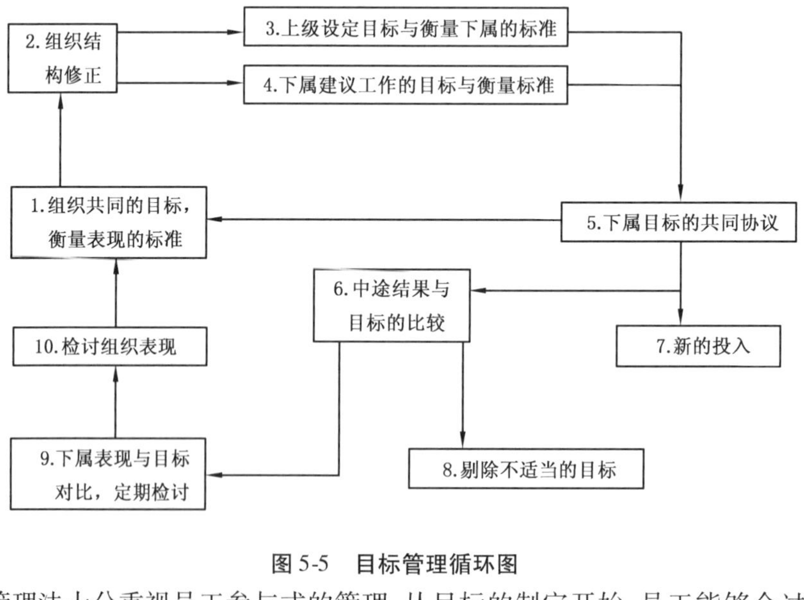

图5-5 目标管理循环图

目标管理法十分重视员工参与式的管理,从目标的制定开始,员工能够全过程地参与到整个绩效管理的过程中。首先,员工同他们的上级管理者一起建立目标,然后在如何达到目标方面,管理者给予员工一定的自由度。参与目标建立使员工成为该过程的一部分,这种对目标的影响力增加了员工达成目标的动力和可能性。在最后进行绩效评估时，员工和他们的上级需要举行正式的面谈，就绩效周期中的目标实施情况进行充分的沟通。管理者首先审查预定目标的实现程度，然后与员工共同确定了为解决遗留问题而需要采取的措施。在评估之后的绩效反馈中，管理者和员工就要根据目标的实施情况更有针对性地帮助员工提高今后的工作业绩，并可以为下一个绩效周期制定新的目标，形成一个不断循环的过程。

参照上面所提及的目标管理法的循环图，可以确定目标管理法实施步骤：

1. **确定组织目标**　目标管理要从明确组织使命和核心价值观着手，并在此导向和驱动下形成战略愿景和总目标，以统摄统领全局、整合组织相关绩效管理行为。

2. **确定部门目标**　部门群体是组织的中介层次，其管理目标分解和统揽，具有承上启下实现绩效落实和整合的关键作用。一般的形式是部门领导就本部门目标与部门内的下属员工展开讨论。这种讨论一般是在全部门的会议上进行的。在讨论中，部门管理者要求下属员工制定个人的工作计划和初步的绩效目标。即明确自己在部门目标的实现中承担哪些责任，应该作出哪些贡献。

3. **确定个人目标**　个人绩效是部门绩效和组织绩效实现的保障。在上一步骤所确定的主要目标的基础上，员工和他们的直接主管对目标进一步细化，制定更加具体的绩效目标。

4. **绩效执行及跟踪监控**　在目标执行过程中，人力资源部和一线管理人员应得到充分授权，为员工完成目标提供足够的资源支持，适时监督控制，必要时可以适当修正目标。

5. **绩效评估**　在绩效周期结束后，部门管理者应就每一位员工的实际工作业绩与他们事先确定的绩效目标加以比较。评估过程可采用表5-20所示的表格工具。

表5-20　员工目标管理考核评估表

部门：　　　　员工：　　　　岗位：　　　　时间：　　年　　季

序号	绩效目标	权重(%)	完成期限	考核标准	实际完成情况	评分
1		20				
2		20				
3		20				
4		20				
5		20				
	小计	100				

6. **提供反馈**　管理者组织进行绩效反馈面谈，与下属人员就绩效评估的结果进行充分的沟通，共同对绩效目标的达成情况进行分析和解释，找出可能的提高未来绩效的方法，制订绩效改进计划。

作为一种评估工具,目标管理得到广泛的应用。许多研究认为,目标管理具有较高的有效性,它通过指导和监控目标的实现过程提高员工的工作绩效。

任务二 掌握 KPI

关键绩效指标(KPI:Key Performance Indicator)是通过对组织内部流程的输入端、输出端的关键参数进行设置、取样、计算、分析,衡量流程绩效的一种目标式量化管理指标,是把企业的战略目标分解为可操作的工作目标的工具,是企业绩效管理的基础。KPI 可以使部门主管明确部门的主要责任,并以此为基础,明确部门人员的业绩衡量指标。建立明确的切实可行的 KPI 体系,是做好绩效管理的关键,而其中 KPI 指标的提取又是重中之重,其具体步骤如下:

一、分解企业战略目标,分析并建立各子目标与主要业务流程的联系

企业的总体战略目标在通常情况下均可以分解为几项主要的支持性子目标,而这些支持性的更为具体的子目标本身需要企业的某些主要业务流程的支持才能在一定程度上达成。因此,在本环节上需要完成以下工作:

(1)企业高层确立公司的总体战略目标(可用鱼骨图方式);

(2)由企业(中)高层将战略目标分解为主要的支持性子目标(可用鱼骨图方式);

(3)将企业的主要业务流程与支持性子目标之间建立关联(图 5-6)。

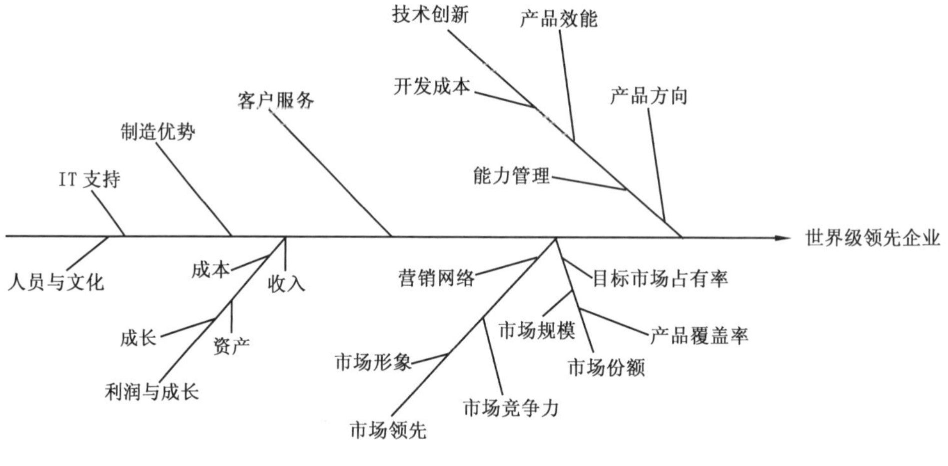

图 5-6 战略目标分解鱼骨图方式示例

二、确定各支持性业务流程目标

在确认对各战略子目标的支持性业务流程后,需要进一步确认各业务流程在支持战略子目标达成的前提下流程本身的总目标,并运用列表的方式进一步确认流程总目标在不同维度上的详细分解内容(表 5-21)。

表 5-21　确认流程目标示例

流程总目标：低成本快速满足客户对产品质量和服务要求		组织目标要求(客户满意度高)			
		产品性能指标合格品	服务质量满意率	工艺质量合格率	准时齐套发货率
		产品设计质量	工程服务质量	生产成本	产品交付质量
客户要求	质　量	产品设计好	安装能力强	质量管理	发货准确
	价格低	引进成熟技术			
	服务好		提供安装服务		
	交货周期短			生产周期短	发货及时

三、确认各业务流程与各职能部门的联系

本环节通过列表的方式建立流程与工作职能之间的关联，从而在更微观的部门层面建立流程、职能与指标之间的关联，为企业总体战略目标和部门绩效指标建立联系(表5-22)。

表 5-22　确认业务流程与职能部门联系示例

流程：新产品开发	各职能所承担的流程中的角色				
	市场部	销售部	财务部	研究部	开发部
新产品概念选择	市场论证	销售数据收集	—	可行性研究	技术力量评估
	—	—	—	—	—
产品概念测试	—	市场测试	—	—	技术测试
	—	—	—	—	—
产品建议开发	—	—	费用预算	组织预研	—
	—	—	—	—	—

四、部门级 KPI 指标的提取

在本环节中要将从通过上述环节建立起来的流程重点、部门职责之间的联系中提取部门级的 KPI 指标(表 5-23)。

表 5-23　部门级 KPI 指标提取示例

		关键绩效指标(KPI)维度			指　标
		测量主体	测量对象	测量结果	
绩效变量维度	时间	效率管理部	新产品(开发)	上市时间	新产品上市时间
	成本	投资部门	生产过程	成本降低	生产成本率
	质量	顾客管理部	产品与服务	满足程度	客户满意率
	数量	能力管理部	销售过程	收入总额	销售收入

五、目标、流程、职能、职位目标的统一

根据部门KPI、业务流程以及确定的各职位职责，建立企业目标、流程、职能与职位的统一(表5-24)。

表5-24 KPI进一步分解到职位示例

流程:新产品开发流程		市场部部门职责		部门内职位职责			
				职位一		职位二	
流程步骤	指标	产出	指标	产出	指标	产出	指标
发现客户问题,确认客户需求	发现商业机会	市场分析与客户调研,制定市场策略	市场占有率	市场与客户研究成果	市场占有率增长率	制定出市场策略,指导市场运作	市场占有率增长率
			销售预测准确率		销售预测准确率		销售预测准确率
			市场开拓投入率减低率		客户接受成功率提高率		销售毛利率增长率
			公司市场领先周期		领先对手提前期		销售收入月度增长幅度

任务三 掌握BSC

平衡计分卡的核心思想就是通过财务、客户、内部流程及学习与发展四个方面的指标之间的相互驱动的因果关系展现组织的战略轨迹，实现绩效考核—绩效改进以及战略实施—战略修正的战略目标过程。它把绩效考核的地位上升到组织的战略层面，使之成为组织战略的实施工具。平衡计分卡指标之间的因果驱动关系如图5-7所示：

平衡计分卡的设计一般流程为澄清战略并建立共识、凝聚焦点、发展领导能力、战略沟通及协调、教育组织、设定战略性目标、校准计划和投资、建立回馈制度等。具体实施步骤如下：

1. **准备** 企业首先应当将与企业经营有关的客户、生产设备、财务业绩等做出适当的定义。

2. **第一轮访问记录** 公司的每个高级管理者必须了解公司的内部情况，包括公司的目标、任务和战略。平衡记分卡的设计者与公司的高级管理者一起就公司的战略目标和业务评价方面广泛地征求意见和建议，同时还应了解股东对财务业绩的期望和重要客户的期望。

3. **第一轮研讨会** 由高级管理人员成立研讨小组，就如何建立适合公司的平衡记分卡展开讨论。首先应就所提出的任务、战略进行辩论直至达成共识，然后确立企业取得战略经营成功的关键因素之后，形成一个对企业战略的经营业绩进行初步评价的多层面的记分卡，一般不少于四到五个方面，然后就这些层面投票进行取舍。

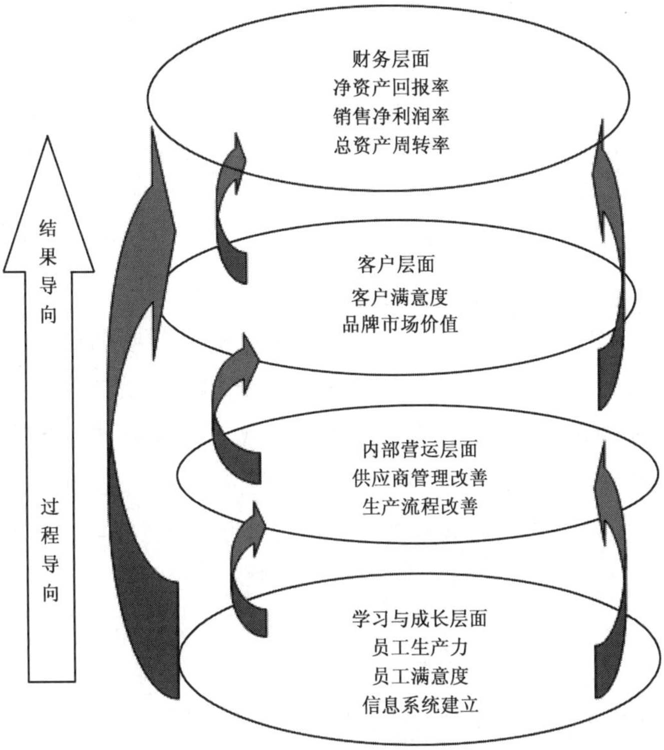

图 5-7　平衡记分卡指标间的因果关系

4. 第二轮访谈记录　就第一轮研讨会初步形成的记分卡内容征求高级行政管理者和董事会的意见。

5. 第二轮研讨会　此轮研讨会不仅包括高级管理者,还包括部属及中级管理人员,就公司的战略目标、任务和初步形成的记分卡进行分组讨论,将战略目标与平衡记分卡的多个层面结合起来,形成一个比较完善的计划。

6. 第三轮研讨会　由高级行政管理人员参加,目的是就公司的战略、目标、任务在前两轮讨论会的基础上达成最终共识,就每个层面写出具体的评价指标,以确认初步的活动计划至目标的完成。该活动计划应便于员工的理解和执行。

7. 完成　最终完成平衡记分卡的设计,并建立数据库的信息支持系统,完成组织高层和底层的评价标准。

8. 定期检查和改进　高层管理人员与部门经理定期就战略平衡记分卡所显示的信息进行讨论,寻找缺点,并纳入到新的经营计划之中。

【知识链接】

1.“目标管理”的概念是美国管理专家彼得·德鲁克(Peter Drucker)1954 年在其著作《管理实践》中最先提出的,其后他又提出“目标管理和自我控制”的主张。德鲁克认为,并不是有了工作才有目标,而是相反,有了目标才能确定每个人的工作。所以“企业的使命和任务,必须转化为目标”,如果一个领域没有目标,这个领域的工作必然被忽视。因此管理者应该通过目标对下级进行管理,当组织最高层管理者确定了组织目标后,必须对其进行有效分解,转变成各个部门以及各个人的分目标,管理者根据分目标的完成情况对下级进行考核、评价和奖惩。

2. KPI 的理论基础是二八原理,是由意大利经济学家帕累托提出的一个经济学原理,即一个企业在价值创造过程中,每个部门和每一位员工的 80% 的工作任务是由 20% 的关键行为完成的,抓住 20% 的关键,就抓住了主体。二八原理为绩效考核指明了方向,即考核工作的主要精力要放在关键的结果和关键的过程上。于是,所谓的绩效考核,一定放在关键绩效指标上,考核工作一定要围绕关键绩效指标展开。

3. 平衡计分卡(Balanced Score Card),源自于哈佛大学教授 Robert Kaplan 与诺朗顿研究院(Nolan Norton Institute)的执行长 David Norton 于 1990 年所从事的"未来组织绩效衡量方法"的绩效评价体系。当时该计划的目的在于找出超越传统以财务量度为主的绩效评价模式,以使组织的策略能够转变为行动。经过将近 20 年的发展,平衡计分卡已经发展为集团战略管理的工具,在集团战略规划与执行管理方面发挥非常重要的作用。

能力训练

1. 阅读下面的案例,分析 A 公司的目标管理总体上存在哪些问题?该如何解决?

A 公司自从 2009 年 7 月份开始实行绩效目标管理,目前处于试行阶段,应该说试行的过程并不是很顺利,每个月目标管理卡的填写或制作似乎成了各个部门经理的任务或者说是累赘,总感觉占了他们大部分的时间或者说是浪费了他们的许多的时间。每个月都是由办公室督促大家写目标管理卡。A 公司目标管理的程序如下:

一、目标的制定

1. 总目标的确定

上一年末公司总经理在职工大会上作总结报告,向全体职工讲明下一年度大体的工作目标。然后,在年初的部门经理会议上,总经理和副总经理、各部门经理讨论协商确定该年的目标。

2. 部门目标的制订

每个部门在前一个月的 25 日之前确定出下一个月的工作目标,并以目标管理卡的形式报告给总经理,总经理办公室留存一份,本部门留存一份。目标分别为各个工作的权重以及完成的质量与效率,由权重、质量和效率共同来决定。最后由总经理审批,经批阅以后方可作为部门的工作最后得分。

3. 目标的分解

各个部门的目标确定以后,由部门经理根据部门内部的具体的岗位职责以及内部分工协作情况进行分配。

二、目标的实施

目标的实施过程主要采用监督、督促加协调的方式,每个月月中由总经理办公室主任与人力资源部绩效主管共同或是分别到各个部门询问或是了解目标进行的情况,直接与各部门的负责人沟通,在这个过程中了解到哪些项目进行到什么地步,哪些项目没有按规定的时间、质量完成，为什么没有完成，并督促其完成项目。

三、目标结果的评定与运用

(1)目标管理卡首先由各部门的负责人自评，自评过程受人力资源部与办公室的监督，最后报总经理审批，总经理根据每个月各部门的工作情况，对目标管理卡及自评进行相应的调整。

(2)目标管理卡最后以考评得分的形式作为部门负责人的月考评分数，部门的员工的月考评分数的一部分来源于部门目标管理卡。这些考评分数作为月工资的发放的主要依据之一。

但是，最近部门经理大多反映不愿意每个月填写目标管理卡，认为这没有必要，因为他们觉得在执行过程中，部门员工能够了解到本月自己应该完成的项目，而且每一个项目应该到什么样的程度是最完美的。而在最近的一次与部门员工的座谈中了解到有的部门员工对本部门的目标管理卡不是很明确，他们根本就不知道他们的工作目标是什么，只是每个月领导叫干什么就干什么，显得很被动……可是部门经理如今不愿意作目标管理这一块，而有一定数目的员工也不明白目标管理分解到他们那里的应该是什么。

2. 将自己看作是一个组织，试用鱼骨图分解你的战略目标，并构建该目标与你的主要任务及子任务之间的关系

3. 请通过媒体搜集某个国内著名公司的背景材料，并试着为其绘制 BSC 战略图。

【思考题】

1. 如何理解目标管理中关于“目标”的含义和要求？
2. 如何做好目标设置在组织层次间的上下贯通？
3. KPI 的核心思想是什么？选择和确定 KPI 应该遵循哪些基本原则？
4. 在确定 KPI 指标的权重和标准时应考虑哪些因素？
5. 试简要叙述基于 BSC 进行绩效管理的基本流程和操作方法。
6. 在中国文化背景下推行 BSC 系统，你认为应考虑哪些实际问题和障碍？

项目五　附录：绩效管理制度举例

××公司绩效考核办法

一、考核目的

为了完善薪资管理体系，提高工作绩效，提供员工职务的调整、薪酬福利、培训及奖金核定的依据，增强绩效管理和绩效改进。保障组织有效运行，特制定本制度。

二、考核范围

全体员工(进入公司不满 3 个月者或者未转正者不参加月度、年终考核)。

三、考核原则

1. 以客观事实为依据，以考核制度规定的内容、程序与方法为准绳。

2. 考核力求公平、公开、公正的原则来进行。

四、考核公式及其换算比例

1. 绩效考核计算公式 = KPI 绩效(50%) + 360 度考核(30%) + 个人行为鉴定 20%。

2. 绩效换算比例：KPI 绩效总计 100 分占 50%；360 度考核总计 200 分占 30%；个人行为鉴定总计占 20%。

五、绩效考核相关名词解释

1. 绩效考核：为了实现第一条规定的目的，以客观的事实为依据，对员工品性、业绩、能力和努力程度进行有组织的观察、分析和评价。

2. KPI(Key Performance Index)：即关键业绩指标，是通过对组织内部某一流程的输入端、输出端的关键参数进行设置、取样、计算、分析，衡量流程绩效的一种目标式量化管理指标。

3. 360 度考核：是一种从不同层面的人员中收集考评信息，从多角度对员工进行综合绩效考核并提供反馈的方法，考评不仅有上级主管，还包括其他与被考评密切接触的人员。

4. 个人行为鉴定：是指被考核者，在日常工作中，违反公司相关考勤、培训、工作流程等规章制度而被处罚分数或者有建议性提议、突出性表现而被奖励行为的结果。

六、绩效考核细则

1. KPI 绩效根据部门工作性质和内容制订，每个被考核人有 10 项考核内容，总分为 100 分，根据工作权重分别计分。占绩效考核总分的比例为 50%。

2. 主管级以下人员，在 360 度考核中分数，为部门管理类人员的平均分。

3. 个人行为鉴定考核。

3.1 个人行为鉴定考核总分为 100 分。

3.2 迟到、早退一次每次扣除 2 分。

3.3 旷工半天每次扣除 5 分，以此类推。

3.4 忘记打卡每月 3 次以上(含)每次扣除 0.5 分。

3.5 每月请事假 1 天以上(不含)每天扣除 1 分，以此类推。

3.6 警告、记小过、记大过、每次分别扣除 5 分、10 分、20 分。

3.7 嘉奖、记小功、记大功、每次分别奖励 10 分、20 分、40 分。

3.8 提出合理化建议且被公司采纳并经实践证明确实有益者，根据实际情况给予奖励。

3.9 无故不参加公司举行的会议、活动、培训者一次扣除 5 分，以此类推。

3.10 在 RoHS 推行体系中，一项不达标者扣除个人行为鉴定分数 20 分。

七、考核时间

1. 月度考核：次月的第 1 个星期考核上个月的绩效，7 个工作日内结束。

2. 年度考核:在次年1月的第2个星期考核,14个工作日内结束。

八、考核等级/比例

1. 个人绩效津贴比例:

根据个人职务、职等、层级分类,F1-8不做考核,其他人员参照《薪资管理办法》中的考核工资标准。

2. 个人绩效津贴给付比例:

优等:当月绩效基本津贴×120%;

甲等:当月绩效基本津贴×100%;

乙等:当月绩效基本津贴×90%;

丙等:当月绩效基本津贴×80%;

丁等:当月绩效基本津贴×70%。

3. 个人绩效考核等级标准:

优等:当月绩效考核91分以上;

甲等:当月绩效考核80~90分;

乙等:当月绩效考核70~79分;

丙等:当月绩效考核60~69分;

丁等:当月绩效考核59分以下。

九、年度考核规定及薪资提升标准

1. 年度考核是调整员工下年度工资水平,颁发年终奖金的依据。

2. 进入公司不满3个月者不参加年终考核。

在公司服务满1年按考核成绩予以提薪(针对职员类),具体参考标准如下:

优等:薪资上调二级档位;

甲等:薪资上调一级档位;

乙等:薪资档位不变;

丙等:薪资下调一级档位;

丁等:解雇。

3. 生产直接人员,根据国家相关法律法规调整。

十、考核纪律

1. 上级考核必须公正、公平、认真、负责,上级领导不负责或不公正者,一经发现将给予降职、扣除当月绩效奖或扣分处理。

2. 各部门负责人要认真组织,慎重打分,凡在考核中消极应付,将给予扣分甚至扣除全月绩效和岗位津贴。

3. 考核工作必须在规定的时间内按时完成。

4. 弄虚作假者,考核者与被考核者的绩效一律按0分记。

十一、考核仲裁

1. 为保证考核的客观公正、持续改善考核方法,特成立考核小组,人员为各部门权责负责人,组长为人力资源部经理。

2. 考核小组负责处理以下事务:

A. 对考评人的监督约束;

B. 考核投诉的处理;

C. 讨论并通过各部门设定的绩效考核指标;

D. 每半年检查考核制度,视情况修订考核制度及指标。

3. 被考核人对考核结果持有异议时,可在绩效面谈结束之后的三天内向考核小组提出仲裁,逾期不予受理。

4. 考核小组接到被考核人的仲裁申请后,在考核面谈的第5天组织考核仲裁,仲裁结果为终审。

十二、绩效面谈

1. 绩效面谈是提高绩效的有效途径,各部门主管权责主管必须在考核结束后一星期内安排绩效面谈,办公室职员的上司安排单独绩效面谈,普通员工可以"考核总结会议"的方式进行,但对于最优秀员工与最差员工,应予以单独面谈,并在考核结束后的10天内将面谈记录原件交到人力资源部,部门留存复印件。

2. 绩效面谈的内容详见考核表背面的《绩效面谈表》,面谈记录的内容将作为员工下一步绩效改进的目标,培训安排的参考。

十三、本办法执行初期每半年检视讨论一次 ,以后视实际执行需要修订,考核小组总结讨论后交人力资源部负责修订,呈报总经理审核后批准执行。

十四、本办法的解释权由人力资源部负责。

十五、本办法自公布之日起执行。

模块六　薪酬和福利管理

项目一　薪酬设计概述

学习目标

【知识目标】

1. 掌握薪酬及相关概念；

2. 熟悉薪酬体系的构成内容；

3. 薪酬设计的内涵及理论基础；

4. 薪酬设计的基本原则。

【能力目标】

1. 通过学习薪酬体系的构成内容，能够区分出企业的薪酬构成内容中哪些是属于经济性报酬的内容，哪些是属于非经济性报酬的内容；

2. 针对企业中所指定的薪酬制度，能够指出其薪酬制度设计的理论基础及其来源。

案例导入

A 公司是一家私营的燃气供应经营企业，由于近年来加大业务拓展，企业实力获得了很大的提高。为了实现企业的长远发展，更好地留住关键岗位人员、调动员工积极性，吸引更多高素质的人才进入企业，公司近年来在原有的薪酬基础上大幅度提高了员工的薪资水平。同时，公司还对原有的薪酬制度进行了调整，将员工岗位按职位管理体系划分为四个层级，即高层、中层、执行层、操作层。薪资模式采用了结构工资制，由基本薪资、绩效薪资及奖金三部分构成，不同岗位的员工享受不同的工资待遇，绩效考核结果与薪酬直接挂钩。同时，公司实行了密薪制。

改革后，公司每年的工资总额都有较大比例的提高，但效果却并不理想：近两年来人才流失的情况不但没有减少，员工的工作积极性也没有达到预期的效果，中高级人才引进进展迟缓。公司的 HR 们也开始抱怨："现在不但人才难找，更糟糕的是找到了也留不住，白白浪费了企业很多的人力、财力……"

半年前，一个更让公司 HR 们头疼的问题出现了：公司薪酬信息外泄！这导致了一系列的连锁反应:由于销售部门的平均薪酬高出其他部门很多,部门间的相互猜忌与不信任开始出现,尤其是售后服务部门与销售部门之间产生了隔阂;公司的内部薪酬体系公平性遭到质疑,薪酬较低的员工对公司满意度降低,消极怠工甚至愤然辞职的现象频发,严重影响了企业的工作氛围和员工队伍的稳定性。

【案例提示】

1. 公司人力资源部在保证薪酬具有外部竞争力的同时,应该如何保证薪酬的内部公平性?

2. 公司在留住人才方面,除了依靠薪酬之外,还应该采取哪些方面的措施来留住人才?

任务一　薪酬的内涵与薪酬体系的构成

一、薪酬及其相关概念

薪酬是员工为企业提供劳动而得到的各种货币与实物报酬的总和,可以包括工资、奖金、津贴、分红、福利等。

工资通常以工时或完成产品的件数计算员工应当活动的劳动报酬。如计时工资(小时、日、周、月工资)或计件工资。

奖金是企业为超额或提前完成任务及取得优秀工作成绩而支付的额外报酬。如年终奖金、业绩奖金等。

福利是用人单位为员工提供的福利项目,如带薪休假、各种保险等。

津贴是指针对员工在艰苦、特殊条件下进行工作时,企业给予员工的额外经济补偿,例如夜班津贴、高温津贴等。

分红是指企业单位提取一定比例的盈利,分配给该企业单位一般被雇员工的报酬。

收入是指员工所获得的全部报酬,包括薪资、奖金、津贴和加班费等项目的总和。

二、薪酬体系的构成

薪酬体系是指薪酬中相互联系、相互制约、相互补充的各个构成要素形成的有机统一体。[①] 广义的薪酬体系一般分为经济性报酬和非经济性报酬两大部分,详见图 6-1。

(一)经济性报酬

经济性报酬可以分为直接的经济报酬和间接的经济报酬,直接经济报酬主要包括工资、津贴、各种奖金、股权等;间接经济报酬又称为福利,主要是指直接经济报酬之外的各种经济回报,例如,社会保险福利、用人单位集体福利等。

(二)非经济性报酬

非经济性报酬主要是指员工个人对工作本身或者是在心理或物质环境上的满足感,

---

① 刘洪. 薪酬管理[M]. 北京:北京师范大学出版社,2007:10.

分为职业性奖励和社会性奖励。职业性奖励细分为:职务晋升机会、员工自我发展、工作的挑战性、优越的工作环境、和谐的人际关系等。社会性奖励细分为:社会地位的标志和象征、来自企业的表扬及肯定、给予员工的荣誉和成就感等。

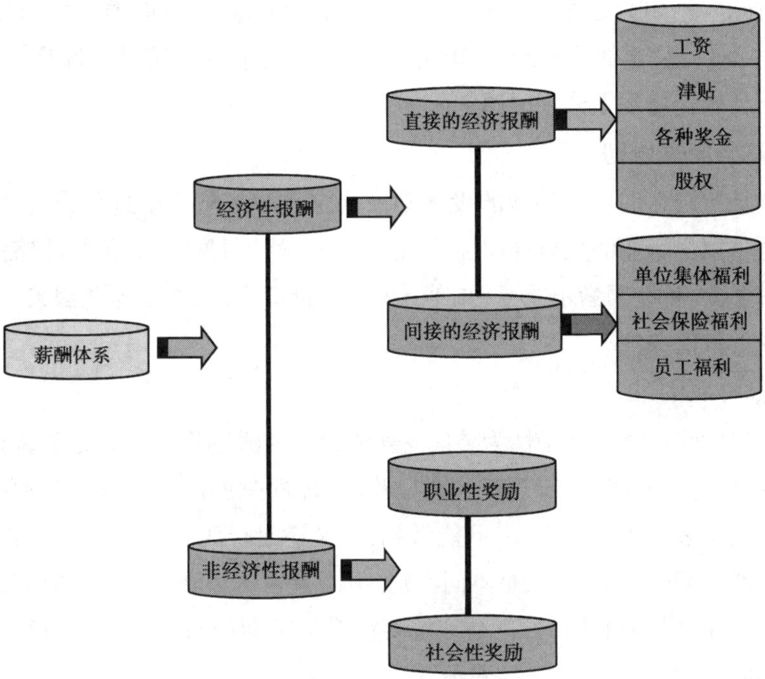

图 6-1　薪酬体系图

任务二　薪酬设计的内涵及原则

一、薪酬设计的内涵

薪酬设计是指企业根据职位职责、岗位价值、对公司的贡献度及所要求的工作技能方面的差异,对公司现有各岗位进行价值评估,根据岗位价值的大小,采用科学合理的方法来设计企业薪酬等级制度的过程。

薪酬设计是对企业员工劳动价值的具体体现。合理的薪酬设计能够充分调动员工个人的工作积极性,激发个人才能的发挥,使员工获得荣誉感、满足感,从而能够更好的促进企业的发展。并且,合理的薪酬设计能够充分反映企业岗位和员工的价值,起到良好的激励、督促作用,更加有助于企业人力资源管理战略目标和企业战略目标的实现。

二、薪酬设计的原则

薪酬设计的目的是要建立科学合理的薪酬制度体系,因此薪酬的设计必须遵循科学的理论,如公平理论、期望理论、双因素理论等。同时,薪酬设计也应遵循以下六大原则。

(一)公平性原则

公平是薪酬设计的基础。薪酬设计的公平性原则主要包括外部公平、内部公平和自我公平。其中外部公平是指本企业同本地区同行业中的其他企业相比,企业所提供的薪酬具有竞争力,能够吸引和留住优秀人才。内部公平是指员工将自己的付出、所得与企业内其他员工的付出、所得进行比较,进而做出的价值判断。自我公平是指员工对自己的所做(投入)和所得(产出)关系的合理性的感受。在薪酬设计时应遵循斯塔西·亚当斯(John Stacey Adams)提出的公平理论,防止员工因将自己付出的劳动代价及其所得到的报酬与他人进行比较而出现不公平的感觉。

(二)战略导向性原则

战略导向性原则强调企业的薪酬设计必须从企业的战略角度进行分析,制定的薪酬结构体系能够体现出企业的战略导向性。因此,企业设计薪酬时,必须从战略的角度进行分析哪些因素重要,哪些因素不重要,并通过一定的价值标准,给予这些因素一定的权重,同时确定它们的价值分配。

(三)激励性原则

薪酬设计以增强薪酬的激励性为导向。薪酬设计的激励性原则就是强调企业在进行薪酬设计时应充分考虑薪酬对于员工的激励作用,即薪酬的激励效果。激励性原则要求企业充分考虑员工多样化的需求,尽可能做到:一是满足员工的需求,并根据员工的不同需要制订相应的薪酬激励措施;二是不同类别、不同级别的薪酬水平上也应该适当有所差别,体现按绩效、能力分配的导向;三是一定要将对员工期望目标的满足与其工作努力程度紧密联系,并及时兑现给予员工的奖励。

(四)竞争性原则

竞争性原则主要是强调企业的薪酬水平在市场上具有一定的竞争力,能够吸引和留住企业发展所需的战略、关键性人才。如果一个企业的薪酬水平在同地区同行业中比较低,那么在人才竞争方面必定处于劣势,甚至会导致优秀人才流失。

(五)经济性原则

薪酬设计的经济性原则要求企业的薪酬设计要充分考虑企业自身发展的现状特点和支付能力。在设计薪酬时的一般指导原则是人力成本的增长幅度应低于总利润的增长幅度,同时应低于劳动生产率的增长速度,用适当的薪酬成本的增加引发员工创造更多的经济增加值,保障出资者和生产者的利益,实现企业可持续发展。

(六)合法性原则

薪酬设计的合法性原则是指薪酬体系的设计应当在国家和地区的相关劳动法律法规允许的范围内进行。企业薪酬体系中的一些内容的制定应严格遵守国家相关政策、法律法规的规定,例如,企业在制定工资标准时要密切关注国家法规对于最低工资标准、非全日制用工工资标准等的相关规定,不得与之相违背。

【知识链接】

报酬要素是指那些在工作中受组织重视,有助于追求组织战略并实现其目标的特征。为了发挥应有的作用,报酬要素必须包含三方面的内容:

(1)以所执行的工作本身为基础。与工作相关的文件有助于得到员工和经历的接受，这些文件容易理解，而且经得起对工资结构的各种质疑。以工作本身为基础的要素区别就提供了解释依据，恰当地选择要素甚至有可能减少质疑的可能性。

(2)以组织的战略和价值观为基础。报酬要素一定要巩固组织的文化和价值观，以及组织的业务方向和工作特性，组织及其战略方向的变化需要报酬要素做出相应变化。

(3)最终受工资结构的利益相关者能够接受。各职位在工资结构中用于定位的报酬要素也要得到认可。为了使报酬要素能为人所接受，需要考虑所有相关当事人的观点。

(资料来源：乔治·T. 米尔科维奇，杰里·M. 纽曼. 薪酬管理[M]. 6 版. 北京：中国人民大学出版社，2002.)

能力训练

案例分析：雾里看花说薪酬

有关一项薪酬调查显示，目前的薪酬体系中还是存在着很多认识上的误区，大致有以下几方面：

首先，我国目前的薪酬尚未完全市场化。同一职位的工资可以相差很大，即使同一个人，在不同的背景的企业中，其工资也可以相差几倍。金桥开发区某跨国企业一位人事经理"跳槽"至相距只有 500 米之遥的另一跨国企业，工资一下子翻了 1 倍多！可见，市场上的人才价格还没有一条基准线。

其次，某些企业的"工资"概念十分模糊。一般说来，多数企业的"年工资补充"为 1 个月，或称"年终双薪"，但有些企业的年工资补充为固定的 3 个月薪水，即全年固定拿 15 个月的薪水。还有些企业出于"规避"税收的需要，将工资切割成几个板块，一部分进入个人名下的信用卡，一部分以现金发放，或者以其他名目发放。

再次，"打擦边球"。某些企业的"三金"并未足额缴纳，相当一部分企业将员工收入"三七开"，仅将员工收入的 70% 作为缴纳基数，这当然是不合法的。

总之，不少企业目前尚处于"模糊工资"阶段，员工收入尚有许多不公平之处；再加上市场经济多元化结构的影响，薪酬不可能完全归入一个模式之下。从某种程度上说，目前的薪酬只能是"跟着感觉走"，所谓"雾里看花、水中望月"。

(案例来源：周文，黄宝明，方浩帆. 薪酬福利管理[M]. 长沙：湖南科技出版社，2005.)

【思考题】

1. 目前企业的薪酬体系存在哪些问题？管理者应怎样避免？

2. 怎样才能设计出一个科学、合理的薪酬体系？

项目二　薪酬设计过程

学习目标

【知识目标】

1. 掌握薪酬设计的一般流程；
2. 熟悉岗位评价的内涵及方法；
3. 掌握薪酬调查的步骤；
4. 了解绩效薪酬和奖励薪酬。

【能力目标】

1. 通过学习岗位评价的定义及其方法，能够运用相关方法对企业中相关岗位进行评价，为企业的薪酬设计提供科学的依据；

2. 根据所学的薪酬调查的相关内容，能够针对某一个企业设计一份薪酬调查实施的步骤设计。

案例导入

A公司是一家医药行业上市企业，后来走上多元化经营的道路，重新组建了以原来业务为主的A1公司和根据市场需求开发新药的A2公司。A2公司的经营效益好于A1公司，员工的薪资、奖金、福利也都与高于A1公司，但这两个公司却一样都存在着人员流失严重、员工积极性不高的问题。经过诊断，发现两个公司虽然独立发展、独立经营，但在公司管理理念上没有什么不同，薪酬结构、薪酬体系设计更是如出一辙①。

【案例提示】

企业的薪酬设计应针对企业的不同情况进行，具体问题具体分析，切不可盲目照搬。

任务一　薪酬设计的一般流程

薪酬设计的目的是建立科学合理的薪酬制度，不少学者都认为薪酬设计是企业人力资源管理的难点与重点。一个科学规范的薪酬设计应该包括以下六大步骤。

一、确定企业薪酬支付的策略

企业的薪酬支付策略是企业人力资源管理策略的重要构成部分，而企业人力资源管理策略反映了企业经营战略、发展战略的要求，因此制定企业的薪酬支付策略需要在企业

① 周文，黄宝明，方浩帆. 薪酬福利管理[M]. 长沙：湖南科技出版社，2005：107.

经营战略等各项战略的指导下进行，并集中反映各项企业战略的要求。一般而言，企业的薪酬支付策略要反映的内容为：对企业高级管理人才、专业技术人才、核心营销人才的价值的估计，体现出企业基本的薪酬制度和收入分配的原则等。

二、工作分析

工作分析是确定企业薪酬的基础，是员工完成工作所需要的技能、责任、知识的体现，是一项重要的人力资源管理的技术。工作分析的主要内容包括：明确工作分析获得的信息的用途并获取有关工作分析的信息，设计出组织的流程图和工作的流程图，对有代表性的工作进行分析，最后编写工作说明书和工作规范。

三、岗位评价

岗位评价是确保薪酬体系实现公平性的重要手段之一。岗位评价的目的主要有两个，一是比较企业内部各个岗位的相对重要性，得出岗位的等级序列；二是为企业进行薪酬调查做准备，消除不同企业间由于岗位名称不一致，但是工作内容一致所导致的岗位差异性，增加企业之间岗位的可比性。岗位评价作为薪酬设计流程的重要内容，其运用的评价方法将在后面的内容中做重点的说明。

四、薪酬调查

薪酬调查也是薪酬设计流程中的重要组成部分。企业要吸引并留出企业的员工，不仅要重视内部薪酬的公平性，更需要重视外部薪酬的公平性，因此企业需要开展薪酬调查。

五、薪酬定位和薪酬结构设计

通过薪酬调查后，分析同行业企业的薪酬数据，需要进行的工作为根据企业的实际状况选用不同的薪酬水平，及确定企业薪酬在同行业中的位置，即薪酬定位。明确了企业的薪酬定位后，需要考虑企业的薪酬结构设计，一般而言，薪酬结构主要包括的是基本工资、绩效工资、加班工资、福利等。

六、薪酬体系的实施和修正

薪酬体系设计完成后，需要及时的与员工进行必要的沟通交流，以保证薪酬体系的实施进行。在实施的过程中，要针对薪酬体系中出现的问题，对薪酬体系进行及时的修正。

任务二　岗位评价

一、岗位评价的内涵

岗位评价又称之为岗位测评，是在对岗位进行分析的基础上，对企业所设置的岗位承担的任务的难易程度、责任范围大小、工作强度、所需要的资格条件等因素进行分析,形成对企业岗位价值的评价。岗位评价能够衡量出企业岗位的价值,从而为企业薪酬等级的设计做准备。需要强调的一点是,岗位评价的是企业中的岗位,而非企业中的员工。

二、岗位评价的方法

在薪酬管理中,用来对岗位进行评价的方法多种多样,但常用的主要有以下四种:

(一)岗位排列法

岗位排列法是目前国内外应用比较广泛的一种岗位评价方法,其属于一种整体性的岗位评价方法。岗位排列法是评定人员根据一些特定的标准,例如工作的复杂程度、对组织的贡献大小等对各个岗位的相对价值进行整体的比较,并将岗位按照相对价值的高低次序进行排列,从而确定岗位之间的关系的评价方法。

岗位排列法基本采用两种做法。一种是直接排列法,即按照岗位的说明根据排列标准从高到低或从低到高进行排列。另一种是交替排列法,即先从所需排列的岗位中选出相对价值最高的排在第一位,再选出相对价值最低的排在倒数第一位,然后再从剩下的岗位中选出相对价值最高的排在第二位,接下去再选出剩下的岗位中相对价值最低的排在倒数第二位,以此类推,形成一个岗位评价序列。

(二)岗位分类法

岗位分类法是将企业的所有岗位根据工作内容、工作职责、任职资格的方面的不同要求,将岗位分不同的类别,然后给每一类确定其岗位价值的范围,并且对同一类的岗位进行排列,从而确定每个岗位不同的岗位价值。例如,一般可以分为管理工作类、事务工作类、技术工作类及营销工作类等。

岗位分类法是一种简便和容易操作的岗位评价方法,适用于大型组织以及需要对大量的岗位进行评价的情况,方法的灵活性较强,在组织中岗位发生变化的情况下,可以迅速地将组织中新出现的岗位归类到合适的岗位类别中。

(三)岗位要素比较法

岗位要素比较法是一种量化的岗位评价方法,实际上是对岗位排列法的一种改进,通过选择多种报酬因素,按照各种因素分别进行排序,综合考虑每一个岗位的序列等级,得出一个加权的序列值,确定最终的岗位序列。

岗位要素比较法的主要工作程序是首先要获取所需评价的岗位的相关信息,然后确定报酬要素即我们通常所讲的薪酬要素,例如,技术要素,工作条件要素等。选择一些关键基准岗位,根据报酬要素,将关键岗位进行排序。最后根据报酬要素确定各个岗位的工资率,按照工资率对所有岗位进行排序,得出岗位评价的等级序列。

(四)岗位要素计点法

岗位要素计点法又称之为点数法,在我国也有称之为计分法的,是当今工业中最广泛使用的工作评价方法。岗位要素计点法是选定一些具有关键性的岗位评价要素,确定各要素的权数,并将每个要素分成不同的等级,对每个要素中的每个等级都赋予一定的分值,按照要素的相关标准对岗位进行评估,算出每个岗位的点数,就相应得到每个岗位的评价。

岗位要素计点法的操作通常遵循以下步骤:

(1)确定所需要评价的岗位系列。由于不同部门之间的岗位差别很大,所以需要划分出岗位系列,例如,行政系列、管理系列、工程系列,等等。

(2)搜集岗位的相关信息。搜集岗位的有关信息的渠道可以包括工作说明书、职务责任书等。

(3)选择并界定薪酬要素。所选择的薪酬要素要对岗位的价值有影响,并进行仔细的界定,以确保岗位评价人员在应用薪酬要素时能保持一致。

(4)确定薪酬要素等级及其相对价值。评估者要确定岗位的要素等级,必须首先确定每个要素的等级,并确定其每个要素的权重,才能综合评价出各要素的重要程度。

(5)确定各要素及各要素等级的点值。根据企业的人力资源管理战略导向以及薪酬战略的导向,对各要素规定一定的数值,同时对各要素的等级也要规定一定的点数值。

(6)最后编写岗位评价指导手册。通过岗位评价指导手册可以把各要素及其等级的定义、点数值汇编成易于使用的手册。

三、岗位评价的程序

岗位评价的程序分为四个阶段,即准备阶段、调查实施阶段、分析阶段和完成阶段(图6-2),这四个阶段是相互联系、相互影响的。

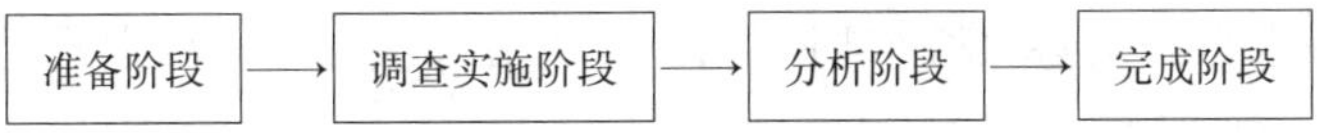

图 6-2　岗位评价的实施阶段

1. **准备阶段**　准备阶段的主要任务是根据精简、高效的原则组成岗位评价工作小组,明确岗位评价的意义、目的、方法、步骤,向有关参与岗位评定人员宣传、解释岗位评价的必要性以及重要性。收集有关岗位评价的信息,设计岗位评价所需要的表格等。

2. **调查实施阶段**　调查实施阶段的主要任务是通过编制各种调查问卷和提纲,灵活运用各种岗位调查方法,对各个岗位的工作过程、工作环境、工作内容、岗位工作人员的素质要求等方面作全面的调查,广泛收集进行岗位评价所需要的各种数据。

3. **分析阶段**　分析阶段的主要任务是岗位评价小组的成员通过仔细审核收集到的各种信息和数据,归纳、分析、总结出岗位评价的材料和要素,形成岗位说明书。同时,通过深入细致的分析,运用排列、分类等方法来确定各类岗位的价值,完成岗位评价的工作。

4. **完成阶段**　完成阶段的任务是公布岗位评价结果,并开始按照新的岗位评价序列实施新的薪酬制度。需要注意的一点是,企业需要根据不断出现的新的情况,不断修正岗位评价的结果,使人力资源的工作具有动态性。

任务三　薪酬调查

一、薪酬调查的内涵及重要性

薪酬调查是指企业通过各种渠道搜集其他企业(尤其是同行业企业)的薪酬支付状况,并进行分析的一个系统过程,通过这种调查分析能够得出被调查企业在市场上向员工支付的薪酬水平和薪酬结构等方面的信息,为本企业的薪酬设计做准备。

薪酬调查是薪酬设计中的重要组成部分,重点解决的是薪酬的对外竞争力和对内公平性问题。企业进行薪酬调查,有助于了解同行业企业调薪的时间、水平、范围等,帮助企业有针对性地设计个性化的薪酬体系,以保证薪酬具有外部竞争力。

二、薪酬调查的实施步骤

薪酬调查的实施步骤主要包括四步,如图 6-3 所示:

确定调查的目的 ⟶ 确定调查的范围 ⟶ 选择调查的方式 ⟶ 分析调查的数据

图 6-3　薪酬调查的实施步骤

(一)确定薪酬调查的目的

在实施薪酬调查时,首先要清楚薪酬调查的目的以及薪酬调查结果的用途,然后才开始薪酬调查工作。通常,企业大多数都希望薪酬调查的结果可以为以下工作提供参考依据:企业整体薪酬水平的调整,薪酬结构的调整,薪酬差距的调整,薪酬晋升政策的调整,具体岗位薪酬水平的调整等。

(二)确定薪酬调查的范围

企业进行薪酬调查需要确定薪酬调查的范围,所涉及的调查的范围主要包括以下四方面:

1. **界定劳动力市场范围,确定要调查的企业**　在选择要调查的企业时,应注意选择那些在薪酬管理方面、雇佣劳动力等方面同本企业具有可比性的企业,例如,可以选择同地区同行业中的同种类型的企业,或是其他行业中具有相类似岗位的企业。

2. **确定要调查的企业岗位及其层次**　根据可比较性的原则,选择岗位职能、岗位重要程度、工作复杂程度等与本企业需要调查的岗位相似的岗位。同时,基于时间和费用的考虑,可以选择一些关键的、具有典型性的岗位进行调查。此外,在选择时,要注意岗位层次的合理搭配,即不仅选择层次较高的岗位,也要选择层次较低的岗位。

3. **确定薪酬调查的数据**　薪酬调查的数据应该全面,而不仅局限于工资的调查,要调查薪酬系统的各个项目,既调查货币性薪酬,也要调查非货币性薪酬,例如,企业为员工提供的保险、培训费用等。

4. **确定薪酬调查的时间段**　开展薪酬调查,要明确薪酬调查的开始时间和截止时间,从而使薪酬调查能够顺利进行,保证薪酬调查获得的数据具有时效性。

（三）选择薪酬调查的方式

目前社会上比较流行的薪酬调查方式主要有政府部门薪酬调查、专业薪酬调查公司调查、人才服务机构调查等。通常，对于一些比较明确、简单、规范的岗位只需要一些简单的信息就可以实现企业薪酬调查的目的，因此可以选择一些较为简单的薪酬调查方式，例如，企业之间的相互调查、委托商业性的咨询公司进行调查、收集公开的薪酬信息等。

（四）分析薪酬调查的数据

在进行薪酬调查数据分析时，应选用那些真实、可靠的信息和数据，并采用合适的统计分析方法对薪酬数据进行分析。常用的薪酬数据分析的方法包括：频度分析、趋中趋势分析、离散分析、回归分析等。管理者可根据企业的实际情况，比如数据的完整性等要素来合理选用数据分析方法。

任务四　薪酬调整

薪酬调整是保持企业薪酬动态平衡、实现组织薪酬目标的重要手段，也是薪酬管理的重要工作。由于企业的薪酬制度和方案受到企业内外部诸多因素的影响，而这些因素随时都在发生变化，因此，为保证薪酬的制度和方案的科学性和合理性，对企业薪酬进行必要的调整就在所难免。

一、薪酬调整的方式

薪酬调整是在对企业的薪酬做出系统诊断，甄别哪些因素发生了变化的基础上做出的。根据影响薪酬调整的因素不同，可以将薪酬调整分为以下四种方式：

1. **奖励性调整**　奖励性调整的主要方式是依功行赏，例如，当企业经济效益变化时调整奖金总额，个人业绩变化时调整其奖金的系数，最终调整奖金数额。其调整公式是：

$$\text{个人奖金} = \text{企业奖金总额} \times \text{个人应得的奖金系数}$$

2. **生活指数调整**　薪酬的本质中包含了维持员工基本生活水平的要求这一因素，因此，当生活指数提高时，为使员工避免因通货膨胀而导致实际收入的无形减少，企业应提高员工的工资。当然，这种状况的持续最终会导致雇主采取减员的措施。

3. **工龄工资调整**　相当一部分企业认为，在本企业工作年限的增加，不仅表明了企业对员工的认同，而且意味着员工对企业的贡献值增加，以及其工作经验的积累、技能的娴熟和能力的增加。因此，在工资中，多有体现年资或工龄的这项内容。

4. **特殊调整**　企业对那些对企业做出特殊贡献或属于市场稀缺的岗位人才采取特殊的工资、奖金政策。当然，这类调整应该完全依据企业当时的情况和需求来确定，通常只针对少数人。

二、薪酬调整方案测算的实施步骤

（1）根据员工定级、入级规定，根据岗位评价结果或能力计价结果或绩效考核结果给员工入级；

（2）按照新的工资奖金方案确定每个员工的岗位工资、能力工资、奖金；

(3)如果出现某员工薪酬等级降低,调整后的工资方案低于原来的工资水平,根据过渡办法中的有关规定,一般是本着维持工资水平不下降的原则,维持原有的工资水平,但薪酬等级按调整后的定;

(4)如果出现员工薪酬等级没有降低,但调整后的薪酬水平比原有的低.则应分析原因,以便重新调整方案;

(5)注意汇集测算中出现的问题,以供上级参考,便于对调整方案进行完善。

【知识链接】

1. 薪酬级差就是对于同一岗位来说,两个相邻的薪酬等级之间的距离。主要是确定企业内最高等级与最低等级的薪酬比例关系以及其他各等级之间的薪酬比例关系。其中,最高等级与最低等级的薪酬比例关系,决定了企业内员工薪酬拉开差距的大小。

2. 薪酬浮动幅度是指在同一个薪酬等级中,最高档次的薪酬水平与最低档次之间的薪酬差距,也可以指中点档次的薪酬水平与最低档次或最高档次之间的薪酬差距。显而易见,分层式薪酬等级类型,由于等级较多,所以每等级的薪酬浮动幅度一般小一些;而宽泛式薪酬等级类型,由于等级较少,所以每等级的薪酬浮动幅度要大一些。

(资料来源:周文,黄宝明,方浩帆. 薪酬福利管理[M]. 长沙:湖南科技出版社,2005.)

能力训练

案例分析:朗讯的薪酬设计

朗讯的薪酬结构由两部分构成,一块是保障性薪酬,跟员工的业绩关系不大,只跟岗位有关。另一块薪酬跟业绩紧密挂钩,在朗讯非常特别的一点是,朗讯中国企业所有员工的薪酬都与朗讯全球的业绩有关,这是朗讯在全球执行 GROWS 行为文化的一种体现。朗讯专门有一项全球业绩奖(LUCENT AWARD)。朗讯的销售人员的待遇中有一部分专门属于销售业绩的奖金,业务部门根据个人的销售业绩,每一季度发放一次。在同行业中,朗讯薪酬中浮动部分比较大,朗讯这样做是为了将企业每个员工的薪酬与企业的业绩挂钩。

两大项考虑

朗讯在执行薪酬制度时,不仅仅看企业内部的情况,还将薪酬放到一个系统中考虑。朗讯的薪酬政策有两个考虑,一方面是保持自己的薪酬在市场上有很大的竞争力,为此,朗讯每年委托一个专业的薪酬调查企业进行市场调查,以此来了解人才市场的宏观情况。这是大企业在制定薪酬标准时的通常做法。另一个因素是人力成本因素。综合这些考虑之后,人力资源部会根市场情况给企业提出一个薪酬的原则性建议,指导劳资工作。

学历淡出

朗讯在招聘人才时比较重视学历,贝尔实验室 1999 年招了 200 人,大部分是研究生以上学历,“对于从大学刚刚毕业的学生,学历是我们的基本要求。”对其他的市场销售工作,基本的学历是要的,但是经验就更重要了。学位到了企业之后在比较短的时间就淡化了,无论做市场还是做研发,待遇、晋升和学历的关系慢慢消失。在薪酬方面,朗讯是根据工作表现决定薪酬。进了朗讯以后薪酬和职业发展跟学历工龄的关系越来越淡化,基本上跟员工的职位和业绩挂钩。

(案例来源:闫大海. 薪酬管理与设计[M]. 北京:中国纺织出版社,2007.)

【思考题】

1. 朗讯的薪酬确定和调整的主要依据是什么?
2. 朗讯的薪酬设计给予我们什么启示?
3. 一般来说,薪酬调查应怎样开展?

项目三　我国现行薪酬制度分析

学习目标

【知识目标】

1. 熟悉岗位等级工资制的内涵及特点;
2. 熟悉技术等级工资制的构成,了解技术等级工资制在运用过程中应注意的问题;
3. 掌握绩效工资制的构成及优缺点;
4. 了解结构工资制的内涵及运用过程中应注意的问题。

【能力目标】

1. 通过针对我国现行的不同的薪酬制度的学习,能对不同的企业的薪酬制度归属的类型进行分析;
2. 针对我国现行的不同的薪酬制度,对各项薪酬制度进行分析,能够为不同的企业、组织提供与其相适应的薪酬制度。

案例导入

京城红木家具界的北京元亨利硬木家具有限公司首开先河,打破传统木匠几百元的工资标准,一口价开出年薪 20 万的“天价”来招聘具有绝活的木匠,打造红木家具精品。

据中国硬木家具业的专家介绍,京城比较出名的红木家具生产厂家约有十几家,工匠的工资水平一般在 2 000 ~3 000 元/月,中国红木家具的整体工艺现状水平还很落后,目前工人的技术水平还有待于提高。一些红木家具甚至是粗制滥造,实际上是对极为珍稀的红木资源的破坏与浪费。

元亨利有关人士称,红木家具要工艺精湛、不能用一颗钉子、一滴粘胶就能解决,以高薪聘用木匠既是对技能的补偿,也是对工艺水准的肯定。

(资料来源:吴海花. 年薪 20 万聘木匠[N]. 生活时报,2003-05-09.)

【案例提示】

给精湛工艺的木匠以“天价”高薪体现了技术因素对工资的影响程度。

薪酬设计最终会以薪酬制度的形式公布并实施,适当的薪酬制度会给企业发展产生推动力。目前,我国现行的薪酬制度主要有四种:岗位等级工资制、技术等级工资制、绩效工资制、结构工资制。每种工资制度各有其优缺点及适用范围,企业人力资源管理者需要在全面认识不同的工资制度的基础上对工资制度进行合理的运用。

任务一　岗位等级工资制

一、岗位等级工资制的内涵及形式

岗位等级工资制是根据工作职务或岗位对任职人员在知识、技术和能力等方面的要求及劳动环境因素来确定员工的工作报酬。

岗位等级工资制有两种形式,即一岗一薪制和一岗数薪制。一岗一薪制是指凡是在同一个岗位上工作的员工都执行同一个工资标准,反映了不同岗位之间的工资差别。一岗数薪制是指在一个岗位内设置几个工资标准,反映了岗位内部不同职工之间的劳动差别。

二、岗位等级工资制的特点

岗位等级工资制的优点主要有:能够比较准确地反映员工工作的质量和数量,有利于贯彻“同工同酬”的原则;工资根据岗位确定,不易掺杂容易导致个人偏好的因素,客观性较强。当然,岗位等级工资制也有其自身不可克服的缺点,主要表现为:第一,员工只有通过变动工作岗位(即选择到高一等级的岗位上工作),才能提高工资等级,因此,这种工资制度无形中加剧了员工之间的竞争,不利于企业内部团结。第二,当企业规模很大,企业中的岗位数众多时,岗位等级数会很大,因此与岗位等级数相对应的工资级数也很多,会加重企业管理的复杂性。

需要注意的是,岗位等级工资制并非对所有岗位都适用,一般来说其适用于专业化、自动化程度较高,流水作业,工种技术比较单一,有少许级数深化要求的一线熟练工。

三、岗位等级工资制的应用

在应用岗位等级工资制时,需要注意以下问题:首先,企业在推行岗位等级工资制时,需要有配套的政策和相应的措施对其加以补充和完善,特别是要建立与岗位等级工资制相配套的人力资源管理制度。其次,企业需要建立严格、科学的企业岗位测评体系和考核体系。岗位工资的多少需要通过岗位评价来进行核定,故做好企业岗位的测评和考核体系可以有效避免分配上的不公平。最后,注意岗位等级工资制的运行要与岗位工资制度的动态运行相结合。企业应该公开岗位分析与评价的结果,让员工明白各岗位的职责,对于已经调整岗位的员工,其工资也应该相应的进行调整。

任务二　技术等级工资制

一、技术等级工资制的内涵及构成

技术等级工资制主要根据技术复杂程度、劳动熟练程度划分出等级,并规定相应的工资标准,然后根据员工所达到的技术水平评定技术(工资)等级和标准工资的一种等级工资制度。

技术等级工资制由工资等级表、工资标准表、技术等级标准等要素组成,通过对组成要素的分析和衡量,给员工规定适当的工资等级。工资等级表是指规定企业员工的工资等级数目和各工资等级之间工资差别的总览表,表示出不同质量的工作之间的工资标准的比例关系,并显示各等级工资标准的数额。工资标准是按单位时间规定的员工工资数额,表示了某一技术等级在单位时间内的货币工资水平。技术等级标准是指按照技术等级的规范来确定技术人员的技术等级和工资等级的尺度。

二、技术等级工资制的特点

技术等级工资制不仅能够区分出技术工种之间和工种内部的劳动差别和工资差别,还能够引导企业员工钻研技术,提高个人的技术水平。但是,技术等级工资制本身也存在一些缺点,如不能直接体现出劳动者的工资与其劳动绩效成绩的关系;因技术等级短期内难以提高,故可能造成绩效与薪酬脱节的现象,容易挫伤员工的工作积极性。

技术等级工资制适用于技术复杂程度高、劳动熟练程度差别大、分工较粗及工作物不固定的工作。

三、技术等级工资制的应用

在应用技术等级工资制时,需要注意以下问题:一方面,技术等级工资制实施过程中,对于工种的划分应以目前大多数企业专业分工和劳动组织的基本现状为依据,从目前生产技术和劳动管理水平的客观实际出发,适应组织劳动力的需要。另一方面,企业确定实施技术等级工资制,应首先确定技术等级标准,对员工进行技术等级考核,确定其技术等级,为技术等级工资制的实施确定考核依据。

任务三　绩效工资制

一、绩效工资制的内涵及形式

绩效工资制是以员工被聘任的工作岗位为主,根据企业经济效益和员工个人的工作业绩确定工资总额的制度。因此,绩效评估是绩效工资的核心。

绩效工资制主要有计件工资制、佣金制等形式。其中,计件工资制是指按照生产的合格品的数量(或工作作业量)和预先规定的计件单价,来计算报酬,而不是直接用劳动时间来计量的一种工资制度。佣金制是指根据员工的绩效努力结果,按照企业盈利的一定的比例给员工制定薪酬,薪酬的高低直接取决于员工的绩效结果。

二、绩效工资制的特点

绩效工资制的优点主要体现在:将员工的收入同员工的工作绩效直接挂钩,激励效果明显,也有助于保留业绩突出的员工,防止优秀人才流失。另外,该制度能使企业不断寻求改进员工的工作能力、工作方法的方式,致力于提高员工绩效。绩效工资制的不足之处在于,绩效工资制鼓励员工追求高绩效,易助长员工的短期行为,从而损害企业长远的利益,并且使员工过于重视短期行为,亦不利提高员工的技能和素质。

绩效工资制可以应用在任何领域,适用范围很广,在销售、生产等领域更是得到大家认可。

三、绩效工资制的应用

在应用绩效工资制时,需要注意以下问题:首先,绩效工资制的有效设计与实施,必须依托于科学、合理的绩效考核和认定机制,使员工有清晰、具体的期望。其次,绩效工资制的实施应该具有普遍性,即公司中的员工都要有绩效工资,不能有些员工有,有些员工没有。最后,在公司制定绩效工资制时要让所有的员工都参与,参与的过程是一个很好的沟通和培训的过程,也是让公司和员工发现问题和树立成功实施信心的过程。

任务四　结构工资制

一、结构工资制的内涵及构成

结构工资制是指依据工资的各项职能,将工资分解为相应的独立部分,并分别确定工资,各部分又规定不同的结构系数,最后将其相加为员工的工资报酬的一种制度。结构工资制能较好地体现劳动者的素质、能力、资历、贡献等各方面因素,使各种工资的职能都得到充分的发挥,有利于激励劳动者更好地发挥积极性。

企业结构工资制的构成可以根据不同情况做出不同的具体规定,一般包括以下六个部分内容:基础工资、岗位工资、技能工资、效益工资、浮动工资、年功工资。

二、结构工资制的特点

结构工资制的优点主要包括以下三个方面:

(1)结构工资中的各部分工资的职能作用均能得到充分发挥,综合考虑了员工对企业所付出的劳动。既能照顾年轻员工的特点,又考虑企业年长员工工龄长、技术水平高等特点,可以充分调动各类员工的工作积极性,易产生公平感和激励作用。

(2)具有高度的灵活性。结构工资制将员工的工资与其资历、技能、贡献等因素相联系，各部分工资既相互独立，又相互联系，员工任何一方面情况发生变化，都可在工资上得到反映。

(3)具有较强的应用性。企业、机关、事业单位均可采用，管理人员、技术人员等都适用。结构工资制的主要缺陷在于合理的确定和保持结构工资制各组成部分的比重的困难较大，且由于各组成部分多并独立运行，工资的管理工作较为复杂。

三、结构工资制的应用

在应用结构工资制时，需要注意以下问题：其一，由于企业员工的工作特点不同于国家机关工作人员的工作，因此，具备条件的企业在实行结构工资制时，应区别于国家机关实行的以职务工资为主的结构工资制，尽可能充分适应企业生产经营的特点。其二，企业实行结构工资制时，其工资结构中具有灵活性的部分应保证占有较大的比例，以利于将员工的工资同其本人的实际劳动成果紧密联系起来，从而有效激励员工为企业创造更多的物质财富。其三，由于结构工资制要对劳动诸要素进行比较细致的划分和归类，并要求工资各构成部分与之相对应并随之浮动，因此，实行这种工资制度，要求企业具有较高的管理水平、较健全的规章制度，同时要求企业经济效益能持续稳定增长，有较强的资金承担能力。

【知识链接】

1. 以技术为基础的薪酬，又称为以技能为基础或以应用知识为基础的薪酬，主要适用于“蓝领工人”。以技术为基础的薪酬与员工的技能存在较大联系。

2. 以能力为基础的薪酬是将公司中表现突出、对公司的市场竞争能力有决定作用的员工的能力定位标准，然后通过相应的报酬机制鼓励其他员工发展该项能力的薪酬制度。

3. 以绩效为基础的薪酬是一种将薪酬与特定绩效目标相联系的薪资模式，它不是由任职资格所保证的，必须依靠个体努力去获取，而且，绩效薪酬数额随待定绩效目标的完成状况而浮动。

（资料来源：周文，黄宝明，方浩帆. 薪酬福利管理[M]. 长沙：湖南科技出版社，2005.）

能力训练

案例分析：某百货公司的工资制度

我国某百货公司的营业员的工资收入，90%是效益工资和技能工资，其中，技能工资是效益工资的一部分，即年终考核达标，拿全额效益工资，反之，扣一定数额的效益工资。效益工资按当年公司下达给商品柜组的销售任务和经营利润指标进行考核，同时把服务规范、商品质量、安全保卫等作为否定指标考核。采取2级分配法，即实行公司对商品柜级：柜组工资 = 柜组销售额工资 + 柜组利润工资 − 公司对柜组其他指标考核扣罚额，其中，柜组销售额工资 = 柜组实际完成销售额 × 提取比例；经营大件商品柜组销售额工资占全部销售额工资的70%，经营一般商品的柜组的销售额工资占全部销售额工资的50%。柜组利润工资 = 柜组实际完成经营利润 × 提取比例；经营大件商品柜组利润工资占全部工资的30%，经营一般商品的柜组和利润占全部工资的50%。柜组完成利润指标的，可提取全部利润工资，完不成的，每差1%减人均工资的1%；超额完成的，超10%以下每超1%增1%的人均工资；超额完成10%以上的，每超1%增1.5%的人均工资。柜组对营业员：营业员工资＝营业员销售额工资＋营业员利润工资－柜组对营业员其他指标考核扣罚额，其中，营业员销售额工资＝个人实际完成销售额×提取比例：营业员必须完成当月销售指标的70%，如连续两次完不成，则下岗一次，拿公司所在市规定的最低工资，下岗两次，则解除合同。

（资料来源：中华管理学习网 http://www.100guanli.com/detail.aspx?id=195065&ExamId=5344）

【思考题】

1. 该百货公司实行什么类型的工资制度？
2. 分析该百货公司工资制度的特点和作用。
3. 在现实中，不同的公司根据什么来选择采用不同的薪酬制度？

项目四　福利管理和设计

学习目标

【知识目标】

1. 了解福利的概念和特点；
2. 熟悉福利的功能和种类；
3. 了解企业进行员工福利管理的重要性；
4. 掌握福利管理和设计的方法。

【能力目标】

1. 通过学习福利的概念和种类，能够分析企业中的福利种类的归属；
2. 针对某一个企业进行员工福利需求的调查，能够为其提交一份员工福利需求的调查结果的报告。

案例导入

据调查数据显示，跨国大公司在过去的50年里，平均工资增长了40倍，而福利增长了500倍。在世界500强企业中，员工的工资和福利也几乎达到了1∶1的比例。

TCL集团信息产业公司主管人力资源的负责人在谈到福利时认为，一流的工作环境、一流的福利待遇能够培养融洽的关系，能够使员工有归属感和自豪感。他说：“福利在员工收入中的比重越大，企业越能长久地留住人才。”上海贝尔有限公司总裁谢贝尔也曾说：“深得人心的福利，比高薪更能有效地激励员工。”①

【案例提示】

福利为什么具有如此大的魅力？

任务一　福利的概念与特点

一、福利的概念

福利是指企业为了保留和激励员工，向企业员工提供的非现金形式的物质待遇，通常以服务或实物的形式支付给员工。因此，福利与津贴的最大区别就是福利是非现金形式的报酬，而津贴是以现金形式固定发放的报酬。

二、福利的特点

目前福利在企业员工中的受欢迎程度越来越高，“福利”一词也逐渐成为职场上和人力资源管理的一个热门词汇，有远见的企业开始关注福利制度的设计和建设。部分管理界人士认为，这与激烈的人才竞争以及员工福利本身的特点有直接的关系。员工福利的主要特点有：

1. **员工福利具有补偿性**　员工福利是对员工为企业提供劳动的一种物质性补偿，也是员工工资收入的一种补充形式，具有补偿员工的性质。

2. **员工福利具有平等性**　在企业内履行了相应劳动义务的员工，可以平等地享受企业的各种福利。

3. **员工福利具有灵活性**　福利可以根据员工的需要灵活的制定企业员工的福利计划，也可以列出“福利菜单”，由企业中的员工在设定的范围之内自由地选择自己的福利，具有很强的灵活性。

4. **员工福利充满集体性色彩**　企业设计的各种福利内容都是针对企业员工集体的，而非指定员工个人，例如，员工集体享有或者是共同使用企业共同的物品等都是员工集体享有企业福利的体现。

任务二　福利的功能及其种类划分

一、福利的功能

在增加员工的安全感、忠诚度、工作热情、吸引优秀人才等方面，福利起着非常重要的作用，福利对于企业的价值和功能主要体现在以下几个方面：

---

① 周文，黄宝明，方浩帆. 薪酬福利管理[M]. 长沙：湖南科技出版社，2005：303.

1. **增加对优秀人才的吸引力** 优秀的人才是企业发展的重要力量，以往的观点认为，企业是靠高工资来吸引优秀人才和留住企业的优秀员工，现在越来越多的企业认识到，良好的福利有时比高工资更能吸引和留住人才。

2. **有助于提高企业员工的士气** 企业为员工提供良好的福利，能够使员工解决后顾之忧，使员工能够以更大的热情投入到工作中，极大地提高了员工工作的积极性，有助于提高员工的工作士气。

3. **有助于企业员工稳定** 良好的福利待遇能够使员工打消离开企业的念头，建立起员工对于企业的高度忠诚感，降低员工流动率，稳定企业员工队伍。

4. **更好的激励员工、凝聚员工** 企业提供良好的福利待遇能够使员工产生较高的工作满意度，进而激励员工自觉地为企业的目标而努力。同时，良好的福利待遇无疑是凝聚企业员工的一个重要因素。

二、福利种类的划分

根据福利的范围可以划分为国家性福利和地方性福利。国家性福利是指在全国范围内以社会成员为对象而举办的福利事业，地方性福利是指在一定地域内以该地区的居民为对象的福利事业。

根据福利的内容可以分为法定福利和企业福利。法定福利是指政府通过立法要求企业必须提供的，如社会养老保险、社会失业保险、社会医疗保险、工伤保险、生育保险等；企业福利是指用人单位为了吸引人才或稳定员工而自行为员工采取的福利措施，如工作餐、工作服、团体保险等。

根据享受的范围不同，福利可以分为全员性福利和特殊群体福利两种。全员性福利是指全体员工可以享受的福利，如工作餐、节日礼物、健康体检、带薪年假等；特殊群体福利是指供特殊群体享有的福利待遇，这些特殊群体往往是对企业做出特殊贡献的技术专家、管理专家等企业核心人员，特殊群体的福利包括住房、汽车等项目。

任务三　福利的设计

为了能够保证企业给员工提供的福利项目能够充分发挥其功能，在福利设计的实践过程中，一般要遵循以下步骤：

一、调查阶段

要实现福利对于员工的激励功能，企业必须为员工提供能真正满足员工需要的福利项目。因此首先必须进行福利需求的调查。福利需求调查应该引起企业的足够重视，在以往，大多数企业往往忽略这一点，盲目地为企业员工提供各种福利，支出了大量的费用，但却没有产生理想的效果。因此在进行福利调查时，可以分两部分调查内容进行，一部分是由企业给出福利计划单，员工可以进行选择，另一部分由员工填写对企业的福利意见，这样便于企业进行总结员工福利需求。

二、规划阶段

福利需求调查结束后，针对调查得出的结果，企业需要对福利设计进行规划。首先，企业应该针对企业内部福利需求调查的结果结合企业外部的情况以及企业自身的实力，量身制作本企业的福利项目。然后，针对设计出的福利项目，进行福利的成本预算。最后，需要制订出福利的详细实施计划，例如，福利产品的购买时间、发放时间等。

三、实施阶段

实施阶段就是要按照在规划阶段中已经制定好的福利实施计划向员工提供具体的福利产品。如果企业没有出现特殊情况，应该严格按照既定的福利实施计划进行，这样方便企业对福利成本的控制，如果出现一些意外情况，企业应该进行灵活的控制与适当的调整，保证福利项目提供的效果以及福利成本的控制。

四、反馈阶段

福利实施之后，应该针对福利的实施情况，对员工进行福利反馈调查，以便总结福利设计中的经验和不足，从而不断的完善福利设计的整个过程，改进企业员工福利设计的质量，完善福利产生的效果。

【知识链接】

1. 何谓“弹性福利”？弹性福利常常被称为“自助餐福利”，是因为这种福利制度有别于传统的固定式的员工福利制度，它允许员工从企业提供的一份列有各种福利项目的“菜单”中自由选择其所需要的福利。另外，弹性福利制度非常强调员工参与的过程，希望从更多的角度来了解企业员工的需要。

2. 社会保险是指国家通过立法，多渠道筹集资金，对劳动者在因年老、失业、患病、工伤、生育而减少劳动收入时给予的经济补偿，使他们能够享有基本生活保障的一项社会保障制度。

（资料来源：刘洪. 薪酬管理[M]. 北京：北京师范大学出版社，2007. ）

能力训练

案例分析：上海贝尔的福利比高薪更有效

意识到人在经营中的重要性并不困难，难的是如何在企业的日常经营中贯彻以人为本的经营方略。上海贝尔在这方面做了一些卓有成效的探索，自然也体现在企业的福利政策上。企业管理层为塑造以人为本的理念，在实际中致力于以下几项工作：

创造国际化发展空间

为了让员工真正融入国际化的社会、把握国际企业的运作方式，上海贝尔的各类技术开发人员、营销人员都有机会前往上海贝尔设在欧洲的培训基地和开发中心接受多重培训，也有相当人数的员工能获得在海外的研发中心工作的机会，少数有管理潜质的员工还被企业派往海外的名牌大学深造。

力推自我完善

从企业长期发展的远景规划以及对员工的长期承诺出发，上海贝尔形成了一套完善的员工培训体系。上海贝尔尽管不时从外部招聘一些企业急需的人才，但主要的人才来源是高等院校毕业的本科生和研究生。他们进入上海贝尔后，必须经历一个月的入职培训，随后紧接着是为期数月的上岗培训；转为正式员工后，根据不同的工作需要，对员工还会进行在职培训，包括专业技能和管理专项培训。

培育融洽关系

上海贝尔的福利政策始终设法去准确反应员工变动的需求，上海贝尔企业员工队伍的年龄结构平均为28岁。大部分员工正值成家立业之年，购房置业是他们生活中的首选事项。在上海房价高的情况下，上海贝尔及时推出了无息购房贷款的福利项目，在购房时助员工们一臂之力。在员工工作满规定期限后，此项贷款可以减半偿还。如此一来，既替年轻员工解了燃眉之急，也使为企业服务多年的资深员工得到了回报，同时也从无形中加深了员工和企业之间长期的心灵契约。当企业了解到部分员工有意购置私家轿车时，上海贝尔又为这部分员工推出购车的无息专项贷款。

企业如此善解人意，员工当然投桃报李，对企业的忠诚度得以大幅度提升。

（案例参照：闫大海．薪酬管理与设计[M]．北京：中国纺织出版社，2007.）

【思考题】

1. 福利为什么甚至比高薪还重要呢？
2. 企业应该怎样设计有效的福利项目？

项目五　附录：薪酬福利制度举例

××研究设计院有限公司薪酬福利制度实施方案

第一章　总则

为适应社会主义市场经济发展和现代企业制度的要求，调整企业内部分配结构，建立与现代企业制度相适应的薪酬福利管理制度，按照公司经营理念和管理模式，遵照国家有关劳动人事法规、政策和公司其他有关规章制度，公司特制定本方案。

第二章　原则

第一条　坚持各尽所能、按劳分配、效率优先、兼顾公平、激励和约束相结合的原则。

第二条　坚持工资增长幅度不超过本公司经济效益增长幅度，职工实际收入增长幅度不超过本公司劳动生产率增长幅度和支配原则。

第三条　坚持符合公司专业特色和经营管理特点的原则。

第四条　坚持可持续发展原则，制定的薪酬福利方案为公司的长期发展战略规划服务。

第三章　设计思路

第五条　本方案的薪酬福利制度主要侧重工资、奖金和福利津贴等经济性报酬，专设中长期激励的薪酬福利制度，侧重对非经济性报酬的描述，实现短期激励与长期激励相结合，为公司的长期战略发展规划服务。

第六条　设计的关键思路

一、以岗位责任、岗位绩效和岗位技能等指标综合考虑员工报酬，并适当向责任大、技术含量高的关键性岗位倾斜。

二、对于职能管理人员尽量使固定薪酬与浮动薪酬比例保持均衡；对于工程设计人员尽量降低固定薪酬所占比例，提高浮动薪酬比例，实现各尽所能，贯彻按劳分配原则。

三、实行绩效考核与薪酬挂钩机制。

四、为实现效率优先，兼顾公平原则，实行加班费提取的制度。

五、为满足员工对福利多样化需求趋势，最大限度地调动员工的工作热情，引入国外最先进的弹性福利制度。量身打造符合公司现实的“套餐式福利制度”。

第七条　适用范围

本制度适用于与公司签订正式劳动合同的所有员工中经考核合格聘任上岗者。

第四章　薪酬和福利制度

第一节　工资制度

第八条　工资模式

工资模式采用岗位绩效工资制模式，由基本工资、岗位工资、年功工资、岗位工资四个单元组成。前三个单元为固定部分，约占工资总额比例的80%，根据职工出勤和上岗情况，按月发放；后一个单元为浮动部分，占工资总额比例的20%，根据单位实现目标效益的情况分配。

第九条　工资标准

一、基本工资

凡经考核合格聘任上岗的管理、设计、操作人员执行见习期、适用期以及仍在工作岗位等待上岗人员，基础工资标准为740元/人月。凡离开工作岗位人员基础工资标准为370元/人月。

二、岗位工资

管理人员设置十个工资岗位等级；设计人员设置九个工资岗位等级；操作人员设置三个工资岗位等级。

三、年功工资

（一）设置标准：年功工资的标准为50元/年。

（二）执行标准：年功工资采取逐年增加的方法，工龄计算从试用期起，满一年后计发年功工资。

四、岗位绩效工资

为拉开工资档次，实现按效取酬、能升能降的内在激励机制和约束机制，体现团体绩效和薪酬的挂钩，特设置岗位绩效工资。

第十条 工资扣发办法

详见关于假、旷工、早退的工资扣发办法。

第二节 奖金制度

第十一条 奖金模式

结合公司专业特点，针对不同职员实行不同的奖金模式。对于除司机、晒图人员以外的中层职能管理人员实行动态职能奖金模式；对于司机及晒图人员实行计件奖金模式；对于设计人员实行项目提成奖金加浮动绩效奖金混合模式；经营管理者实行年薪管理办法。

一、司机及晒图人员奖金设置标准

（一）司机岗：市内出车一次奖金15元；四郊五县出车一次奖金20元；市外出车奖金50元；安全奖200元/月（如发生交通事故扣除）。

（二）晒图岗：按晒图数量、发图项目数量、文件装订数量以及复印数量计提奖金。

二、工程设计人员

（一）奖金模式：实施设计项目提成奖金加浮动绩效奖金混合模式。

（二）项目提成奖金：项目提成奖金比例建议由技术主管协同经营室抽调各所各专业一名设计人员，按照项目的难度系数、技术含量、质量控制复杂性、协调指数等进一步细分项目，重新设计项目提成比例，尽量符合公平性原则。同时在原有项目提成比例的基础上下调一个百分点，转入浮动奖金里实现。

（三）浮动绩效奖金：浮动绩效奖金是为了体现公司整体业绩、个人表现同绩效挂钩的机制而设置的奖金，绩效奖金提成比例占年度公司净利润总额的5%。

第十二条 院长奖励基金

为奖励设计质量与设计创新或有特殊贡献的人员，设立100万元人民币院长奖励基金。分设优秀设计奖、创新奖、特殊贡献奖三个奖项。优秀设计奖针对工程设计人员，每年度必须由项目负责人向评审团提交优秀设计申报材料，严格按照程序文件执行优秀设计评审；创新奖则针对职能管理人员设定，对于成本控制、创收、工作方法等提出可行性创新建议的员工均可参加创新奖评审，由人力资源中心协助主管院长进行评定；特殊贡献奖针对为企业发展作出突出贡献的员工，具体参评办法见公司政策流程中的规定。

第三节 福利制度

第十三条 福利模式

为满足员工对福利多样化需求趋势,最大限度地调动员工的工作热情,引入国外最先进的弹性福利制度:"套餐式福利制度"。套餐式福利模式包括基础性福利和变动性福利两种形式。

第十四条 基础性福利

一、津贴

(一)管理职务津贴:管理职务津贴按职务等级执行不同数额的津贴。

(二)特殊津贴:为推动企业发展,促进员工提高专业素质,对取得特殊成就和资格的员工采取专项津贴。具体为:取得一级注册建筑师享受2万元/年津贴和一级注册结构师享受1.5万元/年津贴待遇。

(三)主任工程师津贴:主任工程师是设计院各自相关专业的技术带头人。主任工程师负有审查设计项目、为设计项目技术把关,解决技术难题,承担各自专业的技术责任。主任工程师享受400元/月专项津贴待遇。

(四)津贴发放办法:以上津贴每月发放50%,年末考核后全部兑现,兼职党务工作和兼职工会工作人员津贴另行规定。

二、福利补贴:包括夜班津贴、住房津贴、书报费、福利费、回民费等,其标准按照市统一规定的范围和标准支付。

三、其他:设有养老金、公积金、失业金、医疗保险金,其标准参照市统一规定的标准和比例,由企业代为扣缴。

第十五条 变动性福利

变动福利主要与绩效考核挂钩。

(一)对于工程设计人员,根据年度绩效考评指标进行成对比较排序,位于前三名的员工除了可以享受公司净利润总额的6%的浮动绩效奖金以外还可以自行选取福利套餐。

(二)对于职能管理人员,年度职能等级绩效考评达到A级职员,除了享受下一年度A级职能奖奖金外还可以自行选取福利套餐。

第十六条 附则

(一)本方案未尽事宜、另行规定请参见公司其他政策中规定的相应条款。

(二)本方案的解释权在公司人力资源部。

××研究设计院有限公司

2009年1月1日

模块七 职业生涯规划和发展

项目一 职业生涯规划和发展的概念与诊断

学习目标

【知识目标】

1. 掌握职业生涯规划和职业生涯发展的概念；
2. 熟悉职业生涯规划和发展诊断的内容；
3. 了解职业生涯规划和发展诊断的方法。

【能力目标】

通过学习职业生涯规划和发展诊断的内容及方法，结合所学的知识能对自我做出简单的职业生涯规划诊断。

案例导入

当雅虎准备在网络市场中大显身手时，蒂姆·库勾因为有资深的高科技背景，因而被聘为雅虎的总裁与执行官。

打从孩童时代，蒂姆·库勾就是一个企业家。9 岁时，他是个报童；14 岁时，他开始打理花园的生意；青少年时期，他做过很多工作，在麦当劳打过工；大学毕业后，第一份工作是在大型农具制造公司上班；攻读研究生时，蒂姆开始工程设计的事业，并开设一家赛车引擎改装公司。毕业后，又开设过好几家公司，但后来都转手让人，最后他在摩托罗拉落脚。进入雅虎之前，蒂姆是西雅图一家制造自动资料收集及信息传输产品的公司——英特麦克的总裁。在英特麦克之前，蒂姆在摩托罗拉公司待了近 9 年，这期间他担任过掌管公司运作及投资两方面的高级主管的职务。

蒂姆的职业生涯是成功的。很多人念完高中、大学甚至研究生，都还不能明确自己未来追求什么。然而，蒂姆很早就知道自己喜欢什么，他数理成绩一直很好，从高中开始就对机械与设计产生了兴趣。谈到自己的职业发展，蒂姆说："我从未计划要做某家公司的总裁，我只是做我真正喜欢的事，就是机械与设计，只不过我同时又担负越来越多与商业有关的责任。我天生就懂得如何协调各组人马的分工，也做得很成功，因此才开始负起主管级的责任。”蒂姆的成功大半归功于他定下的目标，“我父亲有一次告诉我，找到自己真正喜欢做的事，以此为事业目标，要是你做得如鱼得水，你就会做得好”。

蒂姆的故事告诉我们，要拥有成功的职业生涯，就必须学会认识自我、选择适合自己的职业、设定自己的目标并不懈努力，这正是本章讨论的主题。

（资料来源：罗纳德·耶普尔. 进军年薪200万：300位名校MBA与您探讨获得高薪的法则[M]. 上海：上海远东出版社，2000.）

【案例提示】

蒂姆·库勾的职业生涯成功并非偶然，在能够成为雅虎的总裁与执行官之前，他进行了怎样的职业准备？

任务一　职业生涯规划和发展的概念

“生涯”一词的英文是Career，意思是指两轮马车，引申为道路，也就是人生的发展道路，简单地说，“生涯”是从我们出生到年岁终止的过程。职业生涯是指个人职业的发展道路，包括就业的形态、工作的经历以及与职业相关的活动等，指的是一个人从职业学习开始到职业劳动最后结束的经历过程。

职业生涯规划（career planning），可以简称为生涯规划，是指组织或个人结合自身条件和现实环境，确立自身的职业目标，选择职业道路，制订相应的培训、教育和工作计划，并按照职业生涯发展的阶段实施具体的行动以达到目标的过程。

职业生涯发展是职业生涯计划的实施，其实质是帮助员工确定自己的职业兴趣以及制订明智的职业发展计划①。企业员工的职业生涯规划，实际上包含两个层面，即组织层面的职业生涯规划与个人层面的职业生涯规划。在本书本章内容中重点讲述的是个人层面的职业生涯规划和发展。

任务二　职业生涯规划和发展的诊断

职业生涯规划和发展的诊断主要是指对自身和外部条件进行充分的分析，对自己将来所能从事的职业以及可能将要经历的职业生涯过程进行初步设定。职业生涯诊断能够帮助员工真正了解自己，通过进一步详细评估内外部环境的优势、限制，在结合外部情况和内部自身条件的情况下，寻找出合理且可行的职业生涯发展方向。

一、职业生涯规划和发展诊断的内容

通过职业生涯诊断能够对自身做出分析，有助于个体职业生涯规划和发展的进行。一般来说，职业生涯诊断主要包括以下四方面的内容：

（一）自我分析

自我分析是指个人对自己的了解和认识，其中包括认识自己的优点和缺点，对自己期

---

①　杜林致. 职业生涯管理[M]. 上海：上海交通大学出版社，2006：38.

望、动机等方面的分析,具体来说:

1. **个人部分** 个人部分主要包括:健康状况,即个人的身体健康状况是怎样,是否有不良的生活习惯,是否有助于或有损于身体健康的活动等;自我学习方面,个体是否具备一技之长或者是否持续不断的读书学习等;休闲方面,个体是否有休闲活动,是否有休闲计划,对自己的身心和工作产生了怎样的影响等。

2. **事业部分** 事业部分主要包括:个体财富的拥有,如员工个体的薪酬、储蓄情况、动产和不动产方面以及其他收入等;社会地位方面,现在处于什么职位,是否具有晋升的机会,人际关系情况等;自我实现和发展方面,对于目前工作的态度,是否具备实现自己人生目标的条件等。

3. **家庭部分** 家庭部分也包括三方面的内容:家庭生活质量方面,包括居家的环境、房子的布置和设备、精神文化方面的生活、家庭学习计划等;家庭关系方面,家庭是否和谐、成员之间是否具有共同的发展目标、家庭成员之间沟通是否良好及其他旅游活动等;家人健康状况,包括家里是否有小孩、孩子的健康状况以及其他家庭人员的健康状况等。

(二)环境分析

职业生涯诊断的内容还要关注环境情况,对环境进行分析。环境分析是指对社会环境的分析和对组织环境的分析,社会环境分析涉及社会政治、经济发展的趋势及自身接触的外部条件,组织环境涉及企业的内外环境条件。综合而言,二者主要包括的内容如下:

1. **朋友条件** 自己的朋友是否比较多、个性多样化程度以及具有的职业能力情况。

2. **行业条件** 密切注意当前及未来一段时间内社会所需要的行业。

3. **企业条件** 所在的企业是否具有改革的计划,企业需要怎样的人才等。

4. **地区条件** 所在的地区经济发展程度及社会福利方面的发展情况等。

5. **社会条件** 注意所在社会的政治、法律、经济、社会与文化、教育等条件,该社会的特性及潜在的市场条件。

(三)关键成就因素分析

关键成就因素分析主要是指分析哪些因素能够帮助个体在职业生涯发展的成就中起到具有关键性作用,通常包括三方面内容:

1. **人际关系方面** 主要包括家族关系、姻亲关系、同事关系、同学关系、社会关系以及自身的沟通能力与自我推销能力。

2. **物质财富方面** 主要包括薪酬所得、有价证券、基金、存款、资产等。

3. **知识获取方面** 主要包括知识能力、技术能力、预测能力、时间管理能力,以及安排学习计划、进修等方面的能力。

(四)关键问题分析

关键问题的分析是指在职业生涯规划和发展的过程中,哪些问题能够成为影响个体职业生涯进程的关键,主要分析的问题包括:

1. **问题发生的领域** 分析的主要角度包括家庭问题、自我问题、工作问题等。

2. **问题的难易程度** 主要为待分析的关键问题在完成过程中的难易、复杂程度,例如,需不需要学习新的技能、需不需要个人改变态度与价值观等。

3. **自己与组织的相互配合情况**　主要包括的方面为自己是否为组织作出贡献、是否在组织内部发挥专长、与组织其他人员的团队合作能力以及组织对个体的职业生涯设计与个体给自己制定的职业生涯规划是否冲突等。

二、职业生涯规划和发展诊断的方法

职业生涯规划和发展诊断的方法主要包括诊断方法的体系和诊断工具两种。

(一)诊断方法的体系

一般来说,职业生涯规划和发展的诊断方法的体系包括以下四项内容:

1. **自我评价**　自我评价的主体为本人自己,评价的标准为个人的价值观念及个人的知识、水平、能力,评价的主要内容包括:个体的才能是否得到充分施展,对自身在企业中的发展以及社会的进步中所作的贡献是否满意,对自身的职务、薪酬待遇等方面的变化是否满意等。

2. **家庭评价**　家庭评价的主体是家庭成员,评价的标准为家庭文化,评价的主要内容包括;家庭成员是否能够理解和肯定自己的工作、家庭成员是否能够给予自己的工作以支持和帮助等。

3. **企业评价**　企业评价的主体为自己的上级领导、同事以及自己的下属,评价的标准为企业文化及企业总体经营的结果,评价的主要内容包括:是否得到来自企业评价主体的欣赏、是否得到企业上级领导的肯定、自己在企业中的职务权利是否在扩大以及工资待遇是否提高等。

4. **社会评价**　社会评价的主体为社会组织,评价的标准为社会文化,评价的主要内容包括:自己是否拥有社会组织的舆论支持、自己是否拥有社会组织的认可和奖励等。

(二)常用的诊断工具

目前,在企业中进行职业生涯规划和发展比较常用的诊断工具主要有以下几种:

1. **自我访谈记录**　职业规划人员给每位员工发一份问卷,里面设置相应的问题,要求员工提供与自己生活有关的各方面的情况以及他们对未来的设想,并让员工之间相互讨论,这些文件将会成为对员工进行分析的主要材料。

2. **斯特朗—坎贝尔兴趣问卷**　斯特朗—坎贝尔兴趣问卷属于经验性问卷,而非严格的量表,职业规划人员通过这份问卷,就能据此确定被调查者(企业员工)对于职业、专业领域、交往人物类型的喜好倾向,做出相应的职业倾向判断。

3. **奥尔波特—弗农—林德西量表**　此量表属于价值观研究量表的一种,职业规划人员用来测评员工的价值观,常用于研究团体差异、价值观的变化及发展、团体相似性、知觉、认知与价值观的关系以及其他兴趣和态度等。

4. **霍兰德职业测验量表**　职业规划人员通过此职业量表能帮助员工个体发现和确定自己的职业兴趣和能力特长,从而更好地做出求职择业的决策,此理论的内容在后面的章节中将给予重点介绍。

5. **生活方式描述**　每一位参与诊断的人员都需要采用文字、图片等各种手段,把自己的生活方式描述一下,职业规划人员通过对员工生活方式的分析做出员工的职业倾向分析。

【知识链接】

1. 职业一般是指人们在社会生活中所从事的,以获得物质报酬作为自己主要生活来源并能满足自己精神需求的,在社会分工中具有专门技能的工作。

2. 所谓职业分层,就是按照职业的社会地位和社会对职业的价值取向所做的职业等级排位。它以人们从事职业的社会地位和职业声望为标准,为社会公众所认可。

3. 职业分类是指特定的国家采用一定的标准和方法,依据一定的分类原则,对从业人员所从事的各种专门化的社会职业进行全面、系统的划分与分类。

(资料来源:周文霞. 职业生涯管理[M]. 上海:复旦大学出版社,2004.)

能力训练

案例分析:给员工创造"事业"空间

某工程安装公司的总经理说,他一向器重的高级工程师李某另谋高就去了。这位老总说:"我们是国企,工资相对于外面的公司低得多,这点我早有思想准备。可这个工程师在公司创业的时候就来了,年轻有为,我一直特别欣赏他,还老给他来点儿感情投资想拴住他,可是人家还是走了,他说走的理由不是为了多赚钱,因为人家给的工资和这里的差不多,而是说要奔事业。唉!我从机关出来挑起这摊子事,钱也没有多几个,还整天累的不着家,我一直认为我这不就是拉着一伙人干事业吗?"

从上面这段谈话中可以看出,公司老总对于工资等物质待遇低可能导致人才外流早有心理准备,而且时常用感情投资来拴住人才,但殊不知爱才、惜才还要给人才创造真正"奔事业"的空间。

(案例来源:杜映梅. 职业生涯规划[M]. 北京:对外经济贸易大学出版社,2005.)

【思考题】

1. 管理者应该采取哪些措施才能留住人才?
2. 企业的职业生涯管理应怎样开展?
3. 职业生涯规划和发展诊断的方法有哪些?

项目二 职业生涯规划和发展阶段

学习目标

【知识目标】

1. 掌握舒伯的职业生涯发展理论;
2. 熟悉金斯伯格的职业生涯发展理论。

【能力目标】

1. 能够合理定位自己目前所处的职业生涯阶段；

2. 能够利用职业生涯发展阶段的理论，规划自己的职业生涯。

案例导入

凯西，26 岁，是一家大型通讯公司的运营经理，年薪 4.5 万美元，对于一个 26 岁的年轻人来说已经拥有非常好的待遇，她是如何胜任的呢？

学校毕业后，凯西进入一家知名的包裹快递公司，担任初级的管理职位。很快，凯西认识到，如果要获得自己真正想要的工作，就必须进一步提高自己的专业能力。凯西开始在当地商业学校进修会计及经济学的夜间教程。后来，她以优异的成绩申请到在职进修企管硕士的课程。由于与工作时间有冲突，所以凯西决定辞掉当时年薪 1.8 万美元的工作，并借助助学贷款全心全意展开她的企管硕士进修计划。学习的过程中，凯西决定主修营销学课程，在选修的一门课程中，她和两位同学为当地一家电话公司进行密集的市场研究，以便制订出长途电话卡预付卡的营销方案。

在 25 岁获得企管硕士学位后，凯西却很难找到工作，因为比其他人，她实在太年轻了。25 岁，比多数学生开始念企管硕士时还年轻 2 岁。但她坚持不懈，凭着学识与实务经验（来自为电话公司进行的市场研究）两者兼具的优势，终于找到了新雇主——一家大型区域通信公司[①]。

【案例提示】

凯西是如何进行职业探索的，并是如何实施自己的整个职业规划的？

职业生涯是个体职业发展的历程，不仅包括个体的过去、现在、未来连续从事的职业发展过程，还包括个人对职业生涯规划和发展的见解和期望。对于每个人而言，职业生涯是人生的重要历程，是追求和实现自我人生价值的重要人生阶段。很多专家学者对职业生涯规划和发展的阶段进行了专门的研究，将人们生命周期的职业生涯划分为不同的阶段，创制了不同的职业生涯规划和发展理论。本部分内容将从中选择两种有代表性和影响力的职业生涯规划和发展理论来进行简述。

任务一　舒伯的职业生涯发展理论

舒伯根据布尔赫勒（Buehler）的生命周期理论和列文基斯特（Lavighurst）的发展阶段论，提出了诠释职业生涯规划和发展的概念模式。

舒伯认为可以根据人们的年龄将每个人的人生阶段和职业发展阶段相配合，使每个阶段都有其相应的职业发展的任务。舒伯提出将人的生涯分为五个阶段：成长阶段、探索阶段、建立阶段、维持阶段、衰退阶段。每个生涯阶段相对应的职业发展的任务见表 7-1。

---

① 周文霞. 职业生涯管理[M]. 上海：复旦大学出版社，2004：80.

表 7-1 舒伯生涯阶段划分及职业生涯规划和发展的任务

阶 段	年 龄	职业生涯规划和发展的任务
成长阶段	出生至 14 岁	经过家庭和学校的培养教育,形成发展自我的意识,重点是自己身体与心理的成长。通过经验了解周围环境,尤其是工作环境,作为将来选择的一些依据
探索阶段	15 ~ 24 岁	形成自我概念和职业概念,并进行自我检视、学校中的角色及工作中的角色等的探索与尝试
建立阶段	25 ~ 44 岁	通过探索阶段的尝试以确定自己的职业选择是否正确,如果感觉正确,就继续努力,并计划长期在选择的领域内努力
维持阶段	45 ~ 64 岁	坚守住自己在建立阶段所选择的工作,继续将工作做好,并开始制定退休计划
衰退阶段	65 岁至死亡	体力与心理能力逐渐衰退时,工作活动将会改变,亦必须发展出新的角色选择,个体应先是变成选择性的参与者,然后变成完全的观察者

资料来源:徐娅玮. 职业生涯管理[M]. 深圳:海天出版社,2002.

任务二 金斯伯格的职业生涯发展阶段的理论

金斯伯格(Eli Ginzberg)是职业生涯发展理论的典型代表人物之一,也是职业生涯发展理论的先驱人物。金斯伯格通过对比研究对象们从儿童时期到成年早期的各个关键点上有关职业选择的想法和行动,把职业选择心理的发展分为以下三个主要时期。

(一)幻想期(11 岁以前)

在这个时期中,儿童往往幻想自己将来成为什么样的人,并且在儿童角色中扮演他们自己所喜欢的角色。这个阶段中,儿童的角色期望是由其兴趣使然,并不考虑自己的能力和社会条件。

(二)尝试期(11 ~ 18 岁)

处于这个时期是初、高中学习的阶段,由少年向青年过渡的时期。这个时期,开始有意识的考虑职业选择的因素,能够认识到自己的职业兴趣、自己的能力和价值观,并认识到职业角色的社会意义。金斯伯格又将这个阶段做了四个阶段的细分:

1. **兴趣阶段** (11 ~ 12 岁) 开始注意并培养对一些职业的兴趣。

2. **能力阶段** (13 ~ 14 岁) 尝试以能力为核心考虑职业问题,衡量自己的能力,开始把能力表现在各种与职业有关的活动上。

3. **价值阶段** (15 ~ 16 岁) 了解职业的价值性,兼顾个人和社会的需求,开始以职业的价值来选择职业。

4. **综合阶段** (17 ~ 18 岁) 将上述三个阶段进行综合考虑,并综合分析职业选择的资料，以此了解职业未来的方向。

（三）实现期（18 岁以后）

金斯伯格将 18 岁以后划分为成年期，在这个时期阶段中个体基于自身的现实状况做出选择，例如个体自身的学识水平与经验水平等，不再仅仅是由兴趣或者是幻想做出职业的选择。

这个时期即将步入社会，需要客观的把自己的职业愿望或要求同自己的主观条件、能力，以及社会现实的职业需要紧密联系和协调起来，寻找合适于自己的职业角色。此时期所希求的职业的目标不再模糊不清，而是已有的具体的、现实的职业目标，表现出的最大特点是客观性、现实性、讲求实际。

【知识链接】

何为职业生涯高原？归根到底，每个人或早或晚都会达到他的职业生涯高原。所谓职业生涯高原，就是到了“职业生涯中再晋升的可能性非常小的那一时刻”。尽管这种情况在职业生涯的任何时期都有可能发生，但 40 岁以上员工发生的几率特别高。因此，职业生涯高原往往被认为是职业生涯中期阶段的核心问题。

为什么这是一个那么普遍的经历呢？主要原因有以下几点：

（1）最基本的一点是大部分公司是金字塔式结构，等级越高，可提供的职位就越来越少。因此，一个人在组织中的职位越高，可使他晋升的职位就越少。

（2）在那些成长缓慢的或毫无发展的以及那些要缩减经营规模并裁员的公司中，这一问题尤为严重。进一步说，公司的经营战略也能影响晋升机会的数量和类型，使某些职业生涯前程出现“高原化”。

（3）对于那些毫无准备的员工来说，技术上的变化可能会终止某些职业生涯发展途径，或者开辟出一些新的发展途径。

（4）人际关系问题，未达到经营目标，在建立和领导团队上的失败，在人生的转变时期不能与时俱进或无法适应等因素都会造成职业生涯高原的到来。

对于一个组织而言，职业生涯高原的后果代表着管理工作上一个很难对付的挑战。有问卷调查显示职业生涯高原会给组织带来 5 种后果，按普遍性排序，分别为：晋升渠道受阻；同事和下属士气降低；所在部门或单位绩效降低；与顾客关系僵化；故意旷工增多。

对于一些资深员工，组织可以采用以下战略性变革来提高其工作积极性：

（1）为员工在绩效和技术上的提高而相应付酬。

（2）要根据经验和知识来评价员工，而不是看工龄长短。

（3）培养“通才”或内部顾问。

（4）为资深员工主持一个项目提供机会等。

组织可以采取很多措施来帮助处于职业生涯高原的员工，当员工有了创新性，组织就可以使那些有价值的员工始终保持对工作和职业的兴趣，最终保证他们成为“中坚力量”，而不致变成组织中的"朽木"。

(资料来源:杰弗里·H.格林豪斯(Jeffery H. Greenhaus),杰勒德·A.卡拉南(Gerard A. Callanan),维罗妮卡·M.戈德谢克(Veronica M. Godshalk).职业生涯[M].3版.北京:清华大学出版社,2006:180,181,359.)

能力训练

案例分析:安德鲁·葛鲁夫的首席执行官之路

安德鲁·葛鲁夫,1936年9月2日出生于布达佩斯的一个犹太家庭。14岁时,葛鲁夫进入一家青年报社,热衷于新闻工作,喜欢写作和思考。后来他不愿意从事这种政治色彩浓、完全凭主观判断就能决定工作价值的职业,因此他选择了科学。

葛鲁夫十分偏爱化学,并擅长此道。他先在美国纽约市立大学学习,后来又在伯克利加州大学攻读博士学位。毕业后,葛鲁夫选择了仙童半导体研究所。20世纪60年代初,计算机产业正处于良性发展阶段。仙童公司是技术革命先驱的培育基地。葛鲁夫在这里遇到了两个著名人物:一位是本世纪最伟大的化学家之一——戈登·摩尔,另一位是集成电话发明者之一——罗伯特·诺依思。1968年,仙童公司内部出现了混乱,在这种情况下,诺依思、摩尔、葛鲁夫决定离开仙童,创立了Intel公司,全名为"Integrated Electronics"。

很早的时候,摩尔就发现葛鲁夫与众不同,于是决定对其进行培训。1970年的一天,他俩散步时,摩尔对葛鲁夫说:"有朝一日你会主管Intel公司的。"果然,1979年,葛鲁夫升任公司总裁。1987年,摩尔卸任Intel公司首席执行官,由葛鲁夫接任。

(案例来源:杜映梅.职业生涯规划[M].北京:对外经济贸易大学出版社,2008:109.)

【思考题】

1. 安德鲁·葛鲁夫是如何获得职业成功的?从中我们可以吸取哪些经验?
2. 安德鲁·葛鲁夫在做出职业选择时主要考虑了哪些因素?这给予我们怎样的启示?

项目三 职业生涯规划和发展的途径

学习目标

【知识目标】

1. 掌握自我认知的概念和方法;
2. 了解职业生涯机会评估的内容;
3. 掌握职业生涯规划和发展的途径。

【能力目标】

通过学习职业生涯规划和发展的途径的相关内容，能够对自己做出切合实际的自我认知评价，以及评估自己的职业生涯机会，为职业生涯方向的设定奠定基础。

案例导入

试想象下面的情景：

·杰西卡是个22岁的女孩。大学毕业后她找到了第一份全职工作，在一家工业组织当会计。作为一个新手，她要开始自己的职业生涯了。她希望她的会计本科文凭和夏天的簿记工作能在新工作上对她有所帮助。

·34岁的汤姆是一家大银行的商业信贷员，工作11年后提交了辞呈。他做这个决定是因为，银行的报酬虽然很高，工作本身却不是自己期望的。此外，随着银行业兼并浪潮的泛滥，他无法确定将来是否还能保住工作。于是，汤姆最后调整了职业目标，接受了一家小医药公司销售代表的新工作。

这是职业选择中2个完全不同的案例。人们通常都认为：职业选择仅是成长和发展阶段中的关键行为。然而上述案例却表明，每个职业阶段中，人们都有可能遇到职业选择的问题①。

【案例提示】

如果你正在选择自己的职业，你能否确信自己的选择是正确的？

有效地开展个体职业生涯规划首先需要自我认知，这也是实现职业生涯规划和发展的第一步、除了自我认知以外，职业生涯规划和发展的途径还包括职业生涯机会评估和职业生涯目标与路线的设定、职业生涯规划的反馈和修正。

任务一　自我认知

自我认知环节是个体对自我的剖析和定位，目的是了解自己、认识自己。在多数情况下，个人在制定职业生涯规划和发展时，仅仅考虑单方面的素质是不够的，需要对自己的性格、兴趣、能力等做一个综合分析和整体衡量。通过自我认知环节，能够更加了解自己，从而准确地为自己定位。自我认知的方法主要有以下三种：

一、橱窗分析法

橱窗分析法是自我认知的重要方法之一，所谓橱窗分析法，是一种借助直角坐标不同象限来表示对人的了解的不同部分的分析方法，它以别人知道、别人不知道为横坐标，以自己知道、自己不知道为纵坐标。如图7-1所示：

---

① 杰弗里·H.格林豪斯（Jeffery H. Greenhaus），杰勒德·A.卡拉南（Gerard A. Callanan），维罗妮卡·M.戈德谢克（Veronica M. Godshalk）.职业生涯[M].3版.北京：清华大学出版社，2006：106.

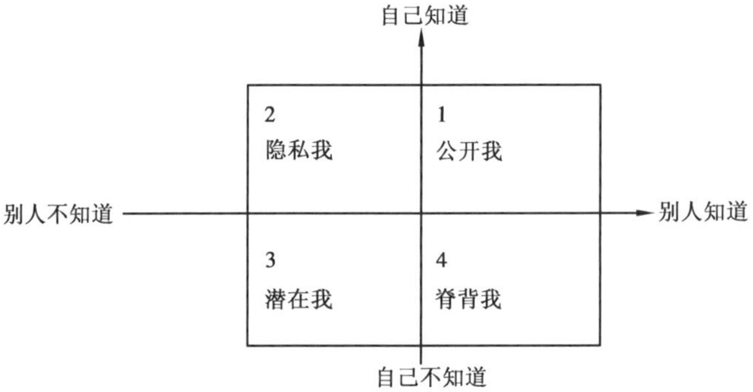

图 7-1 橱窗分析法坐标橱窗图

橱窗 1 为“公开我”,即自己知道、别人也知道的部分,其特点是个人展现在外,无所隐藏。例如身高、年龄、学历、婚姻状况等。

橱窗 2 为“隐藏我”,即自己知道、别人不知道的部分,其特点是属于个人私有秘密,不外显。例如自私、嫉妒等平常自己不愿袒露的缺点,以及心中的愿望、雄心、优点等不敢告诉别人的部分。

橱窗 3 为“潜在我”,即自己不知道、别人也不知道的部分,其特点是开发潜力巨大,但通常别人和自己都不容易发觉。

橱窗 4 为“背脊我”,即自己不知道、别人知道的部分,其特点是自己看不到,别人却看得清清楚楚。

通过四个橱窗的内容可知,需要加强了解的是橱窗 3 和橱窗 4。橱窗 3 是“潜在我”据科学家研究发现,其实每个人都有巨大的潜能,人类平常只发挥了极小部分的大脑功能。如果一个人能发挥一半的大脑功能,将轻而易举地学会 40 种语言,背整套百科全书,拿十二个博士学位。由此可见,认识、了解“潜在我”,是自我认知的重点之一,把个人潜能开发出来,也是职业生涯的重要事情。橱窗 4 是“背脊我”。如果自己诚恳地真心实意地征询他人的意见和看法,就不难了解“背脊我”。我们可以采取同自己的家人、朋友、同事等交流的方式,要做到这一点,需要自己具备开阔的胸怀,确实能够正确对待,有则改之,无则加勉,否则,别人是不会说实话的。

二、自我测试法

自我测试法是指通过回答有关问题来认识自我、了解自我,是一种比较方便、经济的自我分析方法。测试的题目由心理学家们经过精心研究设定,只要被测试者如实回答相关问题,就能相当程度上了解自我的情况。自我测试的内容和量表较为繁多,例如性格测试、气质测试、情绪测试、观察力测试等。

三、计算机测试法

计算机测试是一种现代化的测试手段,通过借助相关软件程序进行的自我测试,这种测试方法与自我测试法相比,科学性、准确性较高,是一种了解自我、认识自我的有效认知方法。目前,用于测试的软件多种多样,许多专业网站上还开通了在线测评,测试的内容主要包括人格测试、智力测试、能力测验、职业倾向测验等。

任务二　职业生涯机会评估

职业生涯机会评估主要是分析内外环境因素对自我职业生涯发展的影响，主要包括对职业所处的社会环境、行业环境、组织环境三方面进行分析。

一、对职业所处的社会环境的分析

社会环境对每个人的职业生涯规划和发展都会产生重大的影响，不仅影响到个人的职业，还影响到自身生活的方方面面。通过对社会大的环境进行分析，了解所在国家或地区的经济、法制建设发展方向，寻求各种职业发展机会。例如，在经济发展水平较高的地区，企业会比较集中，优秀的企业也会比较多，个人在选择职业时，面临的可选择机会比较多，因而非常有助于个人的职业发展；相反，在经济欠发达地区，个人所面临的职业选择会比较少，因此个人的职业生涯发展也会受到限制。

二、对职业所处的行业环境的分析

所在组织处于的行业环境将直接影响到组织的发展状况，进而也就影响到个人的职业生涯的发展。行业环境的分析主要包括对目前所在的行业和将来想要从事的目标行业的环境的分析。首先应该了解自己现在从事的是什么行业，这个行业在所在的国家中的发展趋势如何，以及国际国内重大事件对这个行业的影响，行业的发展易受重大事件的影响，进而影响到职业机会的选择。其次是分析目前所在行业的优势和问题，应特别关注目前行业所存在的问题，例如行业是否具备比较竞争优势，优势维持的时间有多久等。再次，需要关注行业发展的前景，如果所处的行业有很大的发展前景，那对于个体的职业的发展也会有利。

三、对职业所处的组织环境的分析

作为已经选择工作的个体而言，组织环境会对个体的职业生涯产生重要的影响。组织环境分析主要包括企业在本行业中的发展前景，以及企业在整个市场上的发展前景。首先，企业的文化。企业文化能够影响着企业如何看待员工，因此个人的职业生涯也会受企业文化的影响，鼓励员工参与和成长的企业显然比论资排辈的企业更容易受到重视，因此职业生涯的发展也会比较理想。其次，企业制度的影响。企业员工的发展主要是靠企业的管理制度来保障和实现的，包括合理的培训制度、晋升制度等，没有制度或者是企业制度不到位，企业员工的职业生涯发展都会受影响的。再次，企业的实力。企业是否具备很强的竞争实力，企业的发展前景怎样，一个具备实力的企业能够为员工的职业发展提供良好的基础。

任务三　职业生涯目标与路线的设定

充分认识自我并对相关环境进行分析后，选择目标并设定职业路线是职业生涯规划和发展的重要内容。职业生涯发展必须有明确的目标与路线的设定,因此目标与路线的设定会成为职业生涯发展的关键之一。

一、职业生涯目标的设定

职业生涯目标的设定是职业生涯规划的核心,树立了职业生涯的目标,才能明确职业生涯发展的方向。通常职业生涯目标的确定包括人生目标、长期目标、中期目标与短期目标的确定,它们分别与人生规划、长期规划、中期规划和短期规划相对应。一般情况下,要首先根据个人的专业、性格、气质、价值观以及社会的发展趋势确定自己的人生目标和长期目标,然后再把人生目标和长期目标进行分化,根据个人的经历和所处的组织环境制定相应的中期目标和短期目标。

职业生涯目标一般都是建立在进行自我认知、组织分析和环境分析的基础上的,由组织的部门负责人或人力资源部负责人与员工个人共同商量设定。需要注意的是职业生涯目标要具体明确、高低适度、留有余地,并与组织目标相一致。

二、职业生涯路线的选择

所谓的职业生涯路线,是指一个人选定职业后选择从什么途径去实现自己的职业生涯目标,是向专业技术方向发展,还是向行政管理方向发展。由于职业生涯发展的路线不同,对个人的能力要求就会不同。因此,需要对职业生涯选择的要素进行系统的分析,通过系统的分析自身因素和环境因素,权衡利弊,做出路线选择,找出实现自身职业生涯发展目标的最佳路线。

任务四　职业生涯规划的反馈和修正

在职业生涯规划的过程中,需要通过反馈来评价职业生涯规划实施的效果,并需要职业生涯规划的修正来不断完善职业生涯规划的整个过程。在进行职业生涯规划和发展时,由于每个人自身条件和外部环境的不同,对未来目标的设定也就有所不同,一个人不可能对外部环境了如指掌,也不可能完全了解自己的所有潜能,这就需要我们在职业发展道路上,根据自身条件和外部环境的变化以及实施过程中所得到的各种反馈信息,不断地对职业生涯计划进行调整。反馈与修正的目的,是为了纠正最终目标与阶段职业目标的偏差,保证职业生涯规划的有效性,使职业生涯的最终目标能够实现,从而更快更好地实现自己的人生目标。

总之,反馈与修正是职业生涯规划和发展的重要环节,也是保障职业生涯规划能否实施的关键环节,只有通过不断地反馈与修正,才能保证目标的合理性和措施的有效性,也才能保证职业生涯目标的最终实现。

【知识链接】

职业锚是指新员工在早期工作中逐渐对自我加以认识而发展出的更加清晰全面的职

业自我观。自我观主要包含三部分内容,共同组成“职业锚”。

(1)自省的才干和能力——以多种作业环境中的实际成功为基础。

(2)自省的动机和需要——以实际环境中的自我测验和自我诊断的机会,以及他人的反馈为基础。

(3)自省的态度和价值——以自我与雇佣组织、工作环境的准则和价值观之间的实际遭遇为基础。

(资料来源:杜林致.职业生涯管理[M].上海:上海交通大学出版社,2006:93.)

能力训练

案例分析:乔安娜的职业道路

乔安娜已经当了7年小学数学老师。正当30岁的大好年华,她却感到智穷力竭,她开始怀疑自己是否选对了工作。

成为一名教师对乔安娜来说似乎是再自然不过的事儿了。作为四个孩子的老大,她习惯了照顾小孩。她在校时对数学有浓厚的兴趣并且成绩优异。在公立小学度过具有挑战性的一年过后,乔安娜对学校的科班结构感到心灰意冷。她不喜欢那没完没了的规章制度,她和她的学生却都必须刻板遵守。她讨厌提前6周备课,因为这让她灵感全无。

乔安娜通过职业顾问获取帮助,与职业顾问交谈后,结论是她不适合做小学老师。高智力的挑战、提高能力的机会、创新与改革,这些最让她感兴趣的事在小学教师这份工作中无法体现。乔安娜决定回到学校继续读书并取得硕士学位,这样可以选择在高等院校教学。在那里她可以拥有更弹性的工作时间安排,教更复杂的课程,并身处高智力工作环境之中。

乔安娜获得硕士学位后,得以在一所大学的数学系任教。如今,她在给研究生讲课之余,正在为获得哲学博士学位而努力。

(资料来源:根据保罗·D.蒂戈尔等《就业宝典》中案例编写,中信出版社出版,2002.)

【思考题】

1.乔安娜的职业发展之路说明了什么?

2.职业锚是什么?乔安娜是否找到了自己的职业锚?她是如何做到的?

项目四　霍兰德职业生涯测试的应用

学习目标

【知识目标】

1.熟悉霍兰德职业生涯理论的内容;

2. 了解霍兰德职业生涯理论的价值。

【能力目标】

通过学习霍兰德职业测评理论，能够运用霍兰德职业生涯测评理论和测评量表对自己的职业兴趣倾向做出基本的判断。

案例导入

某财务咨询公司的管理人员希望以高薪留住一位优秀的财务分析专家，但这位专家委婉的拒绝了，她所希望的是自己对该公司调研部的决策与发展方向能有较大的影响。因为现在的财务分析工作并不完全是她的兴趣所在，所以她已开始与猎头接触，想寻找更满意的工作。

管理人员很快便察觉了这位专家的心思，经过数次恳谈，根据她在工作业绩考核过程中表明的意愿，安排她担任调研工作协调专员。在承担原工作外，她还负责几个调节小组的员工招聘、晋升决策工作，调研指导工作，并协助管理人员确定调研部的发展方向。在担任调研工作协调员之后，她为该公司做出了更大贡献，获得了管理人员、同事、客户的普遍好评①。

【案例提示】

结合自身的兴趣和专业，如何才能更好的规划自己的职业生涯。

任务一　霍兰德职业兴趣理论简介

一、霍兰德职业兴趣理论简介

(一)霍兰德职业兴趣理论的提出

约翰·亨利·霍兰德(John Henry Holland)是美国约翰·霍普金斯大学心理学教授，美国著名的职业指导专家。他于1959年提出了具有广泛社会影响的职业兴趣理论。他认为人的人格类型、兴趣与职业密切相关，兴趣是人们努力工作的巨大动力，凡是具有职业兴趣的职业，都可以提高人们的积极性，促使人们积极地、愉快地从事该职业，且职业兴趣与人格之间存在很高的相关性。霍兰德认为人格可分为现实型、研究型、艺术型、社会型、企业型和常规型六种类型。

(二)霍兰德职业兴趣理论的六种人格类型的特点

1. **社会型**(S)　喜欢与人交往、不断结交新的朋友、善言谈、愿意教导别人；关心社会问题、渴望发挥自己的社会作用；寻求广泛的人际关系，比较看重社会义务和社会道德。

2. **企业型**(E)　追求权力、权威和物质财富，具有领导才能；喜欢竞争、敢冒风险、有野心、有抱负；为人务实，习惯以利益得失、权利、地位、金钱等来衡量做事的价值，做事有较

---

① 杜映梅. 职业生涯规划[M]. 北京：对外经济贸易大学出版社，2004：249.

强的目的性。

3. **常规型**(C)　尊重权威和规章制度,喜欢按计划办事,细心、有条理,习惯接受他人的指挥和领导,自己不谋求领导职务;喜欢关注实际和细节情况,通常较为谨慎和保守,缺乏创造性,不喜欢冒险和竞争,富有自我牺牲精神。

4. **实际型**(R)　愿意使用工具从事操作性工作,动手能力强,做事手脚灵活,动作协调;偏好于具体任务,不善言辞,做事保守,较为谦虚;缺乏社交能力,通常喜欢独立做事。

5. **调研型**(I)　思想家而非实干家,抽象思维能力强,求知欲强,肯动脑,善思考,不愿动手;喜欢独立的和富有创造性的工作;知识渊博,有学识才能,不善于领导他人;考虑问题理性,做事喜欢精确,喜欢逻辑分析和推理,不断探讨未知的领域。

6. **艺术型**(A)　有创造力,乐于创造新颖、与众不同的成果,渴望表现自己的个性,实现自身的价值;做事理想化,追求完美,不重实际;具有一定的艺术才能和个性;善于表达、怀旧、心态较为复杂。

大多数人都并非只有一种性向(比如,一个人的性向中很可能是同时包含着社会性向、实际性向和调研性向这三种)。霍兰德认为,这些性向越相似,相容性越强,则一个人在选择职业时所面临的内在冲突和犹豫就会越少。

二、霍兰德职业兴趣理论的价值

霍兰德的职业兴趣理论主要从兴趣的角度出发来探索职业指导的问题,反映了其长期专注于职业指导的实践经历,霍兰德把对职业环境的研究与对职业兴趣个体差异的研究有机地结合起来,而在职业兴趣类型理论提出之前,二者的研究是相对独立进行的。

霍兰德的职业兴趣理论指出兴趣是描述人格的一种方法,是职业选择中一个更为普遍的概念。在霍兰德的理论中,人格被看做是兴趣、价值、需求、技巧、信仰、态度和学习个性的综合体。就职业选择而言,兴趣是个体和职业匹配的过程中最重要的因素,直至目前,霍兰德职业兴趣理论是最具影响力的职业发展理论和职业分类体系。

(一)霍兰德职业兴趣理论对于企业招募人才的价值

职业兴趣上的个体差异是相当大的,也是十分明显的。一方面,现代社会职业划分越来越细,社会活动的要求和规范越来越复杂,各种职业的差异也越来越明显,所以对个体的吸引力和要求也就迥然不同;另一方面,个体自身的生理、心理、教育、社会经济地位、环境背景不同,所乐于选择的职业类型、所倾向于从事的活动类型和方式也就十分不同。

现代人力资源管理的基本原则是将合适的人放在合适的岗位上。人与职位的匹配应该包括两个方面的内容:一是人的知识、能力、技能与岗位要求相匹配;更重要的是人的性格、兴趣与岗位相适应。因此,企业在招募新员工时,就非常有必要对申请在本企业工作的人员进行职业兴趣的测评,了解申请者的职业兴趣人格类型。通过测试,企业可以得知己方所能提供的职业环境是否与申请者的职业兴趣类型相匹配,换句话说,企业可以考查到申请者是否适合在本企业的职业环境中工作。

(二)霍兰德职业兴趣理论对于职业选择和职业成功价值

在职业兴趣测试的帮助下,个体可以清晰地了解自己的职业兴趣类型和在职业选择中的主观倾向，从而在众多的职业机会中找寻到最适合自己的职业，避免职业选择中的盲目行为。尤其是对于大学生和缺乏职业经验的人，霍兰德的职业兴趣理论可以帮助做好职业选择和职业设计，成功地进行职业调整，从整体上认识和发展自己的职业能力，职业兴趣也是职业成功的重要因素。

任务二 霍兰德职业性向测量表

本书中的霍兰德职业性向测量表是在霍兰德的职业人格能力测验量表的基础上，根据我国的实际情况修订而成的。本测量表共有七个部分，每部分测验都没有时间限制，但请您尽快按要求完成。

第 1 部分 你心目中的理想职业（专业）

对于未来的职业（或升学进修的专业）你也许早有考虑，它可能很抽象、很朦胧，也可能很具体、很清晰。不管是哪种情况，现在都请你把你最想从事的 3 种工作或最想读的 3 种专业，按顺序写下来。

1. ____
2. ____
3. ____

第 2 部分 你所感兴趣的活动

下面列举了一些十分具体的活动，如果你喜欢去参加（包括过去、现在或将来），就请在相应题目后面划“√”，如果不喜欢就请在相应的题目后面划“×”。注意，这一部分测验主要想确定你的职业兴趣，而不是让你选择工作，你喜欢某种活动并不意味着你一定要从事这种活动。答题时不必考虑过去是否干过或是否擅长这种活动，只根据你的兴趣直接判断即可。请务必做完每一题目。

一、R 型（现实型活动）

你喜欢做下列事情吗？

1. 装配修理电器。
2. 修理自行车。
3. 装修机器或机器零件。
4. 做木工活。
5. 驾驶卡车或拖拉机。
6. 开机床。
7. 开摩托车。
8. 上金属工艺课。
9. 上机械制图课。
10. 上木工手艺课。
11. 上电气自动化技术课。

二、I 型（调查型活动）

你喜欢做下列事情吗？

1. 阅读科技书刊。
2. 在实验室工作。
3. 研究某个科研项目。
4. 制作飞机、汽车模型。
5. 做化学实验。
6. 阅读专业性论文。
7. 解一道数学或棋艺难题。
8. 上物理课。
9. 上化学课。
10. 上几何课。
11. 上生物课。

三、A 型(艺术性活动)

你喜欢做下列事情吗?

1. 素描、制图或绘画。
2. 表演戏剧、小品或相声节目。
3. 设计家具或房屋。
4. 在舞台上演唱或跳舞。
5. 演奏一种乐器。
6. 阅读流行小说。
7. 听音乐会。
8. 从事摄影创作。
9. 阅读电影、电视剧本。
10. 读诗、写诗。
11. 上书法美术课。

四、S 型(社会型活动)

你喜欢做下列事情吗?

1. 给朋友们写信。
2. 参加学校、单位组织的正式活动。
3. 加入某个社会团体或俱乐部。
4. 帮助别人解决困难。
5. 照看小孩。
6. 参加宴会、茶话会或联欢晚会。
7. 跳交谊舞。
8. 参加讨论会或辩论会。
9. 观看运动会或体育比赛。
10. 寻亲访友。
11. 阅读与人际交往有关的书刊。

五、E 型(企/事业型活动)

你喜欢做下列事情吗?

1. 对他人做劝说工作。

2. 买东西与人讨价还价。

3. 讨论政治问题。

4. 从事个体或独立的经营活动。

5. 出席正式会议。

6. 做演讲。

7. 在社会团体中做一名理事。

8. 检查与评价别人的工作。

9. 结识名流。

10. 带领一群人去完成某项任务。

11. 参与政治活动。

六、C 型(常规型(传统型)活动)

你喜欢做下列事情吗?

1. 保持桌子和房间整洁

2. 抄写文章或信件。

3. 开发票、写收据或打回条。

4. 打算盘或用计算机计算。

5. 记流水账或备忘录。

6. 上打字课或学速记法。

7. 上会计课。

8. 上商业统计课。

9. 将文件、报告、记录分类与归档。

10. 为领导写公务信函与报告。

11. 检查个人收支情况。

第 3 部分 你所擅长或胜任的活动

下面从 6 个方面分别列举一些十分具体的活动,以确定你具备哪一方面的工作特长。回答时,只需考虑你过去或现在对所列活动是否擅长、胜任,不必考虑你是否喜欢这种活动。如果你认为你擅长从事某一活动,就请在相应的题目后面划"√",如果不擅长,就请相应的题目后面划"×"。注意,你如果从未从事过某一活动,那就请考虑你将来是否会擅长从事该项活动。请你务必做完每一个题目。

一、R 型(现实型能力)

你擅长做或胜任下列事情吗?

1. 使用锯子、钳子、车床、砂轮等工具。

2. 使用万能电表。

3. 给自行车或机器加油使它们正常运转。

4. 使用钻床、研磨机、缝纫机等。
5. 修整木器家具表面。
6. 看机械、建筑设计图纸。
7. 修理结构简单的家用电器。
8. 制作简单的家具。
9. 绘制机械设计图纸。
10. 修理收录音机的简单部件。
11. 疏通、修理自来水管或下水道。

二、I 型(调研型能力)

你擅长做或胜任下列事情吗?

1. 了解真空管的工作原理。
2. 知道三种以上蛋白质含量高的食物。
3. 知道一种放射性元素的“半衰期”。
4. 使用对数表。
5. 使用计算器或计算尺。
6. 使用显微镜。
7. 辨认 3 个星座。
8. 说明白血球的功能。
9. 解释简单的化学分子式。
10. 理解人造卫星不会落地的道理。
11. 参加科技竞赛或科研成果交流会。

三、A 型(艺术型能力)

你擅长做或胜任下列事情吗?

1. 演奏一种乐器。
2. 参加二重唱或四重唱表演。
3. 独奏或独唱。
4. 扮演剧中角色。
5. 说书或讲故事。
6. 表演现代舞或芭蕾舞。
7. 人物素描。
8. 油画或雕塑。
9. 制造陶器、捏泥塑或剪纸。
10. 设计服装、海报或家具。
11. 写得一手好文章。

四、S 型(社会型能力)

你擅长做或胜任下列事情吗?

1. 善于向别人解释问题。

2. 参加慰问或救济活动。
3. 善于与人合作、配合默契。
4. 殷勤待客。
5. 能深入浅出地教育儿童。
6. 为一次宴会安排娱乐活动。
7. 帮助他人解决困难。
8. 帮助护理病人或伤员。
9. 安排学校或社团组织的各种集体事务。
10. 善察人心或善于判断人的性格。
11. 善于与年长者相处。

五、E 型(企业型能力)

你擅长做或胜任下列事情吗?

1. 学校里当过班干部并且干得不错。
2. 善于督促他人工作。
3. 善于使他人按你的习惯做事。
4. 做事具有超常的经历和热情。
5. 能做一个称职的推销员。
6. 代表某个团体向有关部门提出建议或反映意见。
7. 担任某种领导职务期间获过奖或受表扬。
8. 说服别人加入你所在的团体(俱乐部、运动队、工作或研究组等)。
9. 创办一家商店或企业。
10. 知道如何做一位成功的领导人。
11. 有很好的口才。

六、C 型(常规型能力)

你擅长做或胜任下列事情吗?

1. 一天能誊抄近一万字。
2. 能熟练地使用算盘或计算器。
3. 能够熟练地使用中文打字机。
4. 善于将书信、文件迅速归档。
5. 做过办公室职员工作且干得不错。
6. 核对数据或文章时既快又准确。
7. 会使用外文打字机或复印机。
8. 善于在短时间内分类和处理大量文件。
9. 记账或开发票时既快又准确。
10. 善于为自己或集体作财务预算(表)。
11. 能迅速誊清贷方和借方的账目。

第4部分　你所喜欢的职业

下面列举了许多职业，对这些职业的基本情况你或多或少都有所了解，并在此基础上形成了自己的评价态度。如果你对某项职业喜欢的话，请在相应的题目后面打“√”；如果不喜欢，则请在相应的题目后面打“×”。每题必做。

一、R型（现实型职业）

你喜欢做下列事情吗？

1. 飞行机械技术人员。
2. 鱼类和野生动物专家。
3. 自动化工程技术人员。
4. 木工。
5. 机床安装工或钳工。
6. 电工。
7. 无线电报务员。
8. 长途汽车司机。
9. 火车司机。
10. 机械师。
11. 测绘、水文技术人员。

二、I型（调研型职业）

你喜欢做下列事情吗？

1. 气象研究人员。
2. 生物学研究人员。
3. 天文学研究人员。
4. 药剂师。
5. 人类学研究人员。
6. 化学研究人员。
7. 科学杂志编辑。
8. 植物学研究人员。
9. 物理学研究人员。
10. 科普工作者。
11. 地质学研究人员。

三、A型（艺术型职业）

你喜欢下列职业吗？

1. 诗人。
2. 文学艺术评论家。
3. 作家。
4. 记者。
5. 歌唱家或歌手。

6. 作曲家。
7. 剧本写作人员。
8. 画家。
9. 相声演员。
10. 乐团指挥。
11. 电影演员。

四、S型(社会型职业)

你喜欢下列职业吗?

1. 街道、工会或妇联负责人。
2. 中学教师。
3. 青少年犯罪问题专家。
4. 中学校长。
5. 心理咨询人员。
6. 精神病医生。
7. 职业介绍所工作人员。
8. 导游。
9. 青年团负责人。
10. 福利机构负责人。
11. 婚姻介绍所工作人员。

五、E型(企业型职业)

你喜欢下列职业吗?

1. 供销科长。
2. 推销员。
3. 旅馆经理。
4. 商店管理费用人员。
5. 厂长。
6. 律师或法官。
7. 电视剧制作人。
8. 饭店或饮食店经理。
9. 人民代表。
10. 服装批发商。
11. 企业管理咨询人员。

六、C型(常规型职业)

你喜欢下列职业吗?

1. 簿记员。
2. 会计师。
3. 银行出纳员。

4. 法庭书记员。
5. 人口普查登记员。
6. 成本核算员。
7. 税务工作者。
8. 校对员。
9. 打字员。
10. 办公室秘书。
11. 质量检查员。

第5部分　你的能力类型简评

下面两张表是你在6个职业能力方面的自我评分表。你可以先与同龄人比较一下自己在每一方面的能力,然后经斟酌以后对自己的能力作一评价。评分时请在表中适当的数字上画圈。数字越大表示你的能力越强。

注意,请勿全部圈画同样的数字,因为人的每项能力不可能完全一样。

表A

	R型	I型	A型	S型	E型	C型
	机械操作能力	科学研究能力	艺术创造能力	解释表达能力	商业洽谈能力	事务执行能力
高 中 低	7	7	7	7	7	7
	6	6	6	6	6	6
	5	5	5	5	5	5
	4	4	4	4	4	4
	3	3	3	3	3	3
	2	2	2	2	2	2
	1	1	1	1	1	1

表B

	R型	I型	A型	S型	E型	C型
	体力技能	数学技能	音乐技能	交际技能	领导技能	办公技能
高 中 低	7	7	7	7	7	7
	6	6	6	6	6	6
	5	5	5	5	5	5
	4	4	4	4	4	4
	3	3	3	3	3	3
	2	2	2	2	2	2
	1	1	1	1	1	1

第6部分　统计和确定你的职业倾向

请将第2部分—第5部分的全部测验分数按前面已统计好的6种职业倾向(R型、I型、A型、S型、E型和C型)得分填入下表,并作纵向累加。

测　验	R 型	I 型	A 型	S 型	E 型	C 型
第 2 部分						
第 3 部分						
第 4 部分						
第 5 部分(A)						
第 6 部分(B)						
总　分						

请将上表中的 6 种职业倾向总分按大小顺序依次从左到右重新排列：

________型、________型、________型、________型、________型、________型

最高分__________←——你的职业倾向性得分__________——→最低分

得分最高的职业类型意味着最适合你的职业。

如果最适合你的工作和你在第 1 部分所写的理想工作之间不太一致，或者在各种类型的职业上你的能力和兴趣不相匹配，那么请你参照第 7 部分——你的职业价值观来作出最佳选择。

第 7 部分　你所看重的东西——职业价值观

这一部分测验列出了人们在选择工作时通常会考虑的 9 项要素(工作价值标准)。请你在其中选出对你最重要 2 项因素，以及最不重要的 2 项因素，并将序号填入下边相应空格上。

最重要：______________________________

最不重要：____________________________

次重要：______________________________

次不重要：____________________________

工作价值标准：

1. 工资高福利好。

2. 工作环境(物质方面)舒适。

3. 人际关系良好。

4. 工作稳定有保障。

5. 能提供较好的受教育机会。

6. 有较高的社会地位。

7. 工作不太紧张、外部压力少。

8. 能充分发挥自己的能力特长。

9. 社会需要与社会贡献较大。

10. 能从事自己感兴趣的工作。

附：职业兴趣代号与其相应的职业对照表

R(现实型)：木匠、农民、操作 X 光的技师、工程师、飞机机械师、鱼类和野生动物专家、自动化技师、机械工(车工、钳工等)、电工、无线电报务员、火车司机、长途公共汽车司

机、机械制图员、修理机器、电器师。

I(调查型):气象学者、生物学者、天文学家、药剂师、动物学者、化学家、科学报刊编辑、地质学者、植物学者、物理学者、数学家、实验员、科研人员、科技作者。

A(艺术型):室内装饰专家、图书管理专家、摄影师、音乐教师、作家、演员、记者、诗人、作曲家、编剧、雕刻家、漫画家。

S(社会型):社会学者、导游、福利机构工作者、咨询人员、社会工作者、社会科学教师、学校领导、精神病工作者、公共保健护士。

E(企业型):推销员、进货员、商品批发员、旅馆经理、饭店经理、广告宣传员、调度员、律师、政治家、零售商。

C(常规型):记账员、会计、银行出纳、法庭速记员、成本估算员、税务员、核算员、打字员、办公室职员、统计员、计算机操作员、秘书。

下面介绍与你3个代号的职业兴趣类型一致的职业表,对照的方法如下:首先根据你的职业兴趣代号,在下表中找出相应的职业,例如你的职业兴趣代号是RIA,那么牙科技术人员、陶工等是适合你兴趣的职业。然后寻找与你职业兴趣代号相近的职业,如你的职业兴趣代号是RIA,那么,其他由这三个字母组合成的编号(如IRA、IAR、ARI等)对应的职业,也较适合你的兴趣。

RIA:牙科技术员、陶工、建筑设计员、模型工、细木工、制作链条人员。

RIS:厨师、林务员、跳水员、潜水员、染色员、电器修理工、眼镜制作工、电工、纺织机器装配工、服务员、玻璃安装工、发电厂工人、焊接工。

RIE:建筑和桥梁工程(环境工程、航空工程、公路工程、电力工程、信号工程、电话工程、一般机械工程、自动工程、矿业工程、海洋工程、交通工程)技术人员、制图员、家政经济人员、计量员、农民、农场工人、农业机器操作工、清洁工、无线电修理工、汽车修理工、手表修理工、管子工、线路装配工、工具仓库管理员。

RIC:船上工作人员、接待员、杂志保管员、牙医助手、制帽工、磨坊工、石匠、机器制造工、机车(火车头)制造工、农业机器装配工、汽车装配工、缝纫机装配工、钟表装配工和检验工、电动器具装配工、鞋匠、锁匠、货物检验员、电梯机修工、托儿所所长、钢琴调音员、装配工、印刷工、建筑钢铁工人、卡车司机。

RAI:手工雕刻人员、玻璃雕刻人员、制作模型人员、家具木工、制作皮革品工人、手工绣花工人、手工钩针编织工人、排字工人、印刷工人、图画雕刻工、装订工。

RSE:消防员、交通巡警、警察、门卫、理发师、房间清洁工、屠夫、锻工、开凿工人、管道安装工、出租汽车驾驶员、货物搬运工、送报员、勘探员、娱乐场所的服务员、起卸机操作工、灭害虫者、电梯操作工、厨房助手。

RSI:纺织工、编织工、农业学校教师、某些职业课程教师(诸如艺术、商业、技术、工艺课程)、雨衣上胶工。

REC:抄表员、保姆、实验室动物饲养员、动物管理员。

REI:轮船船长、航海领航员、大副、试管实验员。

RES:旅馆服务员、家畜饲养员、渔民、渔网修补工、水手长、收割机操作工、搬运行李工人、公园服务员、救生员、登山导游、火车工程技术员、建筑工人、铺轨工人。

RCI：测量员、勘测员、仪表操作者、农业工程技师、化学工程技师、民用工程技师、石油工程技师、资料室管理员、探矿工、煅烧工、烧窑工、矿工、保养工、磨床工、取样工、样品检验员、纺纱工、炮手、漂洗工、电焊工、锯木工、刨床工、制帽工、手工缝纫工、油漆工、染色工、按摩工、木匠、农民建筑工人、电影放映员、勘测员助手。

RCS：公共汽车驾驶员、一等水手、游泳池服务员、裁缝、建筑工人、石匠、烟囱修建工、混凝土工、电话修理工、爆炸手、邮递员、矿工、裱糊工人、纺纱工。

RCE：打井工、吊车驾驶员、农场工人、邮件分类员、铲车司机、拖拉机司机。

IAS：普通经济学家、农场经济学家、财政经济学家、国际贸易经济学家、实验心理学家、工程心理学家、心理学家、哲学家、内科医生、数学家。

IAR：人类学家、天文学家、化学家、物理学家、医学病理学家、动物标本剥制者、化石修复者、艺术品管理员。

ISE：营养学家、饮食顾问、火灾检查员、邮政服务检查员。

ISC：侦察员、电视播音室修理员、电视修理服务员、验尸室人员、编目录者、医学实验室技师、调查研究者。

ISR：水生生物学者、昆虫学者、微生物学家、配镜师、视力矫正师、细菌学家、牙科医生、骨科医生。

ISA：实验心理学家、普通心理学家、发展心理学家、教育心理学家、社会心理学家、临床心理学家、目录学家、皮肤病学家、精神病学家、妇产科医生、眼科医生、五官科医生、医学实验室技术专家、民航医务人员、护士。

IES：细菌学家、生理学家、化学专家、地质专家、地理物理学专家、纺织技术专家、医院药剂师、工业药剂师、药房营业员。

IEC：档案保管员、保险统计员。

ICR：质量检验技术员、地质学技师、工程师、法官、图书馆技术辅导员、计算机操作员、医院听诊员、家禽检查员。

IRA：地理学家、地质学家、水文学家、矿物学家、古生物学家、石油学家、地震学家、声学物理学家、原子和分子物理学家、电学和磁学物理学家、气象学家、设计审核员、人口统计学家、数学统计学家、外科医生、城市规划家、气象员。

IRS：流体物理学家、物理海洋学家、等离子体物理学家、农业科学家、动物学家、食品科学家、园艺学家、植物学家、细菌学家、解剖学家、动物病理学家、作物病理学家、药物学家、生物化学家、生物物理学家、细胞生物学家、临床化学家、遗传学家、分子生物学家、质量控制工程师、地理学家、兽医、放射治疗技师。

IRE：化验员、化学工程师、纺织工程师、食品技师、渔业技术专家、材料和测试工程师、电气工程师、土木工程师、航空工程师、行政官员、冶金专家、原子核工程师、陶瓷工程师、地质工程师、电力工程师、口腔科医生、牙科医生。

IRC：飞机领航员、飞行员、物理实验室技师、文献检查员、农业技术专家、动植物技术专家、生物技师、油管检查员、工商业规划者、矿藏安全检查员、纺织品检验员、照相机修理者、工程技术员、计算机编程员、工具设计者、仪器维修工。

CRI:簿记员、会计、记时员、铸造机操作工、打字员、按键操作工、复印机操作工。

CRS:仓库保管员、档案管理员、缝纫工、讲述员、收款员。

CRE:标价员、实验室工作者、广告管理员、自动打字机操作员、电动机装配工、缝纫机操作工。

CIS:记账员、顾客服务员、报刊发行员、土地测量员、保险公司职员、会计师、估价员、邮政检查员、外贸检查员。

CIE:打字员、统计员、支票记录员、订货员、校对员、办公室工作人员。

CIR:校对员、工程职员、海底电报员、检修计划员、发报员。

CSE:接待员、通讯员、电话接线员、售票员、旅馆服务员、私人职员、商学教师、旅游办事员。

CSR:运货代理商、铁路职员、交通检查员、办公室通信员、簿记员、出纳员、银行财务职员。

CSA:秘书、图书管理员、办公室办事员。

CER:邮递员、数据处理员、航空邮件检查员。

CEI:推销员、经济分析家。

CES:银行会计、记账员、法人秘书、速记员、法院报告人。

ECI:银行行长、审记员、信用管理员、地产管理员、商业管理员。

ECS:信用办事员、保险人员、各类进货员、海关服务经理、售货员、购买员、会计。

ERI:建筑物管理员、工业工程师、农场管理员、护士长、农业经营管理人员。

ERS:仓库管理员、房屋管理员、货栈监督管理员。

ERC:邮政局长、渔船船长、机械操作领班、木工领班、瓦工领班、驾驶员领班

EIR:科学、技术和有关周期出版物的管理员。

EIC:专利代理人、鉴定人、运输服务检查员、安全检查员、废品收购人员。

EIS:警官、侦察员、交通检验员、安全咨询员、合同管理者、商人。

EAS:法官、律师、公证人。

FAR:展览室管理员、舞台管理员、播音员、驯兽员。

ESC:理发师、裁判员、政府行政管理员、财政管理员、工程管理员、职业病防治员、售货员、商业经理、办公室主任、人事负责人、调度员。

ESR:家具售货员、书店售货员、公共汽车的驾驶员、日用品售货员、护士长、自然科学和工程的行政领导。

ESI:博物馆管理员、图书馆管理员、古迹管理员、饮食业经理、地区安全服务管理员、技术服务咨询者、超级市场管理员、零售商品店店员、批发商、出租汽车服务站调度。

ESA:博物馆馆长、报刊管理员、音乐器材售货员、广告商售画营业员、导游、(轮船或班机上的)事务长、飞机上的服务员、船员、法官、律师。

ASE:戏剧导演、舞蹈教师、广告撰稿人、报刊专栏作者、记者、演员、英语翻译。

ASI:音乐教师、乐器教师、美术教师、管弦乐指挥、合唱队指挥、歌星、演奏家、哲学家、作家、广告经理、时装模特。

AER:新闻摄影师、电视摄像师、艺术指导、录音指导、丑角演员、魔术师、木偶戏演员、

骑士、跳水员。

AEI：音乐指挥、舞台指导、电影导演。

AES：流行歌手、舞蹈演员、电影导演、广播节目主持人、舞蹈教师、口技表演者、喜剧演员、模特。

AIS：画家、剧作家、编辑、评论家、时装艺术大师、新闻摄影师、男演员、文学作者。

AIE：花匠、皮衣设计师、工业产品设计师、剪影艺术家、复制雕刻品大师。

AIR：建筑师、画家、摄影师、绘图员、环境美化工、雕刻家、包装设计师、陶器设计师、绣花工、漫画工。

SEC：社会活动家、退伍军人服务官员、工商会事务代表、教育咨询者、宿舍管理员、旅馆经理、饮食服务管理员。

SER：体育教练、游泳指导。

SEI：大学校长、学院院长、医院行政管理员、历史学家、家政经济学家、职业学校教师、资料员。

SEA：娱乐活动管理员、国外服务办事员、社会服务助理、一般咨询者、宗教教育工作者。

SCE：部长助理、福利机构职员、生产协调人、环境卫生管理人员、戏院经理、餐馆经理、售票员。

SRI：外科医师助手、医院服务员。

SRE：体育教师、职业病治疗者、体育教练、专业运动员、房管员、儿童家庭教师、警察、引座员、传达员、保姆。

SRC：护理员、护理助理、医院勤杂工、理发师、学校儿童服务人员。

SIA：社会学家、心理咨询者、学校心理学家、政治科学家、大学或学院的系主任、大学或学院的教育学教师、大学农业教师、大学工程和建筑课程的教师、大学法律教师、大学数学教师、大学医学教师、大学物理教师、大学社会科学教师和大学生命科学的教师、研究生助教、成人教育教师。

SIE：营养学家、饮食学家、海关检查员、安全检查员、税务稽查员、校长。

SIC：描图员、兽医助手、诊所助理、体检检查员、监督缓刑犯的工作者、娱乐指导者、咨询人员、社会科学教师。

SIR：理疗员、救护队工作人员、手足病医生、职业病治疗助手。

SAC：理发师、指甲修剪师、包装艺术家、美容师、整容专家、发式设计师。

SAE：听觉病治疗者、演讲矫正者。

SAI：图书馆管理员、小学教师、幼儿园教师、学前儿童教师、中学教师、师范学院教师、盲人教师、智力障碍人的教师、聋哑人的教师、学校护士、牙科助理、飞行指导员。

【知识链接】

职业生涯发展通道指组织为内部员工设计的自我认知、成长和晋升的管理方案，指明了组织内部员工可能的发展方向及发展机会，组织内每一个员工可能沿着本组织的发展通道变换工作岗位。具体地说，职业生涯发展通道是指个体在一个组织中所经历的一系列结构化的职位。职业生涯发展通道通过帮助员工胜任工作，确立组织内晋升的不同条件，对员工职业生涯发展施加影响，使员工的职业生涯发展目标有利于满足组织的需要。职业生涯发展通道的主要内容有职业生涯通道模式、职业生涯通道设置、职业策划以及工作进展辅助情况等。其中，职业生涯通道模式和职业生涯通道设置是核心内容。

（资料来源：金延平．人员培训与开发[M]．大连：东北财经大学出版社，2006：401．）

能力训练

案例分析：小王的兴趣与专业发展

小王的父母期望他能成为一个工程师，建议他选择以工程学为专业，所以当小王上大学的时候，他就选择了工程学，但是他很快就发现，自己很讨厌这种专业，自学习这门专业以来，他一直都闷闷不乐。在班上，他的成绩也很不好，最后他不得不退出了这门专业。当小王重新开始的时候，他选择了心理学。他发现自己对这门课程充满兴趣，学的也很容易，在期末时得了一个“A”。于是，他认为自己在这个领域一定有发展前途。他继续学习，拿了学士学位、硕士学位，一直到博士学位。现在他自己拥有了一家咨询公司，专门给企业提各种建议，包括培训管理人员如何做一个真正有效的面试官，如何面试应聘者，如何使企业得到满意的员工等，效益不错，事业很成功。

（案例来源：杜林致．职业生涯管理[M]．上海：上海交通大学出版社，2006：78．）

【思考题】

1. 小王事业的成功说明了什么？我们可以从中吸取哪些经验？
2. 霍兰德职业生涯理论的内容主要有哪些？

项目五　秘书职业生涯的规划和发展

学习目标

【知识目标】

1. 了解秘书工作的基本性质和基本特征；
2. 掌握秘书的职业层次与职业发展路径；
3. 熟悉不同层级秘书的工作职责和职业任职资格；
4. 掌握秘书职业生涯规划的方法。

【能力目标】

能够结合秘书专业特点及个人的兴趣和外部条件的分析，设计自己的职业生涯发展路径。

案例导入

Cynthia(女,31岁,某外企中方总经理秘书)毕业于北方的一所知名大学的英语专业。毕业后在上海一直从事秘书工作。虽然所在公司待遇还算不错,但她始终有一种紧迫感。她不想一辈子都当秘书,可五六年过去了仍找不到任何晋升机会。眼看曾经的同学升职的升职,结婚的结婚,至今依然单身的她心急如焚。她想过转行,可发现自己除了行政事务方面也没其他的一技之长了。眼看已到了而立之年,Cynthia不知道自己还有多少青春可以等,没有职业方向的她走进了××职业生涯咨询室,希望得到职业规划师的帮助。Cynthia的案例很有代表性,反映了"30岁女秘书"的内心困惑。她们大都希望自己能够有一个发展更加广阔的平台。但苦于不能结合自身的特点清晰定位,未来的职业发展的确令人担忧。

职业规划师总结出他们的困惑揭示了秘书职业的三大特性。第一,潜在的年龄界限。相对大多数人而言,秘书还是有年轻化的特性。年轻人之所以选择这个职业,一是入行易,二也是希望以此为平台,为将来的发展做准备。秘书一旦超过五年而在未来又看不到任何提升机会,必然会产生迷茫与困惑。如同案例中的Cynthia,年龄于她而言是一种警报。第二,缺乏专业技能。虽然现代社会对秘书的要求在不断地提高,但秘书掌握的是处理日常事物及人员沟通等通用技能,无需任何专业知识背景。反观Cynthia本身,因为几年的秘书工作经历,使她的英语专业已经不再是她的优势,显示出她优势与能力退化的趋势,这也是众多"30岁秘书"的共同困境。第三,易被新人代替。当"30岁女秘书"失去了年龄以及能力的优势后,困扰便会接踵而来。竞争激烈、新人辈出这是一种社会的必然,而社会环境是无法转变的,对于每一位职场人士而言,尽量地提高自身的能力是唯一的解决方法。

【案例提示】

正如羊皮卷中所写:"一切问题、沮丧、悲伤,都是乔装打扮的机遇之神。"职业规划人员指出:"机遇"的观点用在职业生涯规划的领域中也是一样,每一次的困惑与苦恼其实都预示着职业生涯新的开始,只是看你要如何把握。

任务一　秘书职业的基本认知

一、秘书的工作性质与特征

(一)秘书的工作性质

秘书工作的根本性质是辅助性的,是协助领导人联系接待、组织外部及内部人员,负责处理文书和交办事项。辅助性是秘书部门天生的属性,是领导工作对秘书工作的必然要求,其辅助性的工作特征也是由秘书部门在组织中管理体系中的地位所决定的。

(二)秘书的工作特征

与其他具有辅助性职能的工作相比,秘书工作具有以下特征:

1. **具有中介性的特征**　中介性特征一方面决定了秘书工作的"纽带"和"桥梁"的作

用,另一方面也决定了秘书工作是非独立性的辅助工作。

2. **具有全面性的特征**　秘书的工作的全面性特征是体现在其职能辅助的全面性上和工作过程辅助的全面性上。

3. **具有服务性、被动性的特征**　秘书工作体现着代替组织中的领导处理一些相关事务,可以凭借领导的指示处理各种等级的事务。同时,要求秘书工作过程中不能越权、越职。

4. **具有潜隐性的特征**　秘书工作的潜隐性表现在三个方面:活动名义的假借性、活动过程的幕后性和劳动成果的潜在性。

二、秘书职业的层次与职业发展路径

按不同的角度可以将秘书分为不同的类别,我们在这一节内容中所讲的秘书的职业发展路径是指一般秘书的职业发展路径。

秘书的职业路径一般是经由前台秘书发展为一般行政秘书,进而成为董事长或总经理秘书,如果工作出色、能力突出,会升至行政主管,具备一定的管理能力后成为行政部或人力资源部经理、办公室主任,在具备管理能力和业绩能力的基础上晋升到行政总监或人力资源总监,然后能晋升为副总经理(主管行政等)。秘书职业的层次与职业发展路径可以具体参见图7-2秘书职业的层次与职业发展路径。

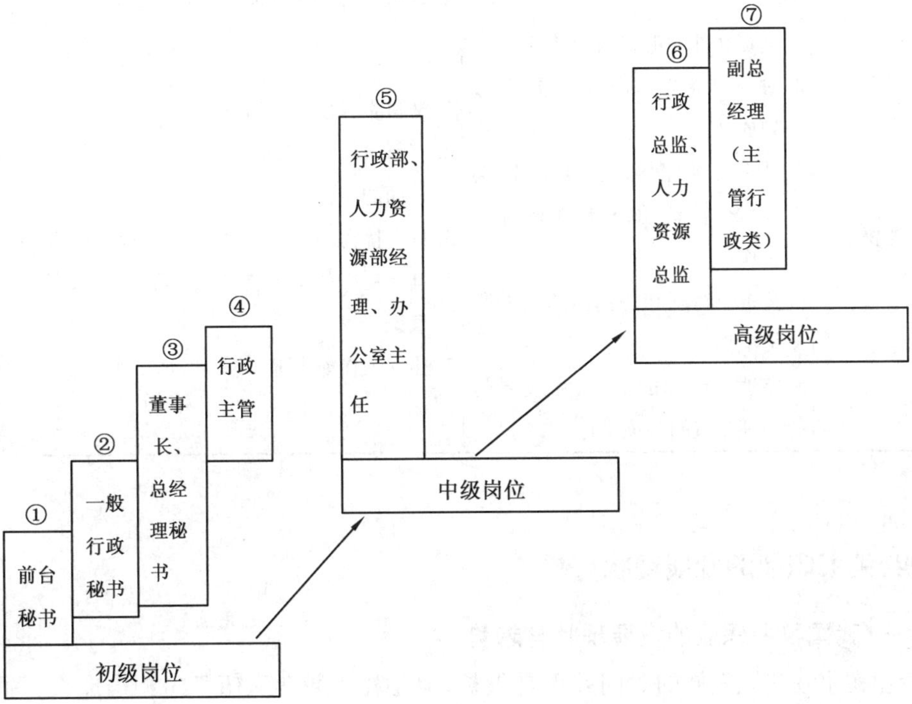

图7-2　秘书职业的层次与职业发展路径

其中①、②、③、④为初级岗位,⑤是中级岗位,⑥、⑦为高级岗位。

三、不同层级秘书的工作职责和职业任职资格

秘书的级别不同,所承担的工作职责也会有所区别。本部分内容重点讲述的是初级秘书岗位不同层级的秘书的工作责任和任职资格(表 7-2)。因为当秘书晋升为行政主管,任职企业的中级、高级岗位时,按严格的划分意义讲,已经脱离秘书这个职业的范畴,而成为秘书的职业晋升的目标岗位,其工作职责和任职资格可以参阅相关管理类教材。

表 7-2 初级秘书岗位不同层级秘书的工作职责和职业任职资格

秘书的层级	主要工作职责	职业任职资格
前台秘书	1. 负责公司前台接待工作 2. 负责公司电话接转、收发传真、文档复印等工作	1. 熟练使用 Word、Excel 等办公软件,会借助互联网查找资料 2. 具有中英文书写能力、表达能力 3. 具有良好的沟通能力、协调能力 4. 熟练使用各种办公自动化设备
一般行政秘书	1. 负责各类办公文档、商务文档、合同协议的录入、排版、打印 2. 日常文书、资料整理及其他一般行政事务	1. 对办公室工作程序熟悉 2. 文科类大专以上学历,有行政管理、职业礼仪、应用文写作、公共关系等方面的培训经历 3. 具有中英文书写能力、表达能力 4. 具有良好的沟通能力、协调能力
总经理秘书	1. 负责文件的汇签、收发管理 2. 对公司级会议进行记录,并整理成文 3. 处理总经理日常行政事务、会议、接待、活动、报销单整理等工作 4. 负责总经理和各部门总监的联络工作 5. 整理总经理的文件,完成部门经理布置的各项工作	1. 文科本科以上学历 2. 有行政管理、职业礼仪、应用文写作、公共关系等方面的工作经验 3. 具有优秀的中英文书写能力、表达能力 4. 具有良好的沟通能力、协调能力,及较强的保密意识 5. 独立工作能力强

四、秘书职业的发展现状与趋势

(一)我国秘书职业的发展现状与趋势

专业秘书在我国发展的时间并不是很长,但是秘书职业队伍已经相当庞大。据不完全统计,持有秘书资格证书的人数就已经达到 11 万以上,而从事秘书职位的人员过百万人,却依然不能满足市场的需求,可见秘书行业发展的潜力巨大,但是真正受过秘书系统培训的人员不足 40% 。

从社会实践看,近 10 年来,我国的生产结构从农业转向工业进而向现代工业发展,城

市化、商业化、市场化为秘书这一“白领”职业的发展提供了环境。社会职业分工越来越细，专业内容和技术成分越来越强，因此在协作中需要协调、沟通、弥合的地方更多，这也给秘书工作拓展了空间。秘书学界的理论研究者认为，秘书的主要职能是通过办理事务性工作发挥自己的协调作用和信息作用。因此，只要有领导与基层，有组织内部门与部门，有组织与社会，就会有秘书这个职业的发展空间。但是我们也必须认识到：秘书职业发展的空间很大程度上取决于秘书自身的发展因素。

目前我国各级秘书的职业资格主要通过人力资源与社会保障部（原劳动部）组织的秘书职业资格考试来认定（详见本书第四章附录）。一般而言，秘书（普通）职业资格证书比秘书（涉外）职业资格证书的认可程度和受欢迎程度要高一些，但要具体看秘书职业资格证书的等级程度。随着职业资格认证工作的深入进行，秘书从业需具备职业从业资格证书是社会趋势，因此，有致力于秘书职业发展的人员，应该为资格认证考试做相关准备。

（二）国外秘书职业的发展现状与趋势

国外秘书职业的发展现状呈现以下两大特点：第一，国外秘书职业具有明显的普遍化、社会化特点。作为第三产业体系的秘书行业，是具有服务性的特点，在国外，秘书渗入到政府机关、社团、企事业单位等社会各个角落，私人秘书尤其普遍，如官员、企业人士、教授、讲师、律师、医生，演员、运动员等都会有自己的私人秘书。第二，国外秘书职业的辅助功能增强。秘书职业职责分类细，需要具备较强的业务能力和较高的工作效率高。从接打电话、处理杂务、代拟文稿、联络接待，到安排工作日程、提出决策方案、辅助或代替上司完成部分工作，使上司更有效地从事本职工作。在国外，秘书职业业已经成为现代社会高效率管理的一个重要因素。

国外秘书职业的发展趋势主要呈现出以下两个特点：其一，事务型向智能型转化。随着办公自动化水平提高，事务性工作由计算机操作，秘书就可以摆脱繁重工作，集中精力和时间从事高层次辅助、参谋工作，帮助老板综合管理、辅助决策；其二，专业化和终身化。由于秘书工作分工细，要求的技术含量就高，如美国秘书职业有 41 个分工种类，仅工资等级就分 14 种，从低层次秘书到专职秘书，到秘书的管理阶层，形成规范化体系，故专业性强，从而视该行业为终身职业的人也趋多。

任务二　秘书职业生涯规划的方法

秘书职业生涯规划的方法主要包括职业认知、自我评估、职业定位、确定职业生涯目标、设计职业路线、实施行动方案等内容。

一、职业认知

秘书在当今社会作为一种职业，其本质上是组织中的领导人的工作助手，在所赋予的权限范围内进行工作。大部分组织中的秘书从业人员为女性并且是年轻女性，所以秘书从业人员应该做好自己的职业生涯规划，以防止年龄优势丧失后，各方面技能不能应对其他职业的需要。更为重要的是，秘书的职业通道较长，在前面的内容我们讲述了秘书的职业晋升途径，可以对秘书这个职业有个更加直观的认知。

二、自我评估

自我评估是职业生涯规划的重要步骤之一。进行自我评估的目的是为了更好地认识自己。只有清楚地认识自己，才能做好职业生涯规划和发展。一般来说，自我评估包括兴趣、特长、性格、学识、技能、智商以及组织管理、协调能力等。秘书从业人员通过分析评估自己，判断自己是否适合本职工作，如若不适合，条件允许的话应及早调整职业发展方向。其次对比秘书岗位的基本任职素质要求，找出自身的不足之处，在以后的工作中有意识的培养这方面的能力。

三、职业定位

秘书从业人员应该及时对自己的职业进行定位，根据自己的能力和兴趣来选择将来要在哪一个领域中进行发展。毕竟，秘书这个职业又可以细分为不同的种类，类别不同，所需要的职业任职资格也会相应的不同。例如，秘书可以分为高级秘书和初级秘书，那么对于高级秘书的资质要求就会比初级秘书的职业资质要求更高，涉外秘书要求具备优秀的外文能力，商务秘书要求具备基本商务知识等。

四、确定自己的职业生涯目标

对自己的职业定位之后，可以依据自己对于能力的分析确定自己的职业目标，以做到有的放矢。职业生涯目标的设定是职业生涯规划的核心，一个人事业的成败与否很大程度上取决于有无正确的职业目标。通常将秘书的职业目标分为短期、中期、长期和人生目标，秘书从业人员在对自身人生职业目标做抉择时应以自己的能力，环境的特点，资源的可获取度等因素为依据做出短期、中期、长期的目标，例如，短期内，实现由前台秘书成为一般行政秘书，长期内要做到管理岗位，那就需要接受管理方面的知识和接触管理层级的事务进行锻炼。

五、设计职业生涯线路

确定从事秘书职业并立定职业目标后，秘书从业人员需要选择并设计自身的职业生涯的路线。例如，是做沿着行政秘书路线发展还是沿着商务秘书路线等。不同的职业发展路线，对秘书的能要求也不同，如果选择从事行政秘书，那职业生涯路线将沿着行政人员的晋升通道发展，由行政秘书成为行政从业人员，进而成为行政主管，晋升途径可以参考图 7-2；但是商务秘书将会成为商务从业人员，职业生涯的路线将沿着商务人员晋升途径发展，最后成为负责企业商务运营的高级管理者。因此，在职业生涯规划和发展中，秘书从业人员在选定职业目标后应设计自己的职业生涯路线。

六、实施职业生涯路线的行动方案

确定职业生涯路线后，行动就成了一个关键环节。这里所指的行动主要是指落实目标的具体措施，主要包括工作、训练、教育等方面的措施。秘书一方面要替管理者处理一些日常事务,充当管理者的助手,另一方面又是管理者决策的智囊团,充当决策的参与者。秘书要学会把握自己,争取晋升机会。因此秘书在制定自己的行动计划方案时要制定适当合理的行动方案,并定期检查,检查自己与职业生涯路线中的下一个职业目标之间存在的差距,并努力寻求多方面能力的提高,在能力方面达到职业目标的要求,最终将自己制定的职业目标和职业路线落地。

【知识链接】

如果职业生涯管理是一个灵活的、可调整的过程,人们一定能找到一些方法,根据他们或环境的新信息来调整战略。职业生涯评价,也就是收集并运用有关职业生涯的各种反馈,来实现这一功能的过程。通过职业生涯评价获得的反馈具有两个具体的作用。首先,它可以测试某一职业生涯战略是否适当,了解这一战略是否真能让人更接近自己的目标。其次,这种反馈可以测试目标本身是否适当,即是否能继续坚持这一职业生涯目标并有望实现。

(资料来源:杰弗里·H.格林豪斯(Jeffery H. Greenhaus),杰勒德·A.卡拉南(Gerard A. Callanan),维罗妮卡·M.戈德谢克(Veronica M. Godshalk).职业生涯[M].3版.北京:清华大学出版社,2006:77.)

能力训练

案例分析:联合邮包服务公司的员工的职业生涯管理

联合邮包服务公司(UPS)有285 000名员工负责按时收递邮包,他们来自不同的国家和地区。到1991年时,业务发展要求UPS形成管理梯队,包括全世界范围内的49 000人。这项任务的目的在于制定一个管理发展系统,以确保主管的技能时常得到更新,并使得该系统与选拔和培训活动相联系,为此,UPS专门设立了一个职业生涯的管理流程。

该计划包括员工在下一年所要达到的职业生涯目标和发展行动。为了保证职业生涯管理能有助于将来的人事决策,通常会举行分组会议。在这些会议上,由经理汇报其工作团队的开发需求、开发规划以及实施能力。在培训和开发部的主管人员要列席会议,以确保培训计划的可行性。这个过程如果在高层管理会议中通过,那么,最后是制定一份附有培训和开发计划的总计划书。

UPS职业生涯管理规划系统的主要特点,在于共同了解员工个人、地区、部门的开发和培训需求及能力。

(案例来源:金延平.人员培训与开发[M].大连:东北财经大学出版社,2006:389.)

【思考题】

1.联合邮包服务公司是怎样来管理其员工的职业生涯的?这将给予管理者哪些启示?

2.请说明职业生涯目标的设定在职业生涯管理中处于什么地位?能够起到什么作用?

项目六　附录:职业生涯规划书举例

职业生涯规划书主要涉及四大内容,即确定职业发展目标、进行个人和环境分析、职业发展阶段目标以及实施措施、职业生涯设计修正方案。下面以秘书专业小王和大学毕业生小赵的职业生涯规划书为范例,详细介绍职业生涯规划书的撰写要点和方法。

任务一　秘书小王的职业生涯规划书

背景介绍:小王是某学校文秘专业的学生,她结合自身的性格、爱好以及将来自己对自己的职业期望,小王为自己的职业生涯做了如下的职业生涯规划。

一、确立发展目标

(一)总体目标:成为一名高级秘书

"凡事预则立,不预则废。"如果人生没有目标、没有进行合理的规划,这种人生将会一无所获。小王是一个外向开朗的女孩,具有良好的沟通能力和语言表达能力,具有很强的责任心,她爱好文秘方面的工作,希望通过不懈的努力成为一名高级秘书。按照老师的指导,小王参与职业素质测评,结果显示,属于"高资料型"的人才,办事高效率、严谨,有强烈的责任感,选择秘书工作较适合小王的个性和能力特点。因此,小王的总体目标是:成为一名高级秘书。

(二)阶段性目标

1. **第一学年**　努力掌握专业基础知识,考取计算机办公软件初级操作证,参加学校计算机培训以及办公软件初级操作考证,获得相关证书。

2. **第二学年**　积累专业素养,通过计算机办公软件高级操作资格考证和速记员资格考证;购买计算机和速录机,每天坚持训练四小时,同时参加学校组织的培训,获得相关证书。

3. **第三学年**　参加全国秘书资格的证书考试,取得中级资格证书。积极参加课外实习、实践活动,掌握职业技能。参加学校组织的实习和实践活动,利用节假日到企业兼职,加深自己的专业知识,提高自己社会实践能力。

毕业后三年之内,参加全国秘书资格等级证书考试,取得高级秘书资格证书或者涉外高级秘书资格证书。

(三)个人和环境分析

小王是一个外向开朗、责任心强、办事严谨的女孩,具有较强的文字表达能力、交往与合作能力、收集和处理信息资料的能力。经过两年多时间的中技学习,计算机操作技能得到了提高,能够独立进行文件处理等相关工作,能熟练运用办公软件。对照企业招聘秘书的职业标准,小王基本上符合要求,这将更加坚定其实现职业理想的信心。

小王的职业兴趣分析:对计算机技术感兴趣,喜欢收集资料和数据,喜欢写文章做笔记。

小王的职业性格分析：服从、协作、严谨，自觉、认真、严格，喜欢与人协同工作，按照客观规律办事；积极参加各类社交活动，并尝试在集体活动中承担协调工作。

小王的职业能力分析：语文能力强，外语能力一般，表达能力、交往能力强，收集和处理信息能力强，需要加强专业实践，培养职业性格。

可以看出，小王的职业兴趣、职业性格和职业能力基本上可以达到一个初级秘书人员的资格，但小王的职业素养距离高级秘书的要求还有一定的距离。尤其是小王的英语水平还远不能达到涉外秘书的标准，以目前学校的英语教学状况看，小王必须把提高英语文字表达和口语表达能力作为长期的任务，通过参加英语等级考证，逐步完成这个任务。

（四）职业发展阶段目标以及实施措施

年龄段	职业发展目标	实施措施
16～21岁	成为中级秘书，努力胜任在职业生涯中的角色，并寻找发展机会	1. 学习专业基础知识 2. 积极参加社会实践 3. 增强个人体质 4. 各科成绩优良 5. 有良好的沟通能力 6. 提高英语表达能力
21～25岁	寻找可以长期发展的企业，担任高级秘书、涉外秘书工作	1. 坚持学习，掌握新知识 2. 与同事合作完成工作任务，主动工作 3. 提高英语表达能力 4. 获涉外秘书资格
25～35	提高个人能力，充分发挥个人的作用	1. 确立主要工作范围 2. 学习领导能力，提高个人决策能力 3. 培养解决问题能力
35～45	尝试领导工作	1. 学会决策 2. 冷静处理各种问题 3. 善于沟通和管理 4. 家庭和睦向上
45～55	寻找新的角色重心，从事人才培养工作，寻找适合自己的闲暇生活方式	1. 学习新知识 2. 学会管理科学 3. 独立制订工作方案、担任培训工作
55岁以后	为自己的退休做好准备，丰富个人生活	1. 加入社团活动，培养业余爱好 2. 担任社区志愿工作者 3. 宽容、热情、有爱心，支持公益事业

（五）职业生涯设计修正方案

这是一份初步的职业生涯规划书，当企业的目标，或者小王的个人的能力与经验等因素发生变化时，小王需要调整个人的目标和实施措施，及时修正以上的设计方案。

任务二　大学毕业生小赵的职业生涯规划书

背景介绍：小赵原是某高校经济管理类专业的大学生，现已大学毕业，正在一家公司工作。他基于自己目前所面临的实际情况和未来的职业理想，做了如下的职业生涯规划。

一、小赵大学毕业后的十年规划

时间：2005—2015 年(22～30 岁)

职业方向：成为企业高级管理人员

生涯总体目标：完成硕士、博士的学习，进入××著名外资企业，成为高层管理者。

职业生涯进展情况：已经完成本科学业，并进入一家外资企业工作，想在工作的同时继续攻读博士学位。

二、社会环境分析和职业环境分析(十年规划期内)

(一)社会一般环境分析

中国政治稳定，经济持续发展。在全球经济一体化环境中的重要角色。经济发展有强劲的势头，尤其是加入 WTO 后，有更多的外国企业进入中国市场，更多中国的企业也走出国门。

(二)管理职业特殊社会环境

由于中国的管理科学发展较晚，管理知识大部分源于国外，中国的企业管理还有许多不完善的地方。中国急需管理人才，尤其是经过系统培训的高级管理人才，因此企业管理职业市场广阔。

要在中国发展企业，必须要适合中国的国情，这就要求管理的科学性与艺术性和环境动态适应相结合。因此，受中国市场吸引进入的大批外资企业都面临着本土化改造的任务，社会环境和职业环境为准备去外企做管理工作的人员提供了很多机会，所以小赵的职业生涯面临着很好的机遇。

三、行业环境分析和企业分析

(一)行业分析

小赵所在的公司为××公司的跨国性会计事务所，属管理咨询类企业。由于中国加入 WTO，商务运作逐渐全球化，国内企业经营也逐步与国际惯例接轨，因此这类企业在近年来引进中国后得到迅猛的发展。

(二)企业分析

××公司是全球四大会计事务所，属股份制企业，企业领导层风格稳健，公司以“诚信、稳健、服务、创新”为核心价值观，十年来稳步在全球推广业务，目前在全球 10 余个国家、地区设有分支机构。公司 2000 年进入中国，同年在上海设立分支机构。经营中稳健拓展业务的同时重点推行公司运作理念，力求与发展中的国家和地区共同进步。小赵十分认同公司的企业文化和发展战略，但公司事务性工作太过繁忙，无暇进行个人自我培训，而且提升空间有限。但总体而言，作为第一份工作可以接触到行业顶尖企业的经营模式是十分幸运的，小赵可能在本企业实现部分职业生涯目标。

四、个人现状分析与角色建议

（一）个人现状分析

英语水平出众，能流利沟通；法律专业扎实，精通经贸知识；具有较强的人际沟通能力；思维敏捷，表达流畅；在大学期间长期担任学生干部，有较强的组织协调能力；有很强的学习愿望和能力。

（二）角色建议

角色建议主要来自周围人的评价，例如，父亲建议为：要不断学习，能力要强；工作要努力，有发展，要在大城市，方便我们退休后搬来一起居住生活；母亲建议为：工作要上进，婚姻不要误；老师的评价为：聪明、有上进心、单纯、乖巧，缺乏社会经验；同学们的评价：有较强的工作能力，适合做白领。所有上述评价都为小赵自己对于自己将来的职业认知起到了一定的作用。

五、职业目标分解与组合

职业目标：著名外资企业高级管理人员

1. 2005—2008 年

成果目标；通过实践学习，总结出适合当代中国国情的企业管理理论。

学历目标：硕士研究生毕业，取得硕士学位；取得律师从业资格、通过 GRE 和英语高级口译考试。

职务目标：外企企业商务助理。

能力目标：具备在经济领域从事具体法律工作的理论基础，通过实习具有一定的实践经验；接触了解涉外商务活动；英语应用能力具备权威资格认证；有一定的科研能力，发表 5 篇以上论文。

经济目标：在校期间兼职，年收入 1 万元；商务助理年薪 5 万。

2. 2008—2010 年

学历目标：通过注册会计师考试。

职务目标：外资企业部门经理 。

能力目标：熟练处理本职务工作，工作业绩在同级同事中居于突出地位；熟悉外资企业运作机制及企业文化，能与公司上层进行无阻碍地沟通。

经济目标：年薪 10 万。

3. 2010—2015 年

学历目标：攻读并取得博士学位。

职务目标：著名外资企业高级管理人员，大学的外聘讲师。

能力目标:科研能力突出,在国外权威刊物发表论文;形成自己的管理理念,有很高的演讲水平,具备组织、领导一个团队的能力;与公司决策层有直接流畅的沟通;具备应付突发事件的心理素质和能力;有广泛的社交范围,在业界有一定的知名度。

经济目标:年薪25万。

六、生涯成功的标准

小赵的生涯成功的标准是个人事务、职业生涯、家庭生活的协调发展。只要自己尽心尽力,能力也得到了发挥,每个阶段都有了切实的自我提高,即使目标没有实现(特别是收入目标)小赵自身也不会觉得失败,给自己太多的压力本身就是一件失败的事情。为了家庭牺牲职业目标的实现,小赵认为是可以理解的,并且在28岁之前一定要有自己的家庭。

七、职业生涯规划实施方案中存在的差距

(1)跨国企业先进的管理理念和丰富的管理经验;

(2)作为高级职业经理人所必备的技能、创新能力;

(3)快速适应能力欠缺;

(4)身体适应能力有差距;

(5)社交圈太窄。

八、缩小差距的方法

(一)教育培训方法

(1)充分利用硕士研究生毕业前在校学习的时间,为自己补充所需的知识和技能。包括参与社会团体活动、广泛阅读相关书籍、选修、旁听相关课程、报考技能资格证书等。时间:2008年7月以前。

(2)充分利用公司给员工提供的培训机会,争取更多的培训机会。时间:长期。

(3)攻读管理学博士学位。时间:五年以内。

(二)讨论交流方法

(1)在校期间多和老师、同学讨论交流,毕业后选择和其中某些人经常进行交流。

(2)在工作中积极与直接上司沟通、加深了解;利用校友众多的优势,参加校友联谊活动,经常和他们接触、交流。

(三)实践锻炼方法

(1)锻炼自己的注意力,在嘈杂的环境里也能思考问题,正常工作。在大而嘈杂的办公室里有意识地进行自我训练。

(2)养成良好的锻炼、饮食、生活习惯。每天保证睡眠6~8小时,每周锻炼三次以上。

(3)充分利用自身的工作条件扩大社交圈、重视同学交际圈、重视和每个人的交往。

注:以上是小赵的一个职业生涯规划书,当然并非有了职业生涯规划书,小赵将来就可以成为企业的高级管理人员,这一职业目标的实现还有赖于职业生涯中的实际行动,并针对一些实际情况及时做出目标的修正和评估。

法　规　篇

模块八　劳动法规解读

众所周知，人是生产力中最重要的因素，建立在劳动过程中的劳动者与工作组织（用人单位）关系，自然是人力资源管理中的一个重要主题。劳动关系是否和谐，直接关系到人力资源潜力的发挥。近年来，我国相关的劳动法规相继颁布，成为规范用人单位人力资源管理工作的底线，对和谐劳动关系的建设发挥了保障作用。然而现实中，仍有一些用人单位违反相关劳动法律，漠视员工的人身安全和健康，侵犯员工的权利。如何正确地认识和维护劳动关系，学习和运用相关劳动法规，是人力资源管理的重要内容，也是劳动者更好地维护自身劳动权利的保证。

项目一　劳动法规解读

学习目标

【知识目标】

1. 了解《中华人民共和国劳动法》、《中华人民共和国劳动合同法》、《中华人民共和国社会保险法》、《就业促进法》、《工伤保险条例》的相关内容；

2. 理解劳动关系的特点、法律意义和管理意义；

3. 熟悉劳动合同的签订，劳动争议的解决环节。

【能力目标】

1. 理解劳动法规在人力资源管理中的地位和作用；

2. 熟悉劳动权益的保护内容以及劳动合同的签订、解除、中止、终止的意义。

案例导入

小张大学毕业后应聘到一家服装设计公司工作，双方约定试用期为三个月，三个月内，小张积极肯干，设计了几件作品参加公司所在地服装展，受到商家的好评。三个月后，公司与其签订了为期两年的书面劳动合同，可工作一年后，公司进行绩效考评，领导层认为其工作平平，没有设计出受肯定的作品，公司人力资源部通知她下个月不要来公司上班，结完本月的工资就可以离开。小张不知如何是好，虽然平时也听说过劳动争议的话题，想不到刚刚走上工作岗位就降临到自己身上。应该如何帮助小张解决烦心的问题？

服装设计公司解除劳动合同的做法对吗？

【案例提示】

1.《劳动合同法》中对试用期有哪些相关的规定？公司与小张约定的三个月试用期合乎法律的规定吗？

2. 公司与小张解除劳动合同的程序是什么？

3. 小张可以得到经济补偿金吗，如何计算？

任务一　《中华人民共和国劳动法》解读

劳动法有广义和狭义之分，狭义的“劳动法”就是指《中华人民共和国劳动法》；广义的“劳动法”就是指调整劳动关系以及与劳动关系有密切联系的法律规范总和。

《中华人民共和国劳动法》于1994年7月5日颁布，1995年1月1日起施行，其中包括“总则、促进就业、劳动合同和集体合同、工作时间和休息休假、工资、劳动安全卫生、女职工和未成年特殊保护、职业培训、社会保险和福利、劳动争议、监督检查、法律责任、附则”等，总计13章、107条。现择其要者解读如下：

一、明确了劳动关系双方及适用范围

(一)用人单位的法律适用范围

《劳动法》第2条规定：“在中华人民共和国境内的企业、个体经济组织(以下统称用人单位)和与之形成劳动关系的劳动者，适用本法。国家机关、事业组织、社会团体和与之建立劳动合同关系的劳动者，依照本法执行。”该条点明了本法的适用范围。

用人单位的范围有两种法律解释：①1995年8月4日发布的劳动部关于贯彻执行《中华人民共和国劳动法》若干问题的意见(劳部发〔1995〕309号)中，对劳动法的适用范围作了详细的解释；②2008年1月1日起实施的《劳动合同法》第2条规定：“中华人民共和国境内的企业、个体经济组织、民办非企业单位等组织(以下称用人单位)与劳动者建立劳动关系，订立、履行、变更、解除或者终止劳动合同，适用本法。”“国家机关、事业单位、社会团体和与其建立劳动关系的劳动者，订立、履行、变更、解除或者终止劳动合同，依照本法执行。”

相对而言，劳动合同法在用人单位的范围内增加了“民办非企业单位等组织”，民办学校、民办医院属于这种类型的组织，劳动合同法实施条例又将“会计师事务所、律师事务所等合伙组织和基金会”、“分支机构”纳入用人单位的范畴，从而大大丰富了用人单位的范围。

(二)劳动者的法律适用范围

(1)劳动部关于贯彻执行《中华人民共和国劳动法》(以下简称《劳动法》)若干问题的意见规定：“国家机关、事业组织、社会团体实行劳动合同制度的以及按规定应实行劳动合同制度的工勤人员；实行企业化管理的事业组织的人员；其他通过劳动合同与国家机关、

事业组织、社会团体建立劳动关系的劳动者，适用劳动法。公务员和比照实行公务员制度的事业组织和社会团体的工作人员，以及农村劳动者（乡镇企业职工和进城务工、经商的农民除外）、现役军人和家庭保姆等不适用劳动法。”

（2）根据实施《劳动法》中有关劳动合同问题的解答（1995 年 4 月 27 日劳动部发布）的规定，厂长、经理，企业党委书记、工会主席，长期病假、放长假、提前退养职工，农民轮换工应属“劳动者”的范畴；根据劳动部关于实行劳动合同制度若干问题的通知（1996 年 10 月 31 日发布）的规定，与原单位保持劳动关系的“停薪留职”的职工，已办理厂内离岗退养或退休手续的原固定工，已享受养老保险待遇但再次被聘用的离退休员工，也应属于“劳动者”的范畴。

（3）《劳动法》第 15 条规定，未成年人（未满 16 周岁）原则上应该禁用，特殊行业招用需履行审批手续；《中华人民共和国未成年人保护法》第 38 条也明确禁止招用未满 16 周岁的未成年人，第 68 条明确规定了非法招用的法律后果；2002 年 10 月 1 日国务院令第 364 号公布禁止使用童工的规定，第 2 条规定“国家机关、社会团体、企业事业单位、民办非企业单位或者个体工商户（以下统称用人单位）均不得招用不满 16 周岁的未成年人（招用不满 16 周岁的未成年人，以下统称使用童工）。禁止任何单位或者个人为不满 16 周岁的未成年人介绍就业。禁止不满 16 周岁的未成年人开业从事个体经营活动”；非法用工单位伤亡人员一次性赔偿办法规定用人单位使用童工造成伤残、死亡的应该向伤残童工或者死亡童工的直系亲属给予一次性赔偿。

二、明确劳动权益的保护期间

根据《劳动法》第 82 条规定，当事人申请劳动仲裁的期限是 60 日，自劳动争议发生之日起算。如何理解“劳动争议发生之日”就成了劳动者的诉权能否得到有效保护的关键，为此，《解释（二）》对“自劳动争议发生之日起”的计算等问题作出了一整套具体规定，如第 1 条对在劳动关系存续期间产生的支付工资争议，用人单位不能证明的，劳动者主张权利之日为劳动争议发生之日；因解除或者终止劳动关系产生的争议，用人单位不能证明劳动者收到解除或者终止劳动关系书面通知时间的，劳动者主张权利之日为劳动争议发生之日；劳动关系解除或者终止后产生的支付工资、经济补偿金、福利待遇等争议，劳动者能够证明用人单位承诺支付的时间为解除或者终止劳动关系后的具体日期的，用人单位承诺支付之日为劳动争议发生之日。第 2 条规定，拖欠工资争议，劳动者申请仲裁时劳动关系仍然存续，用人单位以劳动者申请仲裁超过 60 日为由主张不再支付的，人民法院不予支持；第 12 条规定，当事人能够证明在申请仲裁期间内因不可抗力或者其他客观原因无法申请仲裁的，人民法院应当认定申请仲裁期间中止，从中止的原因消灭之次日起，申请仲裁期间连续计算；第 13 条规定，“当事人能够证明在申请仲裁期间内具有下列情形之一的，人民法院应当认定申请仲裁期间中断：（一）向对方当事人主张权利；（二）向有关部门请求权利救济；（三）对方当事人同意履行义务。申请仲裁期间中断的，从对方当事人明确拒绝履行义务，或者有关部门作出处理决定或明确表示不予处理时起，申请仲裁期间重新计算”。

这些规定，对完善劳动争议时效制度，保护当事人合法权益具有重要的意义。因为过短的时效、过多的申请或诉讼限制，不利于通过法律途径解决纠纷，不利于建立和谐的劳动关系，只能将矛盾暂时地掩盖或者导致矛盾的非理性处理乃至激化。劳动者只要有证据表明向有关部门进行了投诉和请求处理，不管是否得到立案处理，均应当作为仲裁时效中断的正当理由，以便更好地在目前的仲裁时效制度下维护劳动者的合法权益，解决纷争。

在我国现阶段，劳动是劳动者谋生和维持家庭生活来源的基本手段。工资既是一个社会分配问题，也是影响劳动者及其家庭成员的生活保障问题。社会各界关注和反映比较强烈的问题是长期拖欠工资和欠薪逃匿，一方面是一些用人单位借 60 日仲裁申请期限消灭债权，导致劳资矛盾激化；另一方面也致使一些案件证据难以厘清，纠纷难以裁断。《解释(二)》有针对性地解释了“劳动争议发生之日”，实质上是具体明确了劳动争议诉权保护的起算时间，切实有效地保护了劳动者的合法权益。

三、扩大劳动权益的救济渠道

针对一些用人单位违法收取劳动合同保证金，劳动者为了就业，通常不敢在劳动关系存在期间向劳动监察部门投诉，也不向劳动争议仲裁机构提起劳动仲裁，直到解除劳动关系时才寄希望通过仲裁或者诉讼手段要回；也有的用人单位对劳动者提出解除劳动合同的，以扣押丢弃人事档案、不转移社会保险关系等手段予以制裁，导致劳动者再就业困难的情况，《劳动法》明确规定人民法院受理劳动者与用人单位解除或者终止劳动关系后，用人单位返还其收取的劳动合同定金、保证金、抵押金、抵押物产生的争议，或者办理劳动者的人事档案、社会保险关系等移转手续产生的争议的解释，将劳动案件的审理范围延伸至劳动合同解除和解除合同后产生的附随义务。

面对新的司法规则，劳动关系当事人应当全面理解和准确掌握。如对于劳动合同履行争议的申诉和起诉时效，劳动者应当承担相应的证明责任；对于当事人实体权利的保护期，则应当参照《民法通则》的规定，从其知道或者应当知道其权利被侵害之日起 2 年，最长不能超过 20 年。

任务二　《中华人民共和国劳动合同法》解读

《中华人民共和国劳动合同法》由中华人民共和国第十届全国人民代表大会常务委员会第二十八次会议于 2007 年 6 月 29 日通过，自 2008 年 1 月 1 日起施行。

实施五年后，中华人民共和国第十一届全国人民代表大会常务委员会第三十次会议于 2012 年 12 月 28 日通过《全国人民代表大会常务委员会关于修改〈中华人民共和国劳动合同法〉的决定》，修改后的《劳动合同法》自 2013 年 7 月 1 日起施行。(此次《劳动合同法》的修改内容主要涉及劳务派遣及有关条款，即第 57、63、66、92 条，其他条款均未修改。

一、关于合同期限

《劳动合同法》延续了《劳动法》关于劳动合同期限分类的规定，规定劳动合同期限分为固定期限劳动合同、无固定期限劳动合同、以完成一定工作任务为期限的劳动合同三种类型；并且规定用人单位与劳动者双方协商一致，可以订立任何类型的劳动合同。同时，为了解决劳动合同短期化问题，引导用人单位与劳动者订立更长期限的固定期限劳动合同以及无固定期限劳动合同，《劳动合同法》作出了一些新规定：

（1）规定除用人单位维持或者提高劳动合同约定条件续订劳动合同，劳动者不同意续订的情形外，在固定期限劳动合同期满终止时，用人单位应当依法向劳动者支付经济补偿金。

（2）用人单位裁减人员时，应当优先留用与本单位订立较长期限固定期限劳动合同以及无固定期限劳动合同的劳动者。

（3）规定在法定情形下，如果劳动者提出或者同意续订、订立劳动合同，除劳动者提出订立固定期限劳动合同外，应当订立无固定期限劳动合同。法定情形包括：劳动者在该用人单位连续工作满十年的；用人单位初次实行劳动合同制度或者国有企业改制重新订立劳动合同时，劳动者在该用人单位连续工作满十年且距法定退休年龄不足十年的；连续订立两次固定期限劳动合同，正常情况下将续订劳动合同的。

二、关于试用期

《劳动合同法》延续了《劳动法》有关试用期的一些规定，如试用期属于劳动合同的约定条款，双方可以约定也可以不约定试用期；试用期包含在劳动合同期限之内；试用期最长不得超过六个月。同时，针对实践中一些用人单位滥用试用期的问题，如试用期过长、过分压低劳动者在试用期内的工资、在试用期内随意解除劳动合同等，《劳动合同法》规定：

（1）规定劳动合同期限三个月以上不满一年的，试用期不得超过一个月；劳动合同期限一年以上不满三年的，试用期不得超过两个月；三年以上固定期限和无固定期限的劳动合同，试用期不得超过六个月。以完成一定工作任务为期限的劳动合同或者劳动合同期限不满三个月的，不得约定试用期。同一用人单位与同一劳动者只能约定一次试用期。

（2）规定劳动者在试用期的工资不得低于本单位同岗位最低档工资或者劳动合同约定工资的80%，并重申试用期工资不得低于用人单位所在地的最低工资标准。

三、关于违约金

根据《劳动法》规定，用人单位与劳动者可以在不违法的前提下自由约定违约责任。一些用人单位借此与劳动者约定在劳动者单方解除劳动合同时必须支付过高的违约金，从而实际上剥夺了劳动者依法解除劳动合同权、自主择业权。为了防止用人单位滥用违约金条款，保护劳动者的自主择业权，《劳动合同法》规定，只有在两种情形下，用人单位可以约定由劳动者承担违约金：

(1)在培训服务期约定中约定违约金。用人单位为劳动者提供专项培训费用，对其进行专业技术培训的，可以与该劳动者订立协议，约定服务期。劳动者违反服务期约定的，应当按照约定向用人单位支付违约金。违约金的数额不得超过用人单位提供的培训费用。用人单位要求劳动者支付的违约金不得超过服务期尚未履行部分所应分摊的培训费用。

(2)在竞业限制约定中约定违约金。用人单位与劳动者可以在劳动合同中约定保守用人单位的商业秘密和与知识产权相关的保密事项。对负有保密义务的劳动者，用人单位可以在劳动合同或者保密协议中与劳动者约定竞业限制条款，并约定在解除或者终止劳动合同后，在竞业限制期限内按月给予劳动者经济补偿。劳动者违反竞业限制约定的，应当按照约定向用人单位支付违约金。竞业限制的人员限于用人单位的高级管理人员、高级技术人员和其他负有保密义务的人员。竞业限制的范围、地域、期限由用人单位与劳动者约定，竞业限制的约定不得违反法律、法规的规定。在解除或者终止劳动合同后，以上规定的人员到与本单位生产或者经营同类产品、从事同类业务的有竞争关系的其他用人单位，或者自己开业生产或者经营同类产品、从事同类业务的竞业限制期限，不得超过两年。

除以上两种情形外，用人单位不得与劳动者约定由劳动者承担的违约金，或者以赔偿金、违约赔偿金、违约责任金等其他名义约定由劳动者承担违约责任。但对于约定由用人单位承担的违约金，《劳动合同法》没有作出禁止性规定。

四、关于劳动合同的解除

《劳动法》规定，劳动者单方解除劳动合同分为提前30日以书面形式通知用人单位解除劳动合同和随时通知用人单位解除劳动合同两种类型。《劳动合同法》补充规定了第三种类型，即用人单位以暴力、威胁或者非法限制人身自由的手段强迫劳动者劳动的，或者用人单位违章指挥、强令冒险作业危及劳动者人身安全的，劳动者可以立即解除劳动合同，不需事先告知用人单位。

另外，《劳动合同法》还规定，用人单位未按照劳动合同约定提供劳动保护的；用人单位未依法为劳动者缴纳社会保险费的；用人单位的规章制度违反法律、法规的规定，损害劳动者权益的等，劳动者也可以随时通知用人单位解除劳动合同。

《劳动合同法》第38条针对用人单位违法情况设定了劳动者单方解除劳动合同的条件，同时，《劳动合同法》第39条对用人单位单方解除劳动合同做了规定：“劳动者有下列情形之一的，用人单位可以解除劳动合同：(一)在试用期间被证明不符合录用条件的；(二)严重违反用人单位的规章制度的；(三)严重失职，营私舞弊，给用人单位造成重大损害的；(四)劳动者同时与其他用人单位建立劳动关系，对完成本单位的工作任务造成严重影响，或者经用人单位提出，拒不改正的；(五)因本法第26条第一款第一项规定的情形致使劳动合同无效的；(六)被依法追究刑事责任的。”

《劳动法》规定，有下列情形之一的，用人单位可以提前30日以书面形式通知劳动者解除劳动合同：劳动者患病或者非因工负伤，医疗期满后，不能从事原工作也不能从事由用人单位另行安排的工作的；劳动者不能胜任工作，经过培训或者调整工作岗位，仍不能胜任工作的；劳动合同订立时所依据的客观情况发生重大变化，致使原劳动合同无法履行，经当事人协商不能就变更劳动合同达成协议的。《劳动合同法》一方面延续了《劳动法》以上规定，另一方面考虑到在这30日时间内，劳动者往往需要时间去寻找新的工作，因此，借鉴一些国家和地区实行的代通知金制度，增加规定了用人单位提前30日以书面形式通知劳动者解除劳动合同的替代方式，即在符合以上三种法定情形时，用人单位既可以提前30日以书面形式通知劳动者本人，也可以额外支付劳动者一个月工资，然后解除劳动合同。

五、关于裁员

《劳动法》规定，用人单位只有在濒临破产进行法定整顿期间或者生产经营状况发生严重困难，确需裁减人员时，才可以裁减人员。《劳动合同法》除延续以上规定外，增加了两种用人单位可以裁减人员的情形：企业转产、重大技术革新或者经营方式调整，经变更劳动合同后，仍需裁减人员的；其他因劳动合同订立时所依据的客观经济情况发生重大变化，致使劳动合同无法履行的。

《劳动法》规定，用人单位裁减人员的，都应当提前30日向工会或者全体职工说明情况，听取工会或者职工的意见，并向劳动行政部门报告。《劳动合同法》放宽了用人单位裁减人员的程序要求：用人单位需要裁减人员20人以上或者裁减不足20人但占企业职工总数10%以上的，才应当按照以上规定的程序执行；裁减人员不足20人且占企业职工总数不足10%的，无须按照以上规定的程序执行。

与此同时，为了降低裁减人员对劳动者工作和生活的影响，《劳动合同法》补充规定了用人单位在裁减人员中应当承担的社会责任：一是补充规定了裁减人员时，应当优先留用下列人员：与本单位订立较长期限的固定期限劳动合同的；与本单位订立无固定期限劳动合同的；家庭无其他就业人员，有需要扶养的老人或者未成年人的。另外还规定，用人单位在六个月内重新招用人员的，应当通知被裁减的人员，并在同等条件下优先招用被裁减的人员。

根据《劳动法》规定，如果劳动者有下列情形之一的，用人单位不得与劳动者解除劳动合同：患职业病或者因工负伤并被确认丧失或者部分丧失劳动能力的；患病或者负伤，在规定的医疗期内的；女职工在孕期、产期、哺乳期内的等。另外，《职业病防治法》规定，用人单位对未进行离岗前职业健康检查的劳动者不得解除与其订立的劳动合同；在疑似职业病病人诊断或者医学观察期间，不得解除与其订立的劳动合同。《劳动合同法》除延续以上规定外，还补充规定了一种情形，即劳动者在本单位连续工作满15年，且距法定退休年龄不足5年的。

六、关于劳动合同的终止

在《劳动法》的实施中，一些用人单位随意与劳动者约定劳动合同终止条件，并据此终止劳动合同，使无固定期限劳动合同提前消灭，不能真正起到维护劳动者就业稳定权益的作用；同时，对于劳动者退休、死亡或者用人单位破产等情形下，劳动合同如何处理，法律没有作出规定。《劳动合同法》调整了关于劳动合同终止的规定内容：

(1)取消了劳动合同的约定终止，规定劳动合同只能因法定情形出现而终止。也就是说，劳动合同当事人不得约定劳动合同终止条件；即使约定了，该约定也无效。

(2)增加了劳动合同法定终止的情形，除劳动合同期满外，还包括：劳动者开始依法享受基本养老保险待遇的；劳动者死亡，或者被人民法院宣告死亡或者宣告失踪的；用人单位被依法宣告破产的；用人单位被吊销营业执照、责令关闭、撤销或者用人单位决定提前解散的等。

(3)增加了终止劳动合同的限制情形。除延续《工会法》、《职业病防治法》等相关规定外，还补充规定，劳动者在本单位连续工作满 15 年，且距法定退休年龄不足 5 年的，即使劳动合同期满，用人单位也不得与劳动者终止劳动合同。

七、关于经济补偿

《劳动合同法》对用人单位在解除和终止劳动合同时支付经济补偿作出了一些新规定：用人单位存在违反工资支付、社会保险等方面的法律规定的行为，劳动者提出解除劳动合同的，用人单位也必须支付经济补偿。

用人单位应当依法支付经济补偿的情形是：除用人单位维持或者提高劳动合同约定条件续订劳动合同，劳动者不同意续订的情况外，固定期限劳动合同期满终止的；因用人单位被依法宣告破产，或者用人单位被吊销营业执照、责令关闭、撤销或者用人单位决定提前解散，而终止劳动合同的。

《劳动合同法》还增加规定了向高收入劳动者支付经济补偿的限额。即劳动者月工资高于用人单位所在直辖市、设区的市级人民政府公布的上年度职工月平均工资三倍的，向其支付经济补偿的标准按职工月平均工资三倍的数额支付，向其支付经济补偿的年限最高不超过 12 年。

解除劳动合同损害赔偿计算公式：

(1)协商解除劳动合同的经济补偿金计算公式：经济补偿金 = 工作年限 × 月工资(工作年限超过 12 年的，按 12 年计算)

注：劳动者提出并与用人单位协商一致解除劳动合同的，用人单位不需支付经济补偿金。

(2)因病或者非因工负伤解除劳动合同的经济补偿金的计算公式：经济补偿金 = 工作年限 × 月工资 + 医疗补助费(医疗补助费不低于 6 个月的工资)

注：患重病和绝症的应当增加医疗补助费。患重病的增加部分不低于医疗补助费的

50%,患绝症的增加部分不低于医疗补助费的100%。

(3)劳动者不能胜任工作被解除劳动合同的经济补偿金的计算公式:经济补偿金 = 工作年限 × 月工资(工作年限超过12年的,按12年计算)

(4)因客观情况发生重大变化解除劳动合同的经济补偿金的计算公式:经济补偿金 = 工作年限 × 月工资

(5)因经济性裁员解除劳动合同的经济补偿金的计算公式:经济补偿金 = 工作年限 × 月工资

(6)用人单位逾期给付经济补偿金的经济补偿金的计算公式:经济补偿金 = 原经济补偿金 + 额外经济补偿金(额外经济补偿金 = 原经济补偿金 ×50%)

能力训练

案例分析

李某,于2007年8月到某饭店担任厨师。该饭店一直没有与其签订书面劳动合同,直到2008年7月1日才与其签订了书面劳动合同,并开始为李某缴纳社会保险。2008年11月,李某要求饭店支付2008年1月到6月期间的双倍工资,并缴纳2007年8月至2008年6月的社会保险费,该饭店不同意。于是李某于2008年12月10日根据《劳动合同法》第38条提出解除劳动合同,离开了该饭店,并提出了劳动争议仲裁,要求该饭店支付2008年1月至6月的双倍工资和一个半月的经济补偿金,并补交社会保险费用。该饭店认为,是李某提出解除劳动合同的,因此饭店不需要支付经济补偿金。关于没有及时签订书面劳动合同,该饭店自2008年1月开始一直要求与职工签订劳动合同,是因为李某自己一直不愿意,经过饭店的多次协商李某才在2008年7月1日同意签订,因此,2008年1月到6月双方之间没有签订劳动合同的责任不应归咎于该饭店。

【思考题】

1. 如果员工本人拒绝签订书面劳动合同,单位是否要承担双倍工资?
2. 员工提出解除劳动合同,单位是否应该支付经济补偿金?
3. 需要支付双倍工资的期限如何计算?
4. 李某的补交社会保险费的要求是否应该支持?

任务三 《中华人民共和国社会保险法》解读

2010年10月28日,《中华人民共和国社会保险法》(以下简称《社会保险法》)由十一届全国人大常委会第十七次会议审议通过,并由时任国家主席胡锦涛签署第35号主席令予以颁布,自2011年7月1日起施行。《社会保险法》确立了我国社会保险体系的基本框架 ,根据本法规定,国家建立基本养老保险、基本医疗保险、工伤保险、失业保险、生育保险等社会保险制度,保障公民在年老、疾病、工伤、失业、生育等情况下依法从国家和社会获得物质帮助的权利。

一、《社会保险法》的适应范围

《社会保险法》第十条明确了参加社会保险的对象和本法的适应范围:“职工应当参加基本养老保险,由用人单位和职工共同缴纳基本养老保险费。无雇工的个体工商户、未在用人单位参加基本养老保险的非全日制从业人员以及其他灵活就业人员可以参加基本养老保险,由个人缴纳基本养老保险费。公务员和参照公务员法管理的工作人员养老保险的办法由国务院规定。”《社会保险法》将我国境内所有用人单位和个人都纳入了社会保险制度的覆盖范围,具体是:

(1)基本养老保险制度和基本医疗保险制度覆盖了我国城乡全体居民。即用人单位及其职工应当参加职工基本养老保险和职工基本医疗保险;无雇工的个体工商户、未在用人单位参加社会保险的非全日制从业人员以及其他灵活就业人员可以参加职工基本养老保险和职工基本医疗保险;农村居民可以参加新型农村社会养老保险和新型农村合作医疗;城镇未就业的居民可以参加城镇居民社会养老保险和城镇居民基本医疗保险;进城务工的农村居民依照本法规定参加社会保险;公务员和参照公务员法管理的工作人员养老保险的办法由国务院规定。

(2)工伤保险、失业保险和生育保险制度覆盖了所有用人单位及其职工。

(3)被征地农民按照国务院规定纳入相应的社会保险制度。被征地农民到用人单位就业的,都应当参加全部五项社会保险。对于未就业、转为城镇居民的,可以参加城镇居民社会养老保险和城镇居民基本医疗保险,继续保留农村居民身份的,可以参加新型农村社会养老保险和新型农村合作医疗。

(4)在中国境内就业的外国人,也应当参照本法规定参加我国的社会保险。

二、社会保险的费用和待遇

国家多渠道筹集社会保险资金。《社会保险法》规定了各项社会保险制度的筹资渠道,明确了用人单位、个人和政府在社会保险筹资中的责任。具体是:

(1)城镇职工社会保险基金的主要来源是社会保险缴费。本法规定,职工基本养老保险、职工基本医疗保险和失业保险费用,由用人单位和职工共同缴纳;工伤保险和生育保险费用由用人单位缴纳,职工个人不缴费。

(2)居民社会保险基金主要由社会保险缴费和政府补贴构成。本法规定,新型农村社会养老保险实行个人缴费、集体补助和政府补贴相结合;城镇居民基本医疗保险实行个人缴费和政府补贴相结合。

(3)明确了政府在社会保险筹资中的责任。本法规定,县级以上人民政府对社会保险事业给予必要的经费支持,在社会保险基金出现支付不足时给予补贴;国有企业、事业单位职工参加基本养老保险前,视同缴费年限期间应当缴纳的基本养老保险费由政府承担;在新型农村社会养老保险和城镇居民基本医疗保险制度中,政府对参保人员给予补贴;基本养老保险基金出现支付不足时,政府给予补贴;国家设立全国社会保障基金,由中央财政预算拨款以及国务院批准的其他方式筹集的资金构成,用于社会保障支出的补充、调剂。

(一)基本养老保险待遇

(1)参加基本养老保险的个人,达到法定退休年龄时累计缴费满15年的,按月领取基本养老金。基本养老金由统筹养老金(现行制度中称为基础养老金)和个人账户养老金组成,基本养老金根据个人累计缴费年限、缴费工资、当地职工平均工资、个人账户金额、城镇人口平均预期寿命等因素确定。缴费不足15年的人员可以缴费至满15年,按月领取基本养老金;也可以转入新型农村社会养老保险或者城镇居民社会养老保险,按照国务院规定享受相应的养老保险待遇。

(2)参加新型农村社会养老保险的农村居民,符合国家规定条件的,按月领取新型农村社会养老保险待遇。新型农村社会养老保险待遇由基础养老金和个人账户养老金组成。

(3)参加基本养老保险的个人,因病或者非因工死亡的,其遗属可以领取丧葬补助金和抚恤金;在未达到法定退休年龄时因病或者非因工致残完全丧失劳动能力的,可以领取病残津贴。

《社会保险法》第14条规定:"个人账户不得提前支取,记账利率不得低于银行定期存款利率,免征利息税。个人死亡的,个人账户余额可以继承。"

(二)基本医疗保险待遇

由于我国各地经济发展水平不同,医疗服务提供能力和医疗消费水平等差距都很大,国务院只对基本医疗保险起付标准、支付比例和最高支付限额等作了原则规定,具体待遇给付标准由统筹地区人民政府按照以收定支的原则确定。考虑到这个实际,本法没有对基本医疗保险待遇项目和享受条件作更为具体的规定。需要特别指出的有两点:

(1)为了缓解个人垫付大量医疗费的问题,本法规定了基本医疗保险费用直接结算制度。①参保人员就医发生的医疗费用中,按照规定应当由基本医疗保险基金支付的部分,由社会保险经办机构与医疗机构、药品经营单位直接结算;②社会保险行政部门和卫生行政部门应当建立异地就医医疗费用结算制度,方便参保人员享受基本医疗保险待遇。

(2)在明确应当由第三人负担的医疗费用不纳入基本医疗保险基金支付范围的同时,本法规定,医疗费用依法应当由第三人负担,第三人不支付或者无法确定第三人的,由基本医疗保险基金先行支付后,向第三人追偿。

(三)工伤保险待遇

在《工伤保险条例》规定的工伤保险待遇基础上,《社会保险法》有三项突破:

(1)将现行规定由用人单位支付的工伤职工"住院伙食补助费"、"到统筹地区以外就医的交通食宿费"和"终止或者解除劳动合同时应当享受的一次性医疗补助金"改为由工伤保险基金支付,在进一步保障工伤职工权益的同时,减轻了参保用人单位的负担。

(2)为保证工伤职工得到及时救治,本法规定了工伤保险待遇垫付追偿制度。即职工所在用人单位未依法缴纳工伤保险费,发生工伤事故的,由用人单位支付工伤保险待遇。

用人单位不支付的，从工伤保险基金中先行支付，然后由社会保险经办机构依照本法规定追偿。

(3)规定由于第三人的原因造成工伤，第三人不支付工伤医疗费用或者无法确定第三人的，由工伤保险基金先行支付后，向第三人追偿。

(四)失业保险待遇

在《失业保险条例》规定的失业保险待遇基础上，《社会保险法》进一步规定：

(1)对失业人员在领取失业保险金期间患病就医，由现行规定可以申领少量的医疗补助金，改为参加职工基本医疗保险并享受相应的基本医疗保险待遇，其应当缴纳的基本医疗保险费从失业保险基金中支付，从而提高了失业人员的医疗保障水平。

(2)明确个人死亡，同时符合领取基本养老保险丧葬补助金、工伤保险丧葬补助金和失业保险丧葬补助金条件的，其遗属只能选择领取其中的一项。

(五)生育保险待遇

在总结生育保险制度实施经验的基础上，本法规定，用人单位已经缴纳生育保险费的，其职工享受生育保险待遇，生育保险待遇包括：生育医疗费用和生育津贴和职工未就业配偶按照国家规定享受生育医疗费用待遇。

三、社会保险的关系转接

《社会保险法》规定了基本养老保险、基本医疗保险、失业保险的转移接续制度：

(1)个人跨统筹地区就业的，其基本养老保险关系随本人转移，缴费年限累计计算。个人达到法定退休年龄时，基本养老金分段计算、统一支付。具体办法由国务院规定。

(2)个人跨统筹地区就业的，其基本医疗保险关系随本人转移，缴费年限累计计算。

(3)职工跨统筹地区就业的，其失业保险关系随本人转移，缴费年限累计计算。

四、社会保险费的缴纳

在总结《社会保险费征缴暂行条例》实施经验的基础上，《社会保险法》进一步完善了社会保险费征缴制度，增强了征缴的强制性，为加强征缴工作提供了更有力的法律保障。

(1)规定了社会保险信息沟通共享机制。为了保证社会保险相关信息的及时性、准确性，《社会保险法》规定，工商行政管理部门、民政部门和机构编制管理机关应当及时向社会保险经办机构通报用人单位的成立、终止情况，公安机关应当及时向社会保险经办机构通报个人的出生、死亡以及户口登记、迁移、注销等情况。

(2)规定了灵活就业人员社会保险登记、缴费制度。《社会保险法》规定，参加社会保险的无雇工的个体工商户、未在用人单位参加社会保险的非全日制从业人员以及其他灵活就业人员，向社会保险经办机构申请办理社会保险登记，可以直接向社会保险费征收机构缴纳社会保险费。

(3)规定了社会保险费实行统一征收的方向，授权国务院规定实施步骤和具体办法。

(4)建立了社会保险费的强制征缴制度。包括以下措施：一是从用人单位存款账户直接划拨社会保险费。《社会保险法》第 63 条规定，用人单位未按时足额缴纳社会保险费，经社会保险费征收机构责令其限期缴纳或者补足，逾期仍不缴纳或者补足的，社会保险费征收机构可以申请县级以上有关行政部门作出从用人单位存款账户中划拨社会保险费的决定，并书面通知其开户银行或者其他金融机构划拨社会保险费。二是用人单位账户余额少于应当缴纳的社会保险费的，社会保险费征收机构可以要求该用人单位提供担保，签订延期缴费协议。三是用人单位未足额缴纳社会保险费且未提供担保的，社会保险费征收机构可以申请人民法院扣押、查封、拍卖其价值相当于应当缴纳社会保险费的财产，以拍卖所得抵缴社会保险费。

任务四 《中华人民共和国劳动就业促进法》解读

为了促进就业，促进经济发展与扩大就业相协调，促进社会和谐稳定，《中华人民共和国劳动就业促进法》(简称《就业促进法》)自 2008 年 1 月 1 日起施行，共分 9 章 69 条，分别为总则、政策支持、公平就业、就业服务和管理、职业教育和培训、就业援助、监督检查、法律责任、附则。

一、劳动者的平等就业权

平等就业，反对就业歧视一直为社会所关注，因户籍、性别、病毒携带等原因遭到就业歧视的报道和案例也有很多，比如乙肝病毒携带者就业歧视案就入选了“方正杯 2006 年中国十大影响性诉讼”。

《就业促进法》对于平等就业问题以多个条款作出了规定，其中第三条规定了基本的原则，“劳动者依法享有平等就业和自主择业的权利。劳动者就业，不因民族、种族、性别、宗教信仰等不同而受歧视。”除此之外，该法其他条款的规定主要是：

第 26 条规定的用人单位和职业中介机构的责任：用人单位招用人员、职业中介机构从事职业中介活动，应当向劳动者提供平等的就业机会和公平的就业条件，不得实施就业歧视。

第 27 条规定的男女平等的劳动权利：用人单位招用人员，除国家规定的不适合妇女的工种或者岗位外，不得以性别为由拒绝录用妇女或者提高对妇女的录用标准。用人单位录用女职工，不得在劳动合同中规定限制女职工结婚、生育的内容。

第 28 条规定的各民族劳动者平等的劳动权利：用人单位招用人员，应当依法对少数民族劳动者给予适当照顾。

第 29 条规定的残疾人的劳动权利：各级人民政府应当对残疾人就业统筹规划，为残疾人创造就业条件。用人单位招用人员，不得歧视残疾人。

第 30 条规定的传染病病原携带者的劳动权利：用人单位招用人员，不得以是传染病病原携带者为由拒绝录用。但是，经医学鉴定传染病病原携带者在治愈前或者排除传染嫌疑前，不得从事法律、行政法规和国务院卫生行政部门规定禁止从事的易使传染病扩散的工作。

第 31 条规定的农村劳动者的劳动权利:农村劳动者进城就业享有与城镇劳动者平等的劳动权利,不得对农村劳动者进城就业设置歧视性限制。

二、建立失业预警制度

建立失业预警制度也是《就业促进法》的一大亮点,比如高温预警、灾害预警、天气预警、流行性疾病预警、突发事件预警等,针对失业建立预警机制则是《就业促进法》在法律层面上的首创,该法第 42 条规定,县级以上人民政府建立失业预警制度,对可能出现的较大规模的失业,实施预防、调节和控制。比如因职工人数较多的大型企业的破产、公司的注销、或者单位裁员达到一定人数的,都应纳入失业预警机制的范围之内。

三、就业援助制度

我国建立有专门的法律援助制度,各地市也建立有自己的法律援助中心,对请求给付赡养费、抚养费、扶养费,请求支付劳动报酬等符合条件的案件中因经济困难没有委托代理人的当事人提供法律援助服务,对于就业提供援助服务这是《就业促进法》新提出的制度,该法第 52 条规定,各级人民政府建立健全就业援助制度,采取税费减免、贷款贴息、社会保险补贴、岗位补贴等办法,通过公益性岗位安置等途径,对就业困难人员实行优先扶持和重点帮助。比如,政府投资开发的公益性岗位,应当优先安排符合岗位要求的就业困难人员。对就业困难人员实施重点帮助,提供有针对性的就业服务和公益性岗位援助。所谓就业困难人员,按照《就业促进法》的规定,是指因身体状况、技能水平、家庭因素、失去土地等原因难以实现就业,以及连续失业一定时间仍未能实现就业的人员。

城市有就业需求的家庭至少有一人实现就业。法定劳动年龄内的家庭成员如果都处在失业状态,其生活是非常艰难的,对此,《就业促进法》做了具体的规定。该法第 56 条规定,县级以上地方人民政府采取多种就业形式,拓宽公益性岗位范围,开发就业岗位,确保城市有就业需求的家庭至少有一人实现就业。存在上述情形的城市居民家庭,可以向住所地街道、社区公共就业服务机构申请就业援助。街道、社区公共就业服务机构经确认属实的,应当为该家庭中至少一人提供适当的就业岗位。

能力训练

案例分析一

在某高校 BBS 的求职版上,一条图文并茂的帖子引人注目:“寻一名与照片相像者,有要事相求,事成酬谢 1 000 元。”该帖子的发布人是即将毕业的研究生小李,刚找到一份工作,单位要求进行全面的入职体检,这让他的神经紧绷起来,因为他是乙肝病毒携带者。知道过不了血液检测关,情急之下,他只好找一个和自己外表相像的人当“替身”。据了解,小李很是优秀,每次求职,面试都能顺利通过,可到了体检这一关就没戏了。“难道一个人与乙肝沾上了边,就与美好的事业绝缘了吗?”小李陷入深深的苦恼之中。

【案例解析】

据统计,我国目前约 1.2 亿人是乙肝病毒携带者。其实,根据有关医学资料,一般的乙肝病毒携带者传染性很小,对健康危害也不大,但不少单位仍会以健康为由将他们拒之门外。《就业促进法》虽然没有提到乙肝病毒携带者的具体字眼,但在第 30 条却作了概括性规定。可见,只要全国人大及其常委会制定的法律、国务院制定的行政法规或国务院卫生行政部门的规定没有禁止,用人单位就不得以乙肝病毒携带者为由拒绝录用。换言之,除了前述规定外,其他任何机关或单位禁止录用乙肝病毒携带者的规定都是无效的。

案例分析二

小王是某高校一名理工类的女硕士研究生,现在一家科技公司工作,由于工作出色,颇受领导赏识和同事好评。但想起自己在求职过程中受到的歧视,感慨万千。她曾经去过一个招聘会现场,一百多家单位招聘,竟然一份简历也没有投出去。因为很多单位在招聘海报上明确说明仅限男生,其余单位即使不明确表示,对于女生也大都含蓄拒绝,“我们单位经常会出差,你一个女生禁不起出差的折腾,还是另谋高就吧”。“我们单位经常加班,而且以往招的人大都是男生,你如果进我们单位工作会不适应的。”虽然也有少数单位有招女生意向,但开出的条件很是苛刻,比如在 3 年之内不许结婚,即使结婚也不能生育;还有在待遇方面规定女硕士与本单位本科男生一样的标准,等等。

【案例解析】

其实,我国不少法律都有关于反对就业性别歧视的阐述和规定。如《劳动法》第 13 条规定,妇女享有与男子平等的就业权利。但这些规定都是一些政策性口号,太过原则和笼统,没有技术层面的可操作性,因此,广大女性面对性别歧视束手无策。而《就业促进法》不仅规定了政府在保障公平就业方面的职责和用人单位与职业中介机构不得性别歧视的义务,还规定了一个极具可操作性的内容——如果自己遭受到就业歧视,可以向人民法院提起诉讼。也就是说,凡劳动者遇到就业歧视,如前述健康和性别歧视外,还有民族、种族、信仰、年龄、身体(如身高、相貌、残疾)、地域、学历等各种五花八门、或明或暗的就业歧视,都可以向法院提起诉讼,通过司法途径获得救济,由法院根据法律规定和具体情况作出裁决,责令用人单位改正或作出赔偿。

案例分析三

老张是一下岗职工,在别人的介绍下,来到了一家职业中介所。工作人员当即给老张联系了一家单位,条件是需交 100 元押金,成功了则再加交 50 元算是中介费,失败了则只需交 5 元服务费,100 元押金退回。老张去了那家单位进行了面试,结果发现工作环境太差而且待遇很低,就没有签约。等回到职业中介所要押金时,工作人员却说单位已经给你找好了,是你自己不愿意去,就等于介绍成功了,执意不肯退押金。

【案例解析】

当今的职业中介机构鱼龙混杂,不仅很多机构不正规,而且收费项目繁多。一般而言,即使一些正规中介承诺在未被录用或试用时不收介绍费,但也都会收取一定数量的押金,虽然承诺在一定条件下可全额或扣除一定服务费用后退回,但最终能完全兑现承诺的却并不多。针对这种情况,《就业促进法》规定了职业中介机构未经依法许可和登记,不得从事职业中介活动。此外还特意规定了职业中介机构不得扣押劳动者的居民身份证和其他证件,或者向劳动者收取押金。如果扣押劳动者居民身份证等证件的,由劳动行政部门责令限期退还劳动者,并依照有关法律规定给予处罚。如果向劳动者收取押金的,由劳动行政部门责令限期退还劳动者,并以每人五百元以上两千元以下的标准处以罚款。因此在《就业促进法》实施后,职业中介机构各式各样的押金应该寿终正寝了。

任务五　《工伤保险条例》解读

为了保障因工作遭受事故伤害或者患职业病的职工获得医疗救治和经济补偿,促进工伤预防和职业康复,分散用人单位的工伤风险,《工伤保险条例》(以下简称《条例》)已经 2003 年 4 月 16 日国务院第 5 次常务会议讨论通过,自 2004 年 1 月 1 日起施行。2010 年 12 月 20 日通过的《国务院关于修改〈工伤保险条例〉的决定》对其进行修订,现行《条例》为新修订的。

一、工伤认定的条件

(一)工伤适应的范围

《条例》第 2 条对工伤保险适应范围作了明确规定:"中华人民共和国境内的企业、事业单位、社会团体、民办非企业单位、基金会、律师事务所、会计师事务所等组织和有雇工的个体工商户(以下称用人单位)应当依照本条例规定参加工伤保险,为本单位全部职工或者雇工(以下称职工)缴纳工伤保险费。中华人民共和国境内的企业、事业单位、社会团体、民办非企业单位、基金会、律师事务所、会计师事务所等组织的职工和个体工商户的雇工,均有依照本条例的规定享受工伤保险待遇的权利。"

(二)关于工伤认定

《条例》第 14 条规定,职工有下列情形之一的,应当认定为工伤:

(1)在工作时间和工作场所内,因工作原因受到事故伤害的;

(2)工作时间前后在工作场所内,从事与工作有关的预备性或者收尾性工作受到事故伤害的;

(3)在工作时间和工作场所内,因履行工作职责受到暴力等意外伤害的;

(4)患职业病的;

(5)因工外出期间,由于工作原因受到伤害或者发生事故下落不明的;

(6)在上下班途中,受到非本人主要责任的交通事故或者城市轨道交通、客运轮渡、火车事故伤害的；

(7)法律、行政法规规定应当认定为工伤的其他情形。

《条例》第15条规定，职工有下列情形之一的，视同工伤：

(1)在工作时间和工作岗位，突发疾病死亡或者在48小时之内经抢救无效死亡的；

(2)在抢险救灾等维护国家利益、公共利益活动中受到伤害的；

(3)职工原在军队服役，因战、因公负伤致残，已取得革命伤残军人证，到用人单位后旧伤复发的。

《条例》第16条规定，职工有下列情形之一的，不得认定为工伤或者视同工伤：

(1)故意犯罪的；

(2)醉酒或者吸毒的；

(3)自残或者自杀的。

(三)关于认定时效

《条例》规定，职工发生事故伤害或按照职业病防治法规定被诊断、鉴定为职业病后，所在单位应自事故伤害发生之日或被诊断、鉴定为职业病之日起30日内，向劳动保障行政部门提出工伤认定申请。用人单位未按前款规定提出工伤认定申请的，工伤职工或其直系亲属、工会组织在事故伤害发生之日或被诊断、鉴定为职业病之日起1年内，可直接向劳动保障行政部门提出工伤认定申请。用人单位未在规定时限内提交工伤认定申请的，在此期间发生符合本条例规定的工伤待遇等有关费用由用人单位负担。

(四)工伤认定提供的材料

《条例》规定，首先要提供资料，包括工伤认定申请表、与用人单位存在劳动关系(包括事实劳动关系)的证明材料、医疗诊断证明或职业病诊断证明书(或职业病诊断鉴定书)。工伤认定申请人提供材料不完整的，劳动保障行政部门应当一次性书面告知工伤认定申请人需要补正的全部材料。申请人按照书面告知要求补正材料后，劳动保障行政部门应当受理。其次是劳动保障行政部门受理工伤认定申请后，根据审核需要可以对事故伤害进行调查核实。职业病诊断和诊断争议的鉴定，依照职业病防治法的有关规定执行。

二、关于工伤的处理

(一)工伤争议由用人单位承担举证责任

《条例》规定，职工或者其直系亲属认为是工伤，用人单位不认为是工伤的，由用人单位承担举证责任。

《条例》规定，劳动保障行政部门受理工伤认定申请后，根据审核需要可对事故伤害进行调查核实，用人单位、职工、工会组织、医疗机构以及有关部门应予以协助。劳动保障行政部门应自受理工伤认定申请之日起60日内作出工伤认定的决定，并书面通知申请工伤认定的职工或者其直系亲属和该职工所在单位。

(二)工伤保险违法行为的举报与监督

《条例》规定，任何组织和个人对有关工伤保险的违法行为，有权举报。劳动保障行政部门对举报应当及时调查,按照规定处理,并为举报人保密。

《条例》同时规定,有下列情形之一的,有关单位和个人可以依法申请行政复议;对复议决定不服的,可以依法提起行政诉讼:申请工伤认定的职工或者其直系亲属、该职工所在单位对工伤认定结论不服的;用人单位对经办机构确定的单位缴费费率不服的;签订服务协议的医疗机构、辅助器具配置机构认为经办机构未履行有关协议或者规定的;工伤职工或者其直系亲属对经办机构核定的工伤保险待遇有异议的。

劳动保障行政部门依法对工伤保险费的征缴和工伤保险基金的支付情况进行监督检查。财政部门和审计机关依法对工伤保险基金的收支、管理情况进行监督。

职工与用人单位发生工伤待遇方面的争议,按照处理劳动争议的有关规定处理。工会组织应依法维护工伤职工的合法权益,对用人单位的工伤保险工作实行监督。

(三)关于劳动能力鉴定

医疗卫生专家将参与劳动能力鉴定。《条例》规定,职工发生工伤,经治疗伤情相对稳定后存在残疾、影响劳动能力的,应进行劳动能力鉴定。省、自治区、直辖市劳动能力鉴定委员会和设区的市级劳动能力鉴定委员会分别由省、自治区、直辖市和设区的市级劳动保障行政部门、人事行政部门、卫生行政部门、工会组织、经办机构代表及用人单位代表组成。设区的市级劳动能力鉴定委员会收到劳动能力鉴定申请后,应当从其建立的医疗卫生专家库中随机抽取3名或者5名相关专家组成专家组,由专家组提出鉴定意见。设区的市级劳动能力鉴定委员会根据专家组的鉴定意见作出工伤职工劳动能力鉴定结论;必要时,可以委托具备资格的医疗机构协助进行有关的诊断。

三、对违法行为的处罚

《条例》规定,从事劳动能力鉴定的组织或者个人提供虚假工伤诊断证明的,最高可罚款1万元。从事劳动能力鉴定的组织或者个人如果存在"提供虚假鉴定意见"或"收受当事人财物"情形之一的,由劳动保障行政部门责令改正,并处2 000元以上1万元以下的罚款;情节严重,构成犯罪的,依法追究刑事责任。

如果用人单位依照《条例》规定应当参加工伤保险而未参加的,由劳动保障行政部门责令改正;未参加工伤保险期间用人单位职工发生工伤的,由该用人单位按照本条例规定的工伤保险待遇项目和标准支付费用。

四、关于工伤保险的缴费

(一)职工个人不缴纳工伤保险费

《条例》规定,用人单位应按时缴纳工伤保险费,职工个人不缴纳工伤保险费。条例规定,用人单位缴纳工伤保险费的数额为本单位职工工资总额乘以单位缴费费率之积。跨地区、生产流动性较大的行业,可以采取相对集中的方式异地参加统筹地区的工伤保险。条例还规定,工伤保险基金存入社会保障基金财政专户,任何单位或者个人不得将工伤保险基金用于投资运营、兴建或者改建办公场所、发放奖金,或者挪作他用。

(二)个体户应为雇工缴纳工伤保险费

《条例》规定,个体户也应为雇工缴纳工伤保险费。国务院公布的《工伤保险条例》规定,我国境内的各类企业、有雇工的个体工商户应为本单位全部职工或者雇工缴纳工伤保险费。用人单位应当将参加工伤保险的有关情况在本单位内公示。

五、关于工伤保险的适用范围

《条例》明确规定,工伤保险适用于中华人民共和国境内的各类企业和有雇工的个体工商户,这意味着在原有基础上扩大了工伤保险的范围,有力地保护了劳动者的利益。以往享受不到工伤待遇的临时工、农民工、合同工,现在也有了保障。工伤保险费由用人单位承担,无需职工个人承担,而且用人单位还须将参加工伤保险的有关情况在本单位内公示。

《条例》规定,被判刑正在收监执行的职工停止享受工伤保险待遇。职工如果丧失享受待遇条件、拒不接受劳动能力鉴定或拒绝治疗,都将停止享受工伤保险待遇。职工被派遣出境工作,依据前往国家或者地区的法律应当参加当地工伤保险的,参加当地工伤保险,其国内工伤保险关系中止;不能参加当地工伤保险的,其国内工伤保险关系不中止。

六、医疗保险及其费率

国务院于 1998 年 12 月下发了《国务院关于建立城镇职工基本医疗保险制度的决定》(国发〔1998〕44 号),明确规定用人单位缴费率控制在职工工资总额的 6% 左右,职工缴费率一般为本人工资收入的 2%。退休人员参加基本医疗保险,个人不缴纳基本医疗保险费。对退休人员个人账户的计入金额和个人负担医疗费的比例给予适当照顾。

目前发达国家普遍建立了医疗保险制度,国外企业雇员的疾病保险按组织方式的不同,基本上分为三种类型:

1. **自愿保险模式** 个人自愿向社会保险机构投保,国家不作强制规定,以美国和瑞典为代表。

2. **社会保险模式** 国家以法律制度强制就业者参加社会医疗保险,个人以受雇机构或组织为单位,集体参加保险,绝大多数国家实行这一种医疗保险模式。

3. **全面保险模式** 国家强制全体社会成员参加社会医疗保险,以英国和欧洲一些福利国家为代表。

劳动者投保以后,可享受规定的医疗保险待遇,如患病期间享受病假、报销一定比例的医疗费用、获得疾病津贴等。保险基金实行社会统筹,这种保险制度对促进国民的健康,满足大多数劳动者健康需求发挥了重要的作用。但是社会福利性质过重的医疗保险模式也造成了国家卫生医疗费用持续上涨、医疗卫生投资效率低下等严重的问题,在许多国家难以为继,不得不进行改革。

国外企业雇员医疗保险改革的方向是将社会保险与商业保险有机融合,医疗保险费用三方负担,并逐步增加企业个人缴纳比例,减轻政府负担,强化医疗卫生部门和享受医疗保险的企业和雇员的激励机制。这对于我国社保医疗制度的建立有很好的借鉴作用。

能力训练

【思考题】

1. 甲公司是一建筑工程公司，现甲公司将一个建筑工程承包给刘某，而后刘某雇佣赵某到建筑工地干活。赵某在工地施工时，因脚手架坍塌倒地而受伤。赵某受到的事故伤害是否属于工伤？若是工伤，则应由谁来承担工伤保险责任？

2. 冶炼厂电镀工对铅有接触，接触一段时间后发现有急性铅中毒，职防所给出了鉴定结论，劳动保障部门也认定了工伤，经排铅治疗治愈。出院后重返原岗位，一段时间后又发现铅中毒，职防所再次给出了职业病的诊断、鉴定结论，职工再次向劳动保障部门提出了工伤认定申请。联系所学内容，谈谈是否该认定为工伤。

案例分析：试用期员工该不该有社保？

张斌是不久前才担任这家私营酒店人力资源部总管的。他在接手工作时发现，该酒店与员工签订的劳动合同中规定："试用期两个月，试用期内酒店不为员工缴纳社会保险费，等到试用期满后再一并补缴。"虽然张斌清楚，这一规定是违反劳动保障法律法规的，但他也了解到，这一规定是老板自己提出并特意让增加进去的。他担心的是，自己刚来就提出对过去劳动合同规定的修改意见，增加酒店人工成本开支，老板是否会因此对自己有成见呢？怀着疑虑，张斌决定找老板谈一下。

"老板，咱们酒店的这一规定是违反法规的。"张斌将与老板的谈话选择在了下班后的老板办公室里。

"为什么？试用期是企业和员工都在进行双向选择的阶段，我为什么要替他缴纳社会保险费呢？他如果是一个好员工，就该理解企业。如果他连这都不能理解，是否继续录用这位员工真要好好考虑考虑。企业要维护员工的利益，员工也应为企业着想。没有企业的利益哪有员工的利益？"老板理由充足，并没觉得规定有何不妥。

张斌将带来的《劳动合同法》递给了老板后说："按照国家法律法规的规定，试用期是用人单位与劳动者建立劳动关系后为相互了解、双方选择而约定的考察期限。试用期包括在劳动合同期限内。既然企业与劳动者建立了劳动关系，就要为其缴纳社会保险费，这是毫无疑问的。我之所以提出这一问题，更多的还是从为酒店减少风险的角度考虑。"

"哦，讲讲怎么给试用期员工缴纳了社会保险费，就减少了酒店的风险？"老板感兴趣地问道。

看到老板态度的转变，张斌一直提着的心放了下来。他将自己从网上查找到的相关案例讲了出来。某公司就是因为未给试用期内的员工上社保，结果员工上班途中发生与机动车相撞事故，公司仅为员工治伤就花了五六万元。他接着说："相对于试用期员工发生工伤或重大疾病的医疗费用来说，两个月的社会保险费其实是很少的钱。更何况对大部分试用员工来说,企业最后都是要‘转正’的,都是要补缴社会保险费的。所以我觉得,我们不能做这种得不偿失的事。”

“好!既合法又有利的事你就大胆去做。就照你说的,马上将酒店的劳动合同重新修改。今晚我请你吃饭,对你进行奖赏!”老板高兴地说。

(资料来源:http://www.btophr.com/s_case/case1546.shtml 转 2009 年 7 月 29 日《中国劳动保障报》)

【案例解析】

根据《劳动法》和《劳动合同法》的相关规定,试用期应当是用人单位与劳动者建立劳动关系后为相互了解、双方选择而约定的考察期限。既然用人单位与劳动者建立了劳动关系,就应当为其缴纳社会保险费。这无论是对劳动者还是用人单位都是有利的。

项目二 大学生就业指导与国家法规

学习目标

【知识目标】

1. 了解大学生的现状以及我国政府鼓励促进大学生就业创业政策的相关内容;
2. 理解大学生就业相关法律规定的权利维护。

【能力目标】

1. 理解大学生作为人力资源充分就业的地位和作用;
2. 熟悉大学生实习期间、就业期间劳动权益保护。

案例导入

小康大学毕业后没多久,换了好几份工作,他感慨:“我学企业管理的,虽然是个本科生,但我相信自己可以胜任,我天生就非常自信。而且刚毕业时,去的是一家刚刚成立的新企业,正准备补充各种各样的人才,这也给我申请有关的管理职位提供了可能。而且他们也说了让毛遂自荐,为什么我就不能尝试呢?但结果是他们没有让我做内勤总监的职位,他们宁愿让这个职位空缺,也不愿意让我尝试。他们给我的理由是,我缺乏管理经验,老板对于让我管理公司内勤完全没有信心。而我认为这个企业老板没有魄力,干了不到两个月,没有要他一分钱,我就辞职了,他们不留我,自有留我处。”用他自己的话说,当时毕业时为了能把户口落在城市,后来只好忍气吞声地选择了一家规模非常小的民营企业工作,做最基础的行政工作。

小康说,自己当初学管理就是想有一天能做到管理的位子上,可实际上在那个公司,自己经常做的就是高中生都能做的业务,这和他的理想相差甚远。到现在为止,他基本上是每年都要换个工作,因为他总在抱怨没有老板愿意给他管理职位,学管理但老板不让我管事,哪怕是个中层管理职位的机会也好。

【案例提示】

1. 在现实生活中,不少刚毕业的大学生有着与小康同样的苦恼,请帮助分析,给他支招。

2. 小康在就业前应该做好哪些准备工作?

任务一　国家针对大学生就业的规章和措施

为促进青年大学生就业,我国政府从体制上、政策上采取了一系列带有突破性的改革措施,取得了一定的成效。如何进一步疏通与拓宽大学生就业渠道,是目前值得我们不断思考和研究的问题。国家先后出台一系列政策,拓宽大学生就业渠道,鼓励引导大学生就业。2009 年 4 月 19 日,清华大学就业指导中心主任祁金利博士对国家近年来出台的促进大学生就业的新政策进行了详细解读:

"农村教师特岗计划":《关于继续组织实施"农村义务教育阶段学校教师特设岗位计划"的通知》,其政策要点:实施规模从 2008 年的 2.6 万人扩大到 5 万人;实施范围从"两基"攻坚县扩大到中西部地区国家扶贫开发工作重点县;教师自然空岗优先聘用服务期满特岗教师;要求各地全面推进地方"特岗计划"。资金预算:中央财政每年预算 9.48 亿元。

"高校毕业生应征入伍":《应征入伍服义务兵役高等学校毕业生学费补偿和国家助学贷款代偿暂行办法》、《关于做好普通高等学校应届毕业生征集工作的通知》。政策要点:对应征服义务兵役的中央和地方普通高校毕业生,由中央财政补偿学费(学费超过 6 000 元/年的,按 6 000 元计),或代偿助学贷款;实行预征制度,预征时间在五六月份;11—12 月正式征兵,入伍后前两年为义务兵,两年后可选择退役,也可转为士官(第一年每月补助1 900元);军队优先选拔使用(恢复在士兵中提干,入伍大学生均有提干机会);退役士兵考学升学优惠(考研加 10 分)。资金预算:中央财政每年预算 24 亿元。

"基层就业学费补偿和贷款代偿":《高等学校毕业生学费和国家助学贷款代偿暂行办法》。政策要点:新增学费补偿制度(学费超过 6 000 元/年的,按 6 000 元计);基层就业范围从西部地区扩大至中西部地区共 22 个省份;各地制订本地学费补偿和助学贷款代偿办法。资金预算:2009 年中央财政预算 4 亿元,2010 年为 8 亿元;2011 年以后每年为 12 亿元。

"科研项目吸纳毕业生":《关于鼓励科研项目单位吸纳和稳定高校毕业生就业的若干意见》。政策要点:劳务性费用和有关社会保险费补助,由项目经费列支;毕业生户口、档案可存放在项目单位所在地或入学前家庭所在地人才交流中心;就业后参与项目研究期间的工作时间纳入工龄计算,社会保险缴费年限连续计算。资金预算:按每人每月 2 000 元,聘用 5 万人,每年需 12 亿元。

"服务外包产业聘用毕业生":《教育部商务部关于加快服务外包人才培养、促进大学生就业工作的若干意见》,政策要点:五年新增 100 万高校毕业生到服务外包企业就业;中央财政给予录用毕业生的外包企业不超过每人 4 500 元的培训支持;中央财政给予培训机构每人不超过 500 元的培训支持。资金预算:2009 年中央财政预计投入 5 亿元,按照每人 5 000 元,培训、录用 10 万人计。

"深化就业导向高职教育改革":《教育部关于加快高等职业教育改革　促进高等职业院校毕业生就业的通知》,政策要点:根据就业市场要求及时调整专业方向和设置(每年调整一次专业);强化顶岗实习(时间不得少于半年);实施"双证书"制度(毕业证书 + 职业资格证书)。

"见习计划":《"三年百万"高校毕业生就业见习计划》,政策要点:三年内组织 100 万离校未就业毕业生参加就业见习,2009 年落实 30 万;由见习单位和地方政府提供经费;拓展和规范一批见习基地,完善制度。资金预算:按每人 600 元/月标准,30 万人见习 6 个月,则需 10.8 亿元。

任何政策的实施都必须依赖于法律的制定和完善,西方国家大力推行青年就业保障计划的一个重要前提就是制定和完善青年就业法案。从立法的角度促进大学生的顺利就业,这从我国的具体情况来说是十分必要的。我国城镇新增就业岗位的 45.5% 为灵活就业岗位。灵活就业是未来就业的主要方式之一。因此,对有意建立经济实体、转化科技成果、自主创业的高校毕业生,政府和高校应给予政策和资金等方面的支持,在有条件的地区为高校毕业生创业提供小额贷款和担保,帮助大学生找到启动自主创业的"第一桶金"。

任务二　大学生就业时应该关注的法律问题

一、享有平等就业权

平等就业权源于我国宪法,是劳动权和平等权共同派生的一个权利,平等就业权综合了生存权和发展权的基本人权特征,是一项具有社会性的重要权利。大学毕业生作为中国公民,享有宪法上规定的基本权利。宪法第 32 条第二款明确规定:"中华人民共和国公民在法律面前一律平等。"第 42 条第一款规定:"中华人民共和国公民有劳动的权利和义务。"这两条规定是平等就业权的宪法依据。我国《劳动法》第 12 条对该权利作出了具体的规定:"劳动者就业,不因民族、种族、性别、宗教信仰不同而受到歧视。"《就业促进法》第 3 条规定:"劳动者依法享有平等就业和自主择业的权利。劳动者就业,不因民族、种族、性别、宗教信仰等不同而受歧视。"《就业促进法》第 27 条规定:" 国家保障妇女享有与男子平等的劳动权利。用人单位招用人员,除国家规定的不适合妇女的工种或者岗位外,不得以性别为由拒绝录用妇女或者提高对妇女的录用标准。用人单位录用女职工,不得在劳动合同中规定限制女职工结婚、生育的内容。"依据上述法律规定,大学生尤其是女大学生在就业过程中受到歧视的,完全可以依法据理力争,必要时向人民法院提起诉讼,用法律维护自己的合法权益。

二、享有民法上规定的民事权利

大学毕业生作为年满 18 周岁的公民，作为就业协议书的一方，其权利受民法原则以及《合同法》的保护。民法的平等、自愿和等价有偿原则与诚实信用原则对毕业生就业权益保护有重要意义。毕业生和用人单位之间是一种平等的民事关系，双方法律地位平等。就业协议书是在平等协商的基础上签订的，用人单位不能凌驾于毕业生之上，签带有"霸王条款"的用人协议。按照诚实信用原则，毕业生有知情权，用人单位必须如实介绍自身的真实状况。就业协议书本质上是一种合同，它一经双方签订就具有法律效力，对合同双方都有约束力。当用人单位违约或不按照合同兑现义务时，毕业生可以到法院起诉，要求用人单位履行合同或者承担违约责任。

三、享有就业过程中的受教育权

大学毕业生作为高校的教育对象，理应享有受教育权。这种权利来自我国《教育法》、《高等教育法》，以及相关劳动法规的规定。《就业促进法》第 44 条规定："国家依法发展职业教育，鼓励开展职业培训，促进劳动者提高职业技能，增强就业能力和创业能力。"《就业促进法》第 47 条规定："县级以上地方人民政府和有关部门根据市场需求和产业发展方向，鼓励、指导企业加强职业教育和培训。职业院校、职业技能培训机构与企业应当密切联系，实行产教结合，为经济建设服务，培养实用人才和熟练劳动者。"高等学校除了传授大学生应有的专业知识外，还要对大学生进行就业指导，平等推荐毕业生，积极联系就业岗位，保护大学生就业权益等义务，以保证大学生顺利就业。教育部原部长周济 2007 年在全国高校毕业生就业工作会议上的讲话中指出：高校党政领导要高度重视毕业生就业工作，把毕业生就业当作学校发展的重点问题，当作学校发展的关键问题。加强就业指导课程建设，把就业指导课列入必修课或必选课。因此，作为高校毕业生应该享有获取就业信息权、接受就业指导权、被公平推荐权。

四、当就业权益受侵害时，有寻求司法救济的权利

英美国家有句法律格言"无救济则无权利"。司法救济是权利的法律保护的最后一道防线。但根据我国的司法传统，我国没有宪法诉讼，致使很多侵犯平等权的案件得不到受理，使公民的平等权得不到有效保障。第十届全国人民代表大会常务委员会 2007 年 8 月 30 日通过了《中华人民共和国就业促进法》，明确规定"实施就业歧视的，劳动者可以向人民法院提起诉讼。"该法的颁布实施，使得法院在审理侵犯平等就业权的案件时，有了明确的法律依据。当大学生和用人单位因就业协议产生纠纷时，因为就业协议书具有合同的性质，大学生完全可以根据《合同法》、《劳动法》的相关规定，到法院起诉，维护自己的合法权益。例如，四川大学 98 级学生蒋韬状告中国人民银行成都分行招录行员"身高歧视"案，被媒体称为宪法平等权第一案；公民张先著诉芜湖市人事局招录公务员"乙肝歧视"案，在全国也引起较大反响。蒋韬、张先著敢于拿出法律武器捍卫自己的就业权利，其勇

气可嘉，所以，当大学生就业权益受侵害时，不应选择沉默和逃避，而应该举起法律这一正义之剑。

毕业生就业权益的保护是一个系统工程，在强调从法律和制度层面营造一个良好的背景和氛围的同时，也必须加强对于毕业生就业权益自我保护的指导和教育，这种指导和教育必须贯穿学生的整个大学生活，必须很好地体现在学校的职业生涯规划教育中。

能力训练

案例分析

小张大学毕业后，希望能够创业，他了解到杭州市创业投资服务中心是由杭州市人民政府发起成立，不以营利为目的的，旨在为中小企业投融资提供全方位、专业化、一站式服务的综合性投融资服务平台。于是来到杭州创业投资服务中心进行咨询。中心负责人许宁认为：在咨询的项目中有好的项目，也有一些项目并不成熟。有的创业者对市场的判断能力和风险意识都有欠缺。他认为大学生在创业前，最好先问自己三个问题：

问题一：你的团队健全了吗？有不少大学生创业是技术出身，在管理、市场营销方面没有相应能力。如果项目要坚持下去，必须要把团队建立、健全起来。

问题二：你的项目有生命力吗？创业者众多，你的项目的核心竞争力在哪里？如果你的项目技术独有，市场上有刚性需求，别人很难复制其生命力就比较强。如果你的项目属于市场上可选择的产品，就必须考虑，怎样才能培养出核心竞争力。否则很容易被淘汰。

问题三：你的项目市场容量有多大？这个市场容量不仅包括当前的市场，也包括未来的市场。如果市场很小且没有潜力，项目的潜力也不会大。

建议四种发现创业机会的方法：

(1)从“低科技”中把握机会。随着科技的发展，开发高科技领域是时下热门的课题。但是，机会并不只属于“高科技领域”，在运输、金融、保健、饮食、流通这些所谓的“低科技领域”也有机会，关键在于开发。

(2)变化就是机会。环境的变化会给各行各业带来良机，人们透过这些变化，就会发现新的前景，这些变化可以包括产业结构的变化、科技进步、通信革新、政府放松管制、经济信息化、服务化、价值观与生活形态变化、人口结构变化等。

(3)追求“负面”就会找到机会。所谓追求“负面”就是着眼于那些大家“苦恼的事”和“困扰的事”。因为是苦恼、是困扰，人们总是迫切希望解决，如果能提供解决的办法，实际上就是找到了机会。例如双职工家庭，没有时间照顾小孩，于是有了家庭托儿所，没有时间买菜，就产生了送菜公司，这些都是从“负面”寻找机会的例子。

(4)集中盯住某些顾客的需要就会有机会。机会不能从全部顾客身上去找，因为共同需要很容易被认识，基本上已很难再找到突破口。而实际上每个人的需求都是有差异的，如果我们时常关注某些人的日常生活和工作，就会从中发现某些机会。因此，在寻找机会时，应习惯性地把顾客按年龄、职业、身份分类，认真研究各类人员的需求特点，这样就会发现很多机会。

项目三　劳动关系和劳动安全

学习目标

【知识目标】

1. 了解劳动关系的管理意义；
2. 理解劳动安全卫生管理的内容。

【能力目标】

1. 理解劳动安全技术、劳动安全卫生的相关规定；
2. 熟悉相关工作场所安全标志。

案例导入

机械设计专业的施某毕业前进入一家钢铁企业实习，公司对前来实习的同一批实习生进行实习动员和公司规章制度讲解，特别是针对工作场所安全问题进行培训，并指派师傅"一带三"式进行指导监督。施某觉得这些不是学校的课程学习，结束后又不需要进行考试，也就是大致听听，没有太多的理会。

一日，机器维修时，施某没有注意禁止标识，也没有向师傅请教，直接踩在一机器盖上对机器的某个部位进行观察，由于机器盖不能承受重量，跌倒后，施某两根手指一节被截，经受了身体和心理的痛苦，还落下了残疾。为此，施某要求企业按照工伤进行赔偿，公司认为，我公司提供给学生实习的机会，是做了好事反而引来了麻烦，公司对他们进行了安全教育，由于施某的学习态度不认真，违反企业相关的安全及工作场所相关纪律导致的，企业不应该承担责任，最多出于人道的做法给一些营养补助，而且，施某只是实习，并未与公司签订劳动合同，不存在法律意义上的劳动关系。最后，经过学校出面参与协商调解，公司给施某支付了相应的医疗费用，并接受施某治疗后在该单位从事仓库加工刀具的看管工作。

【案例提示】

1. 日常工作中，一些员工对劳动保护不理解、不支持，怎么办？
2. 施某的教训给了你怎样的启示？

任务一　劳动关系的概念与诊断

劳动关系是指用人单位与劳动者运用劳动能力实现劳动过程中形成的一种社会关系。其主体是确定的，即一方是用人单位，另一方必然是劳动者。遇有个体工商户雇请帮工的情形，则个体工商户属于用人单位的范畴。按照《劳动法》的规定，建立劳动关系须签订书面劳动合同;劳动合同的内容包括七项必备条款和双方自主协商的约定条款。

按实现劳动过程的方式来划分,劳动关系分为两类:一类是直接实现劳动过程的劳动关系,即用人单位与劳动者建立劳动关系后,由用人单位直接组织劳动者进行生产劳动的形式,当前这一类劳动关系居绝大多数;另一类是间接实现劳动过程的劳动关系,即劳动关系建立后,通过劳务输出或借调等方式由劳动者为其他单位服务实现劳动过程的形式,这一类劳动关系目前居少数,但今后会逐年增多。按劳动关系的具体形态来划分,可分为常规形式,即正常情况下的劳动关系;停薪留职形式;放长假形式;待岗形式,下岗形式;提前退养形式,应征入伍形式等。按用人单位性质分类,可分为国有企业劳动关系、集体企业劳动关系、三资企业劳动关系、私营企业劳动关系等。按劳动关系规范程度划分,可分为规范的劳动关系(即依法通过订立劳动合同建立的劳动关系)、事实劳动关系(是指未订立劳动合同,但劳动者事实上以成为企业、个体经济组织的成员,并为其提供有偿劳动的情况)和非法劳动关系(如招用童工和无合法证件人员,无合法证、照的用人单位招用劳动者等情形)等。

任务二　工作场合的安全隐患和健康危害

工作场所是影响职工身体、心理、社会适应的一个重要场所,健康的员工才是有生产力的员工,为员工提供一个有益健康的工作环境,是企业健康发展,社会和谐的一个重要方面。工作环境包括自然环境、作业环境和团队环境。

1. **自然环境**　指工作时所处的地理环境,包括地理位置、空气条件等。

2. **作业环境**　指工作时所处的人为布置的与工作相关的环境,包括设施、设备、工具、周边工厂企业等。

3. **团队环境**　指所处的工作团队的自然人组成的工作氛围,包括团队精神、团队沟通、团队技能等。

工作场所的安全隐患主要有显性的安全隐患和隐性的安全隐患。长时间处于不良的工作环境,会对劳动者的健康产生危害,由此造成的对劳动者健康的伤害属于工伤的范畴。

即将走上工作岗位的同学应学会识别工作场所危害警示标志,熟记和理解这些安全警示标志,并按照警示标志的要求去做,可以避免许多意外事故发生。

常见的警示标志有以下四类:

1. **禁止标志**　这是禁止或制止人们想要做的某种动作的标志,一般用红色表示(图8-1)。如禁止吸烟、禁止带火种、禁止启动、禁止合闸、禁止入内、禁止靠近。

2. **警告标志**　这是促使人们提防可能发生的危险的标志,一般用黄色表示(图8-2)。如注意安全、当心火灾、当心爆炸、当心中毒、当心触电、当心电缆。

图 8-1　禁止标志

图 8-2　警告标志

3. **命令标志** 这种标志是必须遵守的意思，一般用蓝色表示（图8-3）。如必须戴安全帽、必须系安全带、必须戴防护眼镜、必须戴防尘口罩、必须戴防护手套、必须戴护耳器。

图8-3 命令标志

4. **提示标志** 这是提供目标所在位置与方向性的信息的标志，一般用绿色表示（图8-4）。如紧急出口、避险处。

图8-4 提示标志

任务三 劳动安全和健康

一、劳动安全卫生的概念

劳动安全卫生又称劳动保护，是指直接保护劳动者在劳动中的安全和健康的法律保护，《劳动法》中的劳动安全卫生是基于劳动关系而产生的保护关系。在历史上，劳动者为改善劳动条件进行过长期的斗争，要求通过法律保障劳动者的健康安全。由于发生工作事故要损失工时、损坏机器设备、对事故要做善后的经济补偿等，经营者、管理者也要求劳动者遵守各项操作规程。但由于新技术的开发和使用设备的陈旧与损耗、改善劳动条件所占费用与利润的矛盾等原因，预防工作事故和职业病仍是各国劳动者争取法律保障的主要内容。

二、劳动安全技术规程的含义和主要内容

劳动安全技术规程，是指以防止和消除劳动过程中的技术规则为基本内容，旨在保护劳动者安全的法律规范。它主要包括安全技术措施规定和相应的安全组织管理措施，如《工厂安全卫生规程》、《建筑安装工程安全技术规程》、《矿山安全条例》、《矿山安全法》及《实施条例》，以及劳动安全方面的国家安全标准和行业标准。如工厂安全技术规程中对厂房、建筑物和通道的安全要求。建筑物如有损坏或危险的迹象应立即修理；动力间、锅炉房、瓦斯发生室应与其他工作间隔开，楼房应设计安全梯和其他便于脱险设备；厂院内交通要道必须平坦、畅通；夜间要有足够的照明设备；交叉处需要有明显的警告标志、信号装置或落杆；为生产需要所设的坑、濠、池，应有围栏或覆盖的盖板。

工作场所的安全要求，机器和工作台设备的布置，必须科学、合理，便于安全操作；原材料、产品、半成品的堆放必须不妨碍生产活动的正常进行和通行；工作地点局部照明的光度应符合操作要求；爆炸危险场所应当选择物质危险性小、工艺缓慢和比较成熟的工艺路线，对爆炸性混合物的生产、使用、存储和装卸要采取预防性措施。

生产设备的安全要求等都有相应的严格规定：在建筑安装工程安全技术规程中对施工现场的安全要求、脚手架的安全要求、土石方工程和拆除工程的安全要求、高处作业的安全要求、防护用品等其他方面的要求。

1. 个人防护品的安全要求　企业必须对处于可能危害劳动者安全岗位上的劳动者提供安全帽、呼吸护具、听力护具、防护鞋、防护手套、防护服、防坠护具、护肤品等相应的防护工具，对特种劳动防护用品、用具的效能，应定期检验和鉴定，并且按规定报废和更新，失效的一律不准使用。

2. 施工现场的安全要求　在现场周围和悬崖、陡峭处，应该用篱笆、木板和铁丝网等围设栅栏；工地的沟、坑应填平或设围栏、盖板。施工现场要有交通指示标志，危险地区应悬挂“危险”或“禁止通行”的明显标志，夜间应有红灯警示；架设高压线、材料存放、爆炸物存放应按规定的安全措施；施工现场的附属企业、机械装置等临时工程设施的位置、规格都应在施工组织设计时详细规定。

3. 脚手架的安全要求　凡是承载机械或超过 15 米高的脚手架，必须先行设计，经批准后才可搭设。搭设好的脚手架经施工负责人验收后才能使用，使用期间应经常检查。

4. 土石方工程和拆除工程的安全要求　进行土石方工程之前，应做好必要的调查和勘察工作。拆除工程应在施工之前对建筑物现状进行详细的调查，并组织设计，经总工程师批准后才可动工。

5. 高处作业的安全要求 对于从事高处作业的职工，必须进行身体检查，不能让患有高血压、心脏病、癫痫病的人和其他不适于从事高处作业的人从事高处作业；遇有六级以上强风天气，禁止露天进行起重工作和高空作业。

6. 矿山建设的安全要求 矿山建设工程的设计文件必须符合矿山安全章程和行业技术法规，其主要设计项目包括矿井的通风系统、供电系统、提升运输系统、防火灭火系统、防水排水系统、防瓦斯系统、防尘系统等。每个矿井必须有两个以上能行人的安全出口，出口之间的水平距离必须符合矿山安全规程和行业技术规范。矿山必须有与外界相通的、符合安全要求的运输和通信设施。

7. 矿山开采的安全要求 矿山开采必须具备安全保障的安全生产条件，应按开采的矿类不同分别遵守相应的矿山安全规程和行业技术规范。矿山使用有特殊安全要求的设备、跷跷板、防护用品和安全测试仪器，必须符合国家标准或行业安全标准，否则不准使用。矿山企业必须对机电设备及其防护装置、安全检测仪等进行定期检查、维修，保证使用安全；必须对冒顶、片帮、边坡滑坡和地表塌陷，瓦斯、煤尘爆炸，地面和井下火灾、水灾、爆破作业等危害安全的事故隐患采取严密的防范措施。

三、劳动卫生技术规程的含义与主要内容

劳动卫生技术规程，是指以防止和消除职业病、中毒等慢性职业病伤害的技术规则为基本内容，旨在保护劳动健康的法规。它包括各种工业生产卫生、医疗预防、职工健康检查等技术措施和管理措施的规定。我国各行各业的劳动规程很多，除了在《工厂安全卫生规程》中规定了一般性的要求外，还针对某些劳动卫生问题制定了专门的规定，如《关于防止厂矿企业中矽尘危害的决定》、《关于防止沥青中毒的办法》、《工业企业噪声标准》、《关于加强防毒工作的决定》、《尘肺病防治条例》、《放射性同位素与放射线装置放射防护条例》等。此外，还制定了一些关于劳动卫生的国家标准和行业标准，这些关于劳动卫生基本的要求，概括起来主要有以下几个方面：

1. 防止有毒物质危害 凡散发有害健康的蒸气、气体的设备应加以密闭，必要时应安装通风、净化装置；有毒物品和危险物品应分别储存在专设的处所，并严格管理；对有毒有害或者传染性危险的废料，应在卫生机关的指导下进行处理；并对接触有毒有害气体或液体的职工应供给有关防护用品。

2. 防止粉尘危害 凡是有粉尘作业的用人单位，要努力实现生产设备的机械化、密闭化和自动化，设置吸尘、滤尘和通风设备，矿山采用湿式凿岩和机械通风；对接触粉尘的工人发给防护罩、防尘工作服和保健食品，并定期进行健康检查。

3. 防止噪声和强光危害 对于产生强烈噪声的生产，应尽可能在设有消声设备的工作房中进行，并实行强噪声和低噪声分开作业；对于在噪声、强光场所操作的工人，应供给护耳器、防护眼镜；低噪声的设备和工艺应分工协作，强噪声的设备和工艺应从声源上来根治噪声危害。

4. 防止电磁辐射危害 凡是存在电磁辐射的工作场所，应当设置电场屏蔽体或磁场

屏蔽体将电磁能量限制在所规定的空间内；实行远距离控制作业和自动化作业；用能吸收能量的材料与屏蔽材料叠加在一起，吸收辐射能量和防止透射；对作业人员采取必要的个人防护措施。

5. 防暑降温、防冻取暖和防潮湿　工作场所应当保持一定的温度和适度，不宜过热、过冷和过湿。室内工作地点的问题经常高于35摄氏度的应当采取降温措施；低于5摄氏度的应当使用取暖设备。对高潮湿场所，应当采取防潮措施。

6. 通风和照明　卫生保健等工作场所的光线应当充足，采光部分不要遮蔽；工作地点局部照明应符合操作要求，但也不宜强光刺目；通道应有足够的照明。生产过程温湿度和风速要求不严格的工作场所应保证自然通风；有瓦斯和其他有毒有害气体集聚的工作场所，必须采用机械通风。通风装置必须有专职或兼职工人管理，并定期检查和清扫，遇有损坏应立即修理或更换。

7. 卫生保健　为增强从事有害健康作业的职工抵抗职业性中毒的能力，应满足其特殊营养的需要，免费发放保健品。对高温作业的，应免费提供高温饮料，以补充水分和盐分。另外，用人单位应根据需要，设置厕所、浴室、更衣室、妇女卫生室等生产辅助设施，并经常保证设施完好和清洁卫生。

能力训练

案例分析

张某是C公司劳动合同制工人，其工作是在产生大量粉尘的环境下进行的。2009年2月，经职业病诊断机构诊断后，张某被确诊为患有尘肺病，住院3个月后出院上班。出院时，诊断机构提出张某不应再从事原岗位劳动。张某返回C公司后，要求调离原岗位。但公司3个月后仍没有为其更换工作岗位。当张某再次催促公司领导为其调动工作岗位时，公司以各岗位满员，不好安排别的工作为由，让其继续从事原工作。张某无奈，向当地劳动争议仲裁委员会提出申诉，要求用人单位为其更换工作岗位 。

劳动争议仲裁委员会受理后，经过调查了解，张某在产生粉尘的工作岗位工作多年，被确诊为尘肺病，有诊断机构的诊断书，尘肺病属职业病。诊断机构认为张某不宜再从事原岗位工作，建议C公司为其调整工作岗位，这是职业病人的合理要求。劳动争议仲裁委员会认为，张某在确诊患有尘肺病后，C公司仍要求其继续从事有毒有害工种违反了职业病保护规定，是违法的。故裁定C公司为张某调换工作岗位。

【案例讨论】

1. 张某要求调换工作岗位，应该被支持的理由是什么？
2. 我国关于职业病保护有哪些相关的规定？
3. 如果C公司与张某解除劳动合同，可以吗？

任务四　员工纪律问题

员工纪律,也叫工作纪律,是任何社会发展生产的必要条件之一。它是在共同劳动过程中,对人们的行为进行监督的手段,它涉及劳动过程中人与人、人与劳动工具以及劳动对象之间的关系。员工纪律是生产劳动客观规律的需要。

员工纪律的基本要求有以下几点:

(1)严格遵守工作时间,充分合理地利用工时。准时开始和结束工作,遵守规定的吃饭和休息时间,不迟到、不早退、不旷工,不在工作时间内干与生产任务不相干的事情。一个好员工应该有遵守工时的习惯,准时上下班。上班路程时间不要安排得太紧,以免出现意外情况而迟到。合理地利用工时,尽量提高生产效率,在工作时间内尽可能地多干活,多出产品,保证质量。

(2)就是忠于职守,切实负起岗位责任,充分利用工时,提高工作效率,严格按照岗位责任制行事,按照分工,各司其职、各负其责,谁失其责,当加追究。现代化大生产赋予劳动者的岗位责任是很重大的。价值数以万计、十万计,甚至百万计的机器设备、产品、流水线,乃至整个工厂,交给你一个人、几个人、一个集体,怎能漠然置之?尽管有的岗位工人,身穿洁白的工作服,坐在宽敞洁净的操纵室里,看看显示仪、指示灯,揿揿电钮,似乎轻松自在,他们手指所及的分量是极其巨大的。一个个电钮联通着各种电路、管道、机械,揿错一个,就会引起生产流程的紊乱,就可能酿成重大事故。现代化大生产要求员工有高度的责任心,而漫不经心、玩忽职守、不负责任,是绝对不容许的。

(3)认真执行操作规程和技术规程,认真执行劳动保护和安全技术规则。这些规定是根据科学技术和生产的客观规律,根据生产组织的分工制定的,是产品质量的技术保证,也是劳动者生命安全和工厂设备安全的技术保证。它不是随心所欲制定的,是经过生产实践反复检验的,必须严格照此执行。

(4)爱护机器、工具和原材料,爱护产品。机器、工具和原材料是生产资料,没有这些东西,生产就无法进行,因此我们必须细心地爱护它。“工欲善其事,必先利其器。”要严格机器、工具和原材料的管理,遵照保养、存放、使用的规则,切切实实负起责任。机器设备、劳动工具,不能只使用不保养,要经常擦拭、上油,坏了要及时维修,这样才能正常运转、使用,否则就可能缩短它的寿命。

(5)务必保证产品的质量,生产出优质产品。员工纪律好坏归根到底要通过我们生产的产品来体现,产品如何,又可以从一个侧面检验我们的员工纪律。一定要有“质量第一”的观念,要严格产品的质量标准,努力避免和减少废品、次品。假冒伪劣产品对社会的危害是很大的,它不但坑害了顾客,损害了国家利益,而且也冲击优质名牌产品,同时从长远来说,也会将本企业推向危险的境地。所以劳动者要为企业负责、为消费者负责、为国家负责,以用户信得过的劳动态度来生产信得过的劳动产品。

(6)服从管理,听从指挥。生产组织也是一个组织,其有广义上的组织纪律,即生产组织纪律，这是员工纪律必不可少的内容。社会生产愈发展，生产过程愈成为人们的联合活动的复杂过程。现代化大生产过程，生产工人按照分工和需要，组成班组，班组上面有工段、作业队、车间，车间上面有各个生产指挥、调度、后勤系统，然后又是厂长、总工程师等负责管理的人员。没有对权威的服从，不能行，恩格斯曾说过，想消灭大工业中的权威，就等于想消灭工业本身，即想消灭蒸汽纺纱机而恢复到手纺车。

在工厂企业里，从班组长到总工程师、厂长，担负着保证生产计划、任务落实和完成的责任，每一个劳动者都有责任支持他们的工作，服从他们的安排，听从他们的指挥，这是分工的需要、工作的需要、生产的需要。

不仅自己要严守工时，严格遵守员工纪律，还要督促大家、带动大家一起严格遵守员工纪律；不仅自己不违反员工纪律，还要主动劝阻、制止别人违反员工纪律。要认识到员工纪律的重要性，用科学的态度对待员工纪律。为此，我们要当一个合格的劳动者，必须提高自己的科学文化水平，要熟谙本行业业务知识，要有一定的职业修养。不仅要知道该干什么，还要知道为什么这样干；不仅要知道不应该怎么干，还要知道为什么不应该这样干。

能力训练

案例分析

李某为某化工厂职工，受单位指派前往北京办理8份商标转让工作，临行前李某向单位借款2.3万元。考虑到事情重大，单位准备派李某和另一人同去，但李某提出二人开支大，一人就足够了，单位采纳了李某的意见，由李某一人前往北京。李某乘坐列车到达徐州后，并未直接去北京，在未向单位报告的情况下私自下车探亲，停留36小时，而后乘坐另一趟列车进京，途中发现携带的2.2万元现金和8份商标丢失。报案后，徐州铁路公安处乘警队将此案立为特大盗窃案进行侦查，但一直未能破案。案发后，李某向单位书面报告了事情经过，并表示负有不可推卸的责任，愿意接受单位对其作出的处理。单位通过行政会议后作出决定，李某5个月内归还借支2.3万元，赔偿补办8份商标费用共8 040元，否则，解除劳动合同。5个月后，李某分文未还，单位便解除劳动合同，李某不服，申请仲裁。

仲裁委立案后，经调查了解，该化工厂由于产品积压负担过重，已经亏损900多万元，此次商标转让，实属迫不得已。仲裁委根据调查了解的情况认为，李某在办理商标转让过程中肩负重任，对公款和商标负有保全责任，李某事先未经请假，擅自中途下车探亲属严重违反劳动纪律，并丢失现金2.2万元和8份商标，客观上给化工厂造成了重大经济损失。依照《劳动法》第25条第(二)、(三)项规定，仲裁委维持了化工厂解除李某劳动合同的决定。李某不服，先后向区法院和市中院起诉、上诉，一、二审法院均维持了化工厂的决定。

【案例讨论】

1. 公司纪律及规章制度的制定及颁布程序是什么？

2. 李某的行为是否严重违反了公司纪律？

参考文献

[1] 黄侃. 黄侃手批白文十三经[M]. 上海:上海古籍出版社,1983.

[2] 老子. 道德经[M]//百子全书·道家类. 杭州:浙江人民出版社,1984.

[3] 郭庆藩. 庄子集解[M]. 北京:中华书局,1980.

[4] 解放军军事科学院战争理论研究部《孙子兵法》注释小组. 孙子兵法新注[M]. 北京:中华书局,1977.

[5] 孙武. 孙子兵法[M]//百子全书·兵家类. 杭州:浙江人民出版社,1984.

[6] 韩非子. 韩非子[M]//百子全书·法家类. 杭州:浙江人民出版社,1984.

[7] 管仲. 管子[M]//百子全书·法家类. 杭州:浙江人民出版社,1984.

[8] 司马迁. 史记[M]. 北京:中华书局,1959.

[9] 贾谊. 新书[M]//百子全书·儒家类. 杭州:浙江人民出版社,1984.

[10] 马融. 忠经[M]//百子全书·儒家类. 杭州:浙江人民出版社,1984.

[11] 安徽亳县《曹操集》译注小组. 曹操集译注[M]. 北京:中华书局,1979.

[12] 诸葛亮. 诸葛亮集[M]. 北京:中华书局,2009.

[13] 诸葛亮. 心书[M]//百子全书·兵家类. 杭州:浙江人民出版社,1984.

[14] 刘昫,等. 二十五史·旧唐书. 太宗本纪[M]. 郑州:中州古籍出版社,1996.

[15] 欧阳修,宋祁. 二十五史·新唐书[M]. 郑州:中州古籍出版社,1996.

[16] 吴竞. 贞观政要[M]//诸子集成续编·礼教类. 成都:四川人民出版社,1998.

[17] 吕望. 六韬[M]//百子全书·兵家类. 杭州:浙江人民出版社,1984.

[18] 欧阳修,宋祁. 二十五史·新唐书[M]. 郑州:中州古籍出版社,1996.

[19] 李白. 李太白集[M]. 沈阳:辽宁教育出版社,1997.

[20] 韩愈. 韩昌黎文集注释[M]. 闻琦,校注. 西安:三秦出版社,2004.

[21] 欧阳修. 欧阳修全集[M]. 李逸安,点校. 北京:中华书局,2001.

[22] 王安石. 王文公文集[M]. 唐武,标校. 上海:上海人民出版社,1974.

[23] 司马光. 资治通鉴[M]. 胡三省,音注. 北京:中华书局,1956.

[24] 苏轼. 苏轼文集[M]. 孔凡礼,点校. 北京:中华书局,1986.

[25] 刘基. 郁离子[M]//百子全书. 杭州:浙江人民出版社,1986.

[26] 王守仁. 王阳明先生传习录[M]//诸子集成续编·儒家类. 成都:四川人民出版社,1998.

[27] 薛瑄. 薛子道论[M]//诸子集成续编·儒家类. 成都:四川人民出版社,1998.

[28] 胡居仁. 居业录[M]//诸子集成续编·儒家类. 成都:四川人民出版社,1998.
[29] 顾炎武. 日知录集释[M]//诸子集成续编·杂家类. 黄汝成,集释. 成都:四川人民出版社,1998.
[30] 顾炎武. 日知录[M]. 雷汉卿,选注. 西安:陕西人民出版社,1998.
[31] 黄宗羲. 明夷待访录[M]//诸子集成续编·儒家类. 成都:四川人民出版社,1998.
[32] 魏禧. 魏叔子文集[M]. 北京:中华书局,2003.
[33] 洪亮吉. 洪亮吉集[M]. 北京:中华书局,2001.
[34] 沈粹芬,等. 清文汇[M]. 北京:北京出版社,1996.
[35] 魏源. 海国图志[M]. 郑州:中州古籍出版社,1999.
[36] 龚自珍. 龚自珍全集[M]. 上海:上海古籍出版社,1999.
[37] 郑观应. 盛世危言[M]. 呼和浩特:内蒙古人民出版社,1996.
[38] 马道宗. 曾国藩全书·冰鉴[M]. 北京:光明日报出版社,2004.
[39] 马道宗. 曾国藩全书·挺经[M]. 北京:光明日报出版社,2004.
[40] 马军,赵良海. 人员招聘与配置[M]. 北京:电子工业出版社,2008.
[41] 边文霞. 员工招聘实务[M]. 北京:机械工业出版社,2008.
[42] 董克用. 人力资源管理概论[M]. 北京:中国人民大学出版社,2007.
[43] 闫凤芝. 员工任用[M]. 北京:中国发展出版社,2006.
[44] 王少华,姚望春. 员工培训实务[M]. 北京:机械工业出版社,2008.
[45] 石金涛. 培训与开发[M]. 北京:中国人民大学出版社,2005.
[46] 金延平. 人员培训与开发[M]. 大连:东北财经大学出版社,2006.
[47] 徐芳. 培训与开发理论及技术[M]. 上海:复旦大学出版社,2005.
[48] 刘希珍,王梅. 人力资源开发与管理案例[M]. 天津:天津大学出版社,2008.
[49] 萧鸣政. 人员测评与选拔[M]. 上海:复旦大学出版社,2005.
[50] 李冰,李维刚. 人力资源管理(应用型)[M]. 北京:清华大学出版社,2009.
[51] 侯典牧,等. 人力资源经理 360 度全程序工作手册[M]. 北京:中国经济出版社,2006.
[52] 王萍,姚裕群. 考核与绩效管理[M]. 湖南:湖南师范大学出版社,2007.
[53] 朱飞. 绩效管理与薪酬激励全程实务操作[M]. 北京:企业管理出版社,2007.
[54] 葛玉辉,陈悦明. 绩效管理实务[M]. 北京:清华大学出版社,2007.
[55] 刘洪. 薪酬管理[M]. 北京:北京师范大学出版社,2007.
[56] 乔治·T. 米尔科维奇,杰里·M. 纽曼. 薪酬管理[M]. 6 版. 北京:中国人民大学出版社,2002.
[57] 周文,黄宝明,方浩帆. 薪酬福利管理[M]. 湖南:湖南科技出版社,2005.
[58] 闫大海. 薪酬管理与设计[M]. 北京:中国纺织出版社,2007.
[59] http://www.100guanli.com/detail.aspx? id=195065&ExamId=5344.
[60] 罗纳德·耶普尔. 进军年薪 200 万:300 位名校 MBA 与您探讨获得高薪的法则[M]. 上海:上海远东出版社,2000.

[61] 杜林致. 职业生涯管理[M]. 上海:上海交通大学出版社,2006.
[62] 周文霞. 职业生涯管理[M]. 上海:复旦大学出版社,2004.
[63] 杜映梅. 职业生涯规划[M]. 北京:对外经济贸易大学出版社,2005.
[64] 徐娅玮. 职业生涯管理[M]. 深圳:海天出版社,2002.
[65] 杰弗里 · H. 格林豪斯(Jeffery H. Greenhaus),杰勒德 · A. 卡拉南(Gerard A. Callanan),维罗妮卡 · M. 戈德谢克(Veronica M. Godshalk). 职业生涯[M]. 3 版. 北京:清华大学出版社,2006.
[66] 金延平. 人员培训与开发[M]. 大连:东北财经大学出版社,2006.
[67] http://www. docin. com/p-25949930. html.
[68] http://zhidao. baidu. com/question/101797687. html.

本教材案例篇的案例、借鉴篇的《人力资源手册》分别转引自:

1. 宝洁:21 世纪网
2. 朗讯:中国人力资源师网 www. hr. zhyedu. com
3. 在华日企:http://www. hroot. com
4. 矽肺病:hwww. alldim. cn
5. 中美:中国人力资源开发网 www. chinahrd. net
6. 搜狐招聘:中国人力资源开发网 www. chinahrd. net
7. 平安培训:中训网 www. trainingmag. com. cn
8. 绩效考核:慧聪网 www. hc360. com
9. 飞利浦:中国人力资源开发网 www. chinahrd. net
10. 360 度绩效管理:重庆人才网 hwww. cqjob. com/
11. 美世研讨会:中国人力资源开发网 www. chinahrd. net
12. 中国劳动争议网:http://www. btophr. com/s_hrtool/tool3405. shtml

本教材编写中大量借鉴并引用了上述成果,在此一并向成果的著作者,包括网站致以感谢与敬意!